U. Heurich

Die Wiederkunft des Herrn Jesu Christi

U. Heurich

Die Wiederkunft des Herrn Jesu Christi

ISBN/EAN: 9783744602624

Hergestellt in Europa, USA, Kanada, Australien, Japan

Cover: Foto ©Lupo / pixelio.de

Weitere Bücher finden Sie auf **www.hansebooks.com**

Die Wiederkunft

des

Herrn Jesu Christi,

die letzten Zeiten und die letzten Dinge.

Von

verschiedenen frommen und gelehrten Gottesmännern.

Nach dem Englischen bearbeitet

von

A. Henrich, V. D. M.

Gedruckt für den Verfasser von H. Schulte, Agent,
Cleveland, O.,
957—961 Payne Avenue.

ENTERED, ACCORDING TO ACT OF CONGRESS, IN THE
YEAR 1889, BY
A. HENRICH, V. D. M.,
IN THE OFFICE OF THE LIBRARIAN OF CONGRESS,
AT WASHINGTON, D. C.

Inhaltsverzeichnis.

Vorbericht .... Seite V.

1. Die Wiederkunft Christi.

1. Gleichgültigkeit und Widerstand gegen die Wahrheit .... Seite 1.
2. Die Grundlage dieser Lehre........................ „ 3.
3. Buchstäbliche oder willkürliche Deutung......... „ 8.
4. Die griechischen Wörter........................... „ 10.
5. Wie wird der Herr wiederkommen?............... „ 12.
6. Noch besserer Grund für seine sichtbare leibliche Wiederkunft...................................... „ 16.
7. Der Grund, der unbeweglich steht................ „ 20.
8. Eine Widerlegung.................................. „ 24.
9. Frucht dieser Wahrheit............................ „ 27.

2. Die zweite Zukunft des Herrn, ein Hauptbeweggrund zu allgemeiner Missionsthätigkeit.
Seite 28.

3. Die königliche Herrlichkeit des Messias.

1. Das Königtum Christi............................. Seite 51.
2. Das Reich Christi.................................. „ 54.
3. Wo ist denn dieses Reich?......................... „ 60.
4. Die Herrlichkeit des Reiches....................... „ 64.

4. Die Wiederkunft Christi, nicht nach, sondern vor und zur Errichtung des tausendjährigen Reiches.
Seite 74.

5. Die Prophetie und Israel.
Seite 92.

1. Das jüdische Geheimnis .... Seite 93.
2. Die Entwicklung des Reiches .... „ 94.
3. Das entgegengesetzte Auslegungssystem .... „ 98.
4. Das geheimnisvolle Verhältnis der Juden .... „ 102.
5. Erhabene, großartige Folgen von Israels Bekehrung! .... „ 107.
6. Das Jubiläum auf Erden .... „ 112.
7. Die vergeistigende Auslegung .... „ 122.
8. Der letzte Kampf — Triumph! .... „ 128.

6. Die notwendige Beziehung der Bünde auf das Uebernatürliche des Reiches.

1. Ein fester Glaubensgrund .... Seite 130.
2. Wie sind Gottes Verheißungen zu verstehen? . „ 133.
3. Die Wichtigkeit festen Glaubens .... „ 137.
4. Betrachtung besonderer Punkte .... „ 141.
5. Der Erfüller der Bundesverheißungen .... „ 144.
6. Das Blut des Bundes .... „ 146.
7. Resultat .... „ 149.

7. „Der Heiden Zeit."
Seite 152.

8. Der Zustand der Welt und der Kirche zur Zeit der zweiten Erscheinung Christi.
Seite 172.

9. Spiritismus oder Geisterklopferei.
Seite 190.

10. Der Antichrist.
Seite 195.

Die Wiederkunft Christi
und die letzten Zeiten und Dinge.

Nach dem Englischen bearbeitet.

Vorbericht.

Seit den letzten Jahrzehnten hat sich in der Christenheit eine mächtige Bewegung wieder erhoben. Die Frage: Wann und wie kommt der Herr Jesus wieder? die je und je die frömmsten Gemüter bewegt hat, wurde lebendiger besprochen, und zwar in immer weitern Kreisen. Viele der hochgestelltesten, weil am reichsten begnadigten Männer in verschiedenen Benennungen und Ländern, wurden innerlich angeregt und von außen veranlaßt, die Frage ernstlich zu erwägen. Gebet, Forschen in der heiligen Schrift, brieflicher Gedankenaustausch und mündliche Besprechungen über diese und damit verbundene Fragen trugen die Bewegung immer weiter. Tiefere und klarere Erkenntnis und Verständnis des göttlichen Wortes, und besonders der prophetischen Teile desselben, und innigere Gemeinschaft berühmter Gottesmänner wurden dadurch bewirkt. So geschah es, daß im Jahre 1878 die erste amerikanische biblische und prophetische Konferenz sich in New York versammelte. Die Vorträge über die persönliche und sichtbare Wiederkunft des Herrn, zum Sturz des Antichrists und zur Einführung des Millenniums, d. h. des tausendjährigen Reiches, und damit verbundene Fragen wurden von den Hunderten von Predigern und Tausenden von ver=

ständigen Christen eifrig besprochen und mit der gespanntesten Aufmerksamkeit angehört.

Die „New York Tribune" machte 50,000 Extra=Abdrücke der Verhandlungen und gehaltenen Reden, die nachher in Buch= form erschienen und Besprechungen in vielen christlichen Zeit= schriften hervorriefen, welche jahrelang fortgesetzt wurden. Dadurch erhielt die Bibelforschung einen neuen mächtigen An= stoß bei vielen, deren Aufmerksamkeit solange von dem großen und fast gänzlich vernachlässigten Felde der göttlichen Weissa= gungen abgewandt gewesen war. Die folgenden Beschlüsse, die in der letzten Sitzung der Konferenz angenommen wurden, drücken die Überzeugung der zahlreichen Prediger aus, welche an den Verhandlungen teil nahmen oder ihnen beistimmten.

1. Wir erklären hiermit unsre feste Überzeugung, daß Gottes Wort die höchste, einzige und bestimmte Autorität in allen Fra= gen über Lehre und Leben ist.

2. Die Weissagungen des Alten Testaments von der ersten Erscheinung des Herrn Jesu Christi auf Erden wurden in seiner Geburt, seinem Leben, Leiden, Sterben, seiner Auferstehung und Himmelfahrt wörtlich erfüllt; deshalb werden auch die prophe= tischen Worte des Alten und Neuen Testaments über seine Wieder= kunft wörtlich erfüllt werden in seiner sichtbaren, leiblichen Er= scheinung auf dieser Erde, „wie Er gen Himmel gefahren" ist; und diese herrliche Erscheinung des großen Gottes und unsers Heilands Jesu Christi ist die Hoffnung des Gläubigen und der Gemeinde, während der ganzen neutestamentlichen Haus= haltung.

3. Diese Wiederkunft des Herrn wird überall im Neuen Testament als nahe bevorstehend dargestellt und mag in irgend einem Augenblick eintreten; aber Zeit und Stunde weiß nie= mand, außer Gott allein.

4. Die Schrift lehrt nirgend, daß die ganze Welt zu Gott bekehrt werden und daß es ein allgemeines Reich der Gerechtig= keit und des Friedens auf Erden geben werde, vor der Wie=

derkunft des gebenedeiten Herrn; daß aber nur bei und durch seine Erscheinung in Kraft und Herrlichkeit die Weissagungen erfüllt werden, die sich auf Entwicklung und Fortschritt des Bösen, auf die Offenbarung des Antichrists, auf der Heiden Zeit, auf die Wiederversammlung Israels, die Auferstehung der Toten in Christo, und die Verwandlung der lebendigen Heiligen beziehen, und daß dann die Zeit tausendjährigen Friedens, Segens und Herrlichkeit anbrechen wird.

5. Während der Abwesenheit des Bräutigams ist es der Gemeinde Pflicht, zu wachen, zu beten und zu warten auf Ihn; in alle Welt zu gehen und das Evangelium zu predigen aller Kreatur, und so das Herannahen des Tages Gottes zu beschleunigen; und endlich, auf seine letzte Verheißung: „Siehe, ich komme bald!" in freudiger Hoffnung zu erwidern: „Ja, Amen, komm bald, Herr Jesus, komm bald!"

Ebenso wurde folgender Beschluß von der ungeheuren Versammlung enthusiastisch durch freiwilliges Aufstehen einstimmig angenommen:

„Wir sind überzeugt, daß die Lehre von der Erscheinung unsers Herrn, vor dem tausendjährigen Reiche, nicht nur nicht lähmend einwirkt auf evangelische und Missions-Thätigkeit, sondern daß sie einer der mächtigsten Beweggründe zum Ernst und Fleiß in der Verkündigung des Evangeliums aller Kreatur ist, bis daß Er kommt."

Alle diese Beschlüsse wurden auf der zweiten, vom 16.—21. November 1886, in Chicago gehaltenen Konferenz bestätigt.

Diese war nämlich schon auf der ersten, auf viele dringende Aufforderungen hin, beschlossen worden. Der Ausschuß erließ einen Aufruf, der, einschließlich der Namen der Mitglieder, über zwanzig Unterschriften von christlichen Editoren, Bischöfen und Pastoren aller evangelischen Gemeinschaften erhielt.

Der Aufruf bekam auch die herzliche Zustimmung von Hunderten von Pastoren, theologischen Professoren, Evangelisten, Missionaren und Sekretären von Jünglingsvereinen.

Ja, viele, deren Ansichten hinsichtlich dieser Wahrheiten in andrer Richtung laufen, stimmten bei und waren bei dieser zweiten Konferenz als aufmerksame Zuhörer in jeder Sitzung gegenwärtig.

„Nach dem ausgedehnten Briefwechsel, den ich führte," sagte der Sekretär der Konferenz, Evangelist George C. Needham, „zu urteilen, bin ich überzeugt, daß die Lehre von der erwarteten Erscheinung des Herrn unter ernst gesinnten Gläubigen seit der Konferenz in 1878 sich mehr ausgebreitet hat, als die Neubelebung irgend einer Wahrheit in neurer Zeit."

„Die Konferenz hat keinen neuern Propheten Gelegenheit gegeben, ihre Berechnungen und Spekulationen auszukramen; sie diente mehr dazu, daß Forscher der prophetischen Schriften die darin gefundenen wichtigen Gegenstände von den ‚letzten Zeiten' und ‚letzten Dingen' vortragen konnten. Die Brüder, welche bestimmt waren, die Ergebnisse gebetsvollen und sorgsamen Bibelstudiums vorzulegen, sind weder müßige Sterngucker, noch Umstürzler und Zeitbestimmer, noch theologische Schwärmer oder Abenteurer."

Etwa dreißig oder mehr fromme, gelehrte und berühmte Bischöfe, Pastoren und Professoren waren vom Ausschuß ersucht worden, die Ergebnisse gebetsvoller Schriftforschung über gewisse Fragen, wie z. B. die Wiederkunft des Herrn, das Millennium, die Bekehrung Israels, der Antichrist, und andre, schriftlich vorzulegen. Der 216 Seiten feinen Drucks starke Bericht über die Verhandlungen der zweiten Konferenz und dieser Vorträge ist schon nach wenigen Monaten in zweiter Auflage und mehrere der Reden schon in dritter erschienen.*)

Aus diesen gründlichen, gediegenen und gesalbten Vorträgen werden dem geneigten Leser zehn, teils ganz, teils teilweise,

---

*) Prophetic Studies of the International Prophetic Conference." Fleming H. Revell, 148 & 150 Madison Street, Chicago, 148 & 150 Nassau Str., New York.

hiermit in deutscher Sprache geboten. Auf Anraten des wohlbekannten und allgemein geschätzten Professors A. Rauschenbusch vom theologischen Seminar in Rochester, N. Y., fing der Schreiber dieses die Arbeit an, die erst sich nur auf wenige angeratene Reden beschränken sollte. Sie war jedoch so interessant und gesegnet, daß unter Beratung mit noch andern hochgestellten christlichen Männern, wie z. B. Dr. Nast, Editor des „Christlichen Apologeten" noch etliche mehr dieser Aufsätze zugefügt wurden. So sind, nach unserm Urteil, zehn der besten verdeutscht worden. Ich sage verdeutscht, denn ich habe mich bemüht, rein deutsch und für jedermann faßlich zu schreiben und fremde und dunkle Ausdrücke zu vermeiden. Ohne weitläufige Umschreibung war dies jedoch nicht immer möglich. Deshalb hier nur einige kurze Erklärungen: Millennium ist das tausendjährige Reich; Prämillennarier sind Christen, die des Herrn Erscheinung vor und zur Errichtung desselben erwarten; Postmillennarier dagegen erwarten des Herrn Erscheinung nachdem es eingeführt ist. Deutsche Christen glauben fast durchgängig an ein zweifaches Kommen des Herrn: an das zum Sturze des Antichrists und zur Errichtung des Millenniums, und das hernach zum Gericht. Postmillennarier und Prämillennarier bilden aber nicht etwa besondere Gemeinschaften oder Kirchen, sondern leben in allen christlichen Benennungen friedlich nebeneinander. Doch kann nicht geleugnet werden, daß mit der neuerwachten seligen Hoffnung der Prämillennarier auf die Wiederkunft des Herrn auch wärmere Bruderliebe erglüht ist, die manches Bollwerk zwischen Brüdern verschiedener Gemeinschaften wegschmilzt und Entfernungen überbrückt. So waren in dieser Konferenz Gottesmänner aus allen evangelischen Benennungen der Christenheit gegenwärtig nicht nur, sondern es nahmen solche aus andern Ländern entweder persönlich, oder wenigstens brieflich, lebhaften Anteil. Wir nennen hier nur Br. D. L. Moody, von hier, A. G. Brown und A. A. Bonar in England, Prof. Volck aus Rußland, Prof.

Godet aus der Schweiz, und aus Deutschland die Professoren Koch, Luthardt und Delitzsch.

Von vorliegendem deutschem Büchlein ist nur noch zu bemerken, daß die vorkommenden Bibelstellen fast durchgängig nach De Wettes Übersetzung angeführt sind. Sodann darf man wohl auch sagen, was Bruder Needham von dem größern englischen Buche in weiterer Ausdehnung sagen darf: „Da es in seinen Blättern die erhabensten Lehren der Erlösung in ihrer ursprünglichen Entwicklung und herrlichen Verwirklichung trägt, so können wir herzlich ‚Gott sei mit dir!' rufen. Und es ist unser ernstes Gebet, daß durch sein stilles Wirken unser Herr Jesus Christus reichlich verherrlicht werden möge in den Herzen derer, die zu Ihm aufblicken als ihrem Propheten, König und Hohenpriester! Amen."

Nicht nutzloser Zeitvertrieb, nicht eitle Neugierde, oder auch Wißbegierde, hat den Übersetzer zum Schreiben getrieben oder sollte zum Lesen bewegen. Gottes heiliges Wort, das uns (Dan. 12, 4) sagt: „Du aber, Daniel, verschließe diese Worte und versiegle dieses Buch bis auf die Zeit des Endes. Viele werden es durchlaufen, und so wird die Erkenntnis viel werden." Der Herr selbst spricht (Matth. 24, 15) von Reden Daniels (und deren sind in diesem Buche viele erklärt): „Wer das liest, der merke darauf." Von der Offenbarung aber sagt Er gleich zu Anfang: „Selig, der da liest, und die da hören die Worte der Weissagung, und bewahren, was in ihr geschrieben ist! Denn die Zeit ist nahe." A. H.

I. Die Wiederkunft Christi.
Von dem Ehrw. E. P. Goodwin, D. D.

1. Gleichgültigkeit und Widerstand gegen die Wahrheit.

Der Ausschuß hat mir zur Behandlung angewiesen: „Die buchstäbliche, persönliche und sichtbare Wiederkunft Christi." Ich brauche fast nicht zu sagen, daß ich etwas Neues oder Auffallendes darüber bringen zu können kaum erwarten darf. Die ganze Sache ist schon behandelt und die Lehren des göttlichen Wortes darüber sind gründlich und in erhabener Weise von solchen dargelegt worden, deren Namen vielen in dieser Versammlung sehr wohl bekannt und teuer sind. Aber die Wahrheiten des Wortes können öftere Wiederholung wohl ertragen, besonders die, welche sich auf die letzten Dinge beziehen. Und dies um so mehr, weil sie vielen unter dem Volke Gottes so unwichtig erscheinen. Es ist wohl nicht zuviel gesagt, daß die große Mehrheit der Gläubigen wenig oder kein Interesse an der ganzen Untersuchung über das Kommen des Herrn und die darauf bezüglichen Wahrheiten hat. Sie betrachten dieselben vielfach als ungewisse Dinge, die in der Schrift nur so angedeutet werden. Für das praktische christliche Leben sei es einerlei, welcher von zwei oder drei verschiedenen Ansichten man beipflichte. Mir sind sogar recht ernste und treue Lehrer von Sonntagsschulen und Bibelklassen vorgekommen, die bedauerten, daß die Internationalen Lektionen etwas aus den prophetischen Büchern der Bibel enthielten. Ich habe manchmal gedacht, ob der große Feind, der alle Wahrheit haßt, nicht besonders erbittert sei, gegen die Wahr=

heiten des Wortes, welche von den zukünftigen Dingen handeln. Sie erinnern sich, daß, als Daniel im dritten Jahre des Königs Cyrus die Geschichte des Herrn zu untersuchen und zu verstehen trachtete, der Engel ihm berichtete wie er ausgegangen sei, ihm die Gesichte Gottes zu erklären, und die Erhörung seiner Gebete anzuzeigen, wie er aber von dem Fürsten des Königreichs der Perser einundzwanzig Tage aufgehalten worden sei. Dieser ‚Fürst‘ war der Engel der Finsternis der das Perserreich für den Satan bewachen mußte. Und dieser Engel Gottes war nur durch den Beistand des Erzengels Michael im stande, den Engel der Finsternis zu überwinden. (Dan. 10.) Der Engel war aber nicht nur gesandt, dem Propheten Aufschluß zu geben über das, was sich auf die Rückkehr Israels aus der babylonischen Gefangenschaft bezog, sondern auch über ihre endliche gnädige Wiederannahme bei Gott, den Sturz des Antichristen, und die herrliche Auferstehung der Gerechten. Solch eine Vorherverkündigung wollte der Feind nicht zulassen. Solche Erlösung von seiner tyrannischen Herrschaft, nicht nur für das Volk, das er durch ihre Verwerfung Gottes solange gequält, sondern für die ganze Menschheit, und mit dieser Befreiung seinen eignen gänzlichen und ewigen Sturz — nein, solch eine Offenbarung wollte der große Widersacher nicht gemacht haben; deshalb leistete er solch desperaten Widerstand, wie der Bericht zeigt. So verhält es sich, wie mir scheint, auch in unsern Tagen mit seiner Feindseligkeit gegen diese selbigen Wahrheiten von den letzten Dingen. Wer die erkennt, der erkennt auch notwendigerweise den kommenden Triumph des Sohnes Gottes, und die gewisse Niederlage des Fürsten der Finsternis, und der wird auch sicherlich und mächtig angeregt und begeistert zum Zeugnis und Kampfe. Wenn also die Gläubigen in Hinsicht des herannahenden Endes vom Regiment des Satans in der Blindheit erhalten werden können, oder in Gleichgültigkeit, oder noch schlimmer, mit Vorurteilen dagegen erfüllt, so ist das soviel reiner Gewinn für diesen geschäftigen Feind Gottes und der Menschen.

Sei dem wie ihm wolle, es ist heilsam, an die bekanntesten Wahrheiten erinnert zu werden. Ich hoffe daher, wird auch sonst nichts gewonnen, daß diese Darlegung der Schriftlehre von der Wiederkunft des Herrn dazu dienen wird, uns die gesegnete Hoffnung klarer vor Augen zu stellen und vor allem uns mehr zu dem verzehrenden Eifer für Christum und für Seelen zu entzünden, der in so erhabener Weise die erste Gemeinde beseelte, kräftigte und siegreich machte.

2. Die Grundlage dieser Lehre.

Die vorliegende Frage, das braucht kaum bemerkt zu werden, ist eine Schriftfrage. Aus Quellen außer der heiligen Schrift wissen wir und können wir nichts über diesen Gegenstand wissen. Grübeleien, Philosophie, Gelehrsamkeit, die Schlußfolgerungen der Schulen haben alle mit dieser Besprechung nichts zu thun. **Lehrt die heilige Schrift, daß unser Herr wirklich und in einer persönlichen, menschlichen, sichtbaren Gestalt und zu einer bestimmten Zeit wiederkommen wird, oder lehrt sie, daß Er auf irgend eine andre Weise — unpersönlich, unsichtbar, geistlich und nicht zu einer bestimmten Zeit kommt?** Kam Er bei der Zerstörung Jerusalems? Kommt Er beim Tod des Gläubigen? Ist sein Kommen dasselbe wie das Kommen des Geistes ins Herz? Die ganze Frage, ich wiederhole es, kann nur durch Zeugnisse der Schrift entschieden werden. Nicht, was sollten diese Zeugnisse sagen? Nicht, was wäre vernünftig für sie zu sagen? Was würde am besten mit der Wissenschaft, mit der fortgeschrittenen Aufklärung, mit den erweiterten und höhern Ansichten über Gott und Menschen übereinstimmen? Nichts von alledem sondern einfach, was diese

Männer, getrieben vom Heiligen Geiste, geredet haben, und einfach und ehrlich und so verstanden, wie wir die Sprache sonstwo verstehen, so über die Art und Weise der Wiederkunft des Herrn.

Einige der neuern Theoretiker über diese Frage übersehen das. Sie erheben Einwände hinsichtlich der Wiederkunft des Herrn in persönlicher sichtbarer Weise, weil damit, nach ihrer Meinung, gewisse Unmöglichkeiten verbunden sind. Sie behaupten deshalb, daß die Lehre nicht vorgetragen werden könne. — — Aber alle solche Schlüsse und Behauptungen haben keinerlei Wert bei der Feststellung der Wahrheit. Man könnte ebensowohl sagen, die Erschaffung der Welt aus nichts wäre unvernünftig und unbegreiflich, und deshalb müßte 1 Mose 1 Dichtung sein. Man könnte gerade so gut sagen, es sei ganz unvernünftig und unbegreiflich, daß eine menschliche und eine göttliche Seele zusammen in einer Person wohnen und daß diese Person vom Heiligen Geist gezeugt und von der Jungfrau Maria geboren werden könnte, und könnte deshalb die zweifältige Natur oder die übernatürliche Geburt Jesu Christi leugnen. Oder weiter: Man könnte behaupten, es sei unvernünftig und unbegreiflich, daß Körper, die einmal in Staub zerfallen und vielleicht bis zu der Erde Enden zerstreut worden sind, wieder zusammengefügt werden könnten, und den Geist umschließen, der einmal in ihnen gewohnt, und könnte so die Auferstehung der Toten leugnen! Gerade solche Schlußfolgerungen hören wir von sonst ausgezeichneten Leuten über die stellvertretende Genugthuung Christi, von andern über die Wunder, von andern über die Psalmen mit Verwünschungen, und über alle solche Geschichten wie die Sündflut, die Zerstörung Sodoms, und die von Jonas und dem Wallfisch. Es ist gar nicht schwer, eine uns ganz hübsch passende Bibel zu haben, wenn wir eine solche neue Weise annehmen, nach der nur das wahr sein soll, was die Zustimmung unsers „eignen innern Bewußtseins" hat. Aber das entscheidet, nach diesem Buche, die Frage nicht!

Dieses Buch erklärt sich für Gottes Buch; es behauptet, seine Gedanken auszusprechen, seinen Willen zu offenbaren. Und die Männer, die es verfaßt haben, die haben nicht niedergeschrieben, was sie dachten, sich einbildeten, voraussetzten oder schlossen, nicht was mit andrer Gedanken stimmte, oder was weise oder gut schien, sondern was Gott dachte oder sagen wollte, und was Er ihnen, den Verfassern dieses Buchs, zu schreiben befahl. „Die heiligen Menschen Gottes haben geredet, getrieben von dem Heiligen Geist." Ihr Zeugnis haben wir einfach anzunehmen und dem zu gehorchen, was sie als Gottes Wahrheit erklären. Wir haben in Hinsicht der geoffenbarten Dinge keine Wahl, kein Recht zu grübeln oder zu bestreiten. Wir sind wie die, welche die Gesetze des Staates studieren. Unsre einzige Frage ist: Was lehren uns diese Autoritäten, diese Bücher, von Gottes geoffenbartem Willen? Ob wir sie verstehen, erklären oder mit unsern Ansichten in Übereinstimmung bringen können, darauf kommt's nicht an. Sie geben uns das, was Gott sagt, und deshalb glauben wir ihnen, und nicht weil wir sie erklären oder auslegen können.

Möglich, daß mir nicht alle in dieser Versammlung hierin beistimmen. Ich bin überzeugt, daß ich die Zustimmung einer bedeutenden Anzahl christlicher Prediger und Lehrer in Hinsicht der Autorität der heiligen Schrift nicht habe.

Aber so stehe ich, und dies ist, wie ich demütig erkenne, der einzige Grund, auf dem irgend welche entscheidenden Aussprüche des göttlichen Wortes stehen können. Die Hauptschwierigkeit in Besprechungen über Schriftlehren besteht nach meinem Urteil darin, daß die Autorität der Schrift nicht über alles gestellt wird. Solange wie man darauf besteht, daß der Glaube nach den Regeln der Philosophie, oder Wissenschaft, gemessen werde oder verlangt, daß alles sich vor dem Richterstuhl der Vernunft beugen soll, solange kann es keine Gewißheit in Glaubenssachen geben. Der eine wird dies, der andre jenes für Schriftlehre achten, hinsichtlich der moralischen

Weltregierung Gottes, oder der Sünde, oder der Versöhnung, oder der Wiedergeburt, oder der Auferstehung, oder der Wiedervergeltung. Es kann keine Glaubenseinheit geben, bis der Standpunkt der Autorität festgestellt ist, und ohne das ist's nutzlos, Fragen aufzuwerfen, wie sie dies Programm einschließt. Wir könnten ebensowohl versuchen, wer die prächtigsten Seifenblasen produzieren könnte. Aber einmal dahin geeinigt, daß menschliches Denken, Meinen und Vernünfteln nicht mehr damit zu thun hat, was wir als Schüler dieses göttlichen Wortes anzunehmen und zu glauben haben, als solches Denken, Meinen 2c. damit zu thun hatte, was die Leute vor Alters annehmen und glauben sollten, als Moses von seinem geheimnisvollen Verkehr mit Jehovah auf dem wolkengekrönten Berggipfel herabkam und die Botschaft verkündete die ihm anvertraut war — sind wir dahin geeinigt, so hört alle Kontroverse auf. Und dies ist, ich wiederhole es, mein Standpunkt. Ich halte die absolute, unfehlbare Autorität dieses Buchs als des Wortes Gottes, fest. Und auf dieser Grundlage, überzeugt, daß der Heilige Geist über alles, zum rechten Verständnis des ganzen Ratschlusses Gottes zur Erlösung des gefallenen Menschen Notwendige, sowie über den vorliegenden Gegenstand, klares, bestimmtes und entschiedenes Zeugnis gegeben hat, beabsichtige ich zu fragen: **Was sagt die heilige Schrift über die Art und Weise der Wiederkunft des Herrn?**

Was die ersten Gemeinden als die Schriftlehre ansahen, dabei brauchen wir nicht zu verweilen. Es genügt zu sagen, ohne Zeit auf leicht zu machende Anführungen zu verwenden, daß keine einzige Autorität in der Kirchengeschichte zu behaupten wagt, die ersten Jünger, für mindestens 250 Jahre, hielten oder wußten auch nur von einer andern Ansicht als der von der wirklichen, persönlichen und sichtbaren Wiederkunft. Es wird allgemein zugestanden, daß sich unter den Aposteln, den apostolischen Vätern, und unter den Verteidigern des Christentums bis zu Origenes herab, nicht eine einzige abweichende

Stimme findet. Und es kann fest gesagt werden, daß in der Christenheit, im ganzen genommen, diese erste Überzeugung nie verloren gegangen oder modifiziert worden ist. In den Bekenntnissen eines jeden Zweiges der christlichen Haushaltung ist diese Lehre aufs klarste und eindringlichste ausgesprochen. Wozu denn sollte man sie noch in einer Versammlung, wie diese, beweisen wollen? Etwa nur, weil in diesen Tagen des ‚Fortschritts' und neuer Fündlein der Glaube der Väter von solchen Männern verlassen worden ist, die als Lehrer des Volkes Gottes auf Kanzeln, an Zeitschriften und auf Kathedern stehen, wo sie noch diejenigen ausbilden, die hiernach Gottes Wort erklären sollen? Oder diese haben, wie ich eigentlich sagen sollte und wie sie behaupten, diesen Glauben verbessert, indem sie ihn vom buchstäblerischen Element gereinigt und mit der bildlichen und geistlichen Weise, die Wahrheit vorzutragen, in Übereinstimmung gebracht haben, welche Weise nach ihrer Behauptung der Hauptcharakterzug der heiligen Schriften ist. Solche Ideen finden wir in manchen Schriften. Die Kanzeln von mehr als einer Benennung sind von solchen rationalistischen Lehren angesteckt. Es muß sogar gefragt werden, ob nicht eine Mehrzahl unsrer jungen Prediger die wirkliche Erfüllung der Schrift bezüglich der Wiederkunft des Herrn bezweifelt? Und viele Gläubige sind, wenn sie auch nicht zweifeln, wenigstens sehr im dunklen über diese Frage. Dieses, unser Unternehmen, wird sich reichlich lohnen, wenn es irgend einen theologischen Studenten bewegt, fest bei dem alten historischen Glauben zu bleiben, und irgend ein verlegenes Kind Gottes befähigt, treulich festzuhalten an der alten, segensreichen Hoffnung, den Herrn von Angesicht zu sehen, und von der Stunde an, wie Er, und bei Ihm zu sein für immer.

3. Buchstäbliche oder willkürliche Deutung.

Die heilige Schrift giebt uns soviel Grund an seine wirkliche, persönliche, sichtbare, zweite Wiederkunft zu glauben, wie an sein erstes Kommen. Hätte der Heilige Geist bezweckt, daß ein Unterschied zwischen diesen beiden Erscheinungen des Herrn gemacht werden, daß die eine wirklich, buchstäblich, die andre aber bildlich stattfinden sollte, so wäre jede doch gewißlich auch in einer verschiedenen Sprache beschrieben worden. Das ist aber nicht der Fall. Es handelt sich in beiden Fällen um eine und dieselbe Persönlichkeit. „Handelt bis ich wiederkomme!" „So ich will, daß er bleibe bis ich komme, was geht es dich an?" „Richtet nicht bis der Herr kommt." „Sollt ihr des Herrn Tod verkündigen, bis daß Er kommt." „Wartet nur auf die Offenbarung unsers Herrn Jesu Christi." „Wenn aber Christus, euer Leben, sich offenbaren wird, dann werdet ihr auch offenbar werden mit Ihm in der Herrlichkeit." „Und zu warten seines Sohnes vom Himmel." Dieses sind Stellen aus vielen. Niemand, das darf man wohl sagen, der sie ohne Vorliebe für vorgefaßte Meinungen liest, wird je glauben, daß sie etwas andres lehren als die wirkliche, sichtbare Wiederkunft des Herrn. So ist's überall im Worte Gottes. Der oberflächlichste Leser der Schrift kann nicht zu bemerken verfehlen, wie genau das erste Kommen des Herrn, Ort und Umstände seiner Geburt, seine Mutter, sein Name, sein Charakter, Leben, Leiden, Sterben und seine Auferstehung prophezeit worden waren. Es ist beinahe, als ob seine Lebensgeschichte vorher geschrieben, oder eine Photographie davon genommen worden wäre. Die gleiche Genauigkeit zeichnet aber auch die Vorhersagungen von seinem zweiten Kommen aus. Ja, soviel erhabener und königlicher die Umstände der zweiten Zukunft als die der ersten sind, soviel deutlicher und voller, in soviel lebendigerer und erhabenerer Darstellung und tieferer stärkerer Betonung sind sie uns verkündigt. Dieselbe Grundlage der Erklärung muß für die eine wie für die andre angenommen werden. Wenn wir die Voraussagungen vom Kommen als buchstäblich erfüllt betrachten, und wir wissen daß wir das müssen, so sind wir auch, eben weil jene so erfüllt worden sind, eine gleiche Erfüllung bei der zweiten Zukunft anzunehmen gezwungen. Es ist unmöglich, die Zeugnisse zu unterscheiden. Was das heilige Wort über unsers Herrn Auferstehung und vorhergehendes sagt, sollte alles buchstäblich genommen werden als die voraus geworfenen Schatten wirklicher Thattsachen, und die folgenden Aussagen des gleichen Propheten, die andre Hälfte von seiner Auferstehung an, das gerade daneben steht, sollte bildlich, und nicht wie es sich liest, zu verstehen sein? Solche Weise, die Schrift oder sonst ein Buch zu lesen, ist abgeschmackt. Man nehme z. B. die wohlbekannte Stelle Luk. 1, 31—33, das Wort des Engels an Maria: „Siehe, du wirst schwanger werden im Leibe und einen Sohn gebären, des Namen sollst du Jesus heißen. Der wird groß und ein Sohn des Allerhöchsten genannt werden, und Gott der Herr wird Ihm den Stuhl seines Vaters David geben, und Er wird ein König sein über das Haus Davids ewiglich und seines Königreichs wird kein Ende sein." Niemand bezweifelt, daß hier eine natürliche Geburt, ein wirklicher Name für das Kind, und eine wirkliche Größe für Ihn als den Sohn des Allerhöchsten angekündigt wird. Mit welchem Recht denn kann das Messer des Auslegers durch den zweiten Teil gestochen werden, daß kein wirklicher Thron Davids, kein wirkliches Regiment, kein wirkliches Haus Jakobs, keine buchstäbliche, persönliche, sichtbare Offenbarung des Sohnes des Allerhöchsten in seiner Herrlichkeit stattfinden soll? Aber alle Versuche, die wörtliche Wiederkunft und das damit verbundene Königtum des Herrn heraus zu verdunsten, und seine wörtliche Erniedrigung, seine wörtlichen, wirklichen Leiden beizubehalten, sind ebenso abgeschmackt.

4. Die griechischen Wörter.

Man nehme die Worte, die besonders gebraucht werden, die Wiederkunft des Herrn zu beschreiben. Es giebt deren drei im Griechischen: apocalypsis, epiphaneia und parousia. Das erste bezeichnet eine Entschleierung, Enthüllung, Offenbarung, Erscheinung des bis dahin Verborgenen, und dies Wort wird jedem mit dem Griechischen bekannten Gelehrten, wenn es sich auf eine Person bezieht, den Gedanken an eine sichtbare, äußere Erscheinung aufdrängen. 2 Thess. 1, 7 ist ein gutes Beispiel: „Wenn nun der Herr Jesus wird geoffenbart werden vom Himmel samt den Engeln seiner Kraft." Engel haben Gestalt, wie wir wissen, und sind, wenn sie offenbart werden, wirkliche, sichtbare Persönlichkeiten. Und so wie ihre Offenbarung und Erscheinung, so wird auch die des Herrn Jesu sein. Dies ist natürliche Bedeutung und Gebrauch des Wortes, wenn es auf Personen angewandt wird.

Das zweite Wort ist epiphaneia. Dieses zeugt noch kräftiger. Es wird niemals gebraucht, außer um eine äußerliche, sichtbare und großartige Erscheinung oder Offenbarung zu bezeichnen. Es kommt hinsichtlich des Herrn fünfmal vor, einmal für sein erstes und viermal für sein zweites Kommen. Und in allen Fällen bezeichnet es seine persönliche Erscheinung. Tit. 2, 13 ist ein gutes Beispiel: „Harrend der seligen Hoffnung und der Erscheinung (epiphaneia) und der Herrlichkeit des großen Gottes und unsers Heilands Jesu Christi." Wie Professor Kellogg sagt, ist es „unmöglich, im Griechischen des Neuen Testaments ein Wort zu finden, das genauer und bestimmter die sichtbare, körperliche Erscheinung des Herrn bezeichnet und keine andre Deutung zuläßt." Aber das am öftesten gebrauchte Wort ist parousia. Es kommt in vierundzwanzig Stellen vor. In zwei ist es mit ‚Gegenwart,' und in den übrigen mit ‚Kommen' gegeben. In der berichtigten englischen Übersetzung hat man es unverändert gelassen, aber in den

Randglossen für zweiundzwanzig Stellen mit ‚Gegenwart' gegeben. Siebzehn davon beziehen sich auf das Kommen des Herrn. Die Wurzel des Wortes bezeichnet nach Angabe der Sprachgelehrten ‚da sein,' die Ankunft eines, der abwesend gewesen ist, wie Paulus 1 Kor. 16, 19 sagt: „Ich freue mich über die Ankunft des Stephanas und Fortunatus und Achaicus" 2c. und 2 Kor. 7, 6: „Aber Gott tröstete uns durch die Ankunft des Titus." Oder, wie er in betreff seiner selbst zu den Christen in Philippi sagt, (1, 26): „Auf daß groß werde euer Ruhm in Christo Jesu um meinetwillen durch meine Rückkehr zu euch." Ebenso, wo er seine leibliche Gegenwart (parousia) als schwach bezeichnet, (2 Kor. 10, 9), und wo er die Philipper zum Gehorsam ermahnt, nicht nur in seiner Gegenwart (parousia), sondern nun um so mehr in seiner Abwesenheit. (Phil. 2, 12.) Gerade so verhält es sich mit den Stellen, die von der Zukunft des Herrn handeln (Matth. 24, 3): „Welches wird sein das Zeichen Deiner Ankunft und des Endes der Welt?" (1 Kor. 15, 23:) „Ein jeglicher aber in seiner Ordnung: als Erstling Christus, sodann die, so Christo angehören, bei seiner Zukunft." (1 Thess. 2, 19): „Denn wer ist unsre Hoffnung, oder unsre Freude, oder die Krone unsers Ruhmes, oder nicht auch ihr, vor unserm Herrn Jesu Christo bei seiner Zukunft?" Dieses sind nur einzelne Stellen aus vielen. Es ist einfach unmöglich, diese Stellen so zu lesen, daß alles Gegenständliche, Wirkliche, Sichtbare daraus verschwindet. Wer das mit diesem Worte, das in jedem Fall eine wörtliche, besondere Gegenwart bezeichnet, zu thun vermag, der kann die Schrift sagen machen, was er nur will, und dann hört alle Autorität auf.

5. Wie wird der Herr wiederkommen?

Aber fahren wir fort. Ich behaupte also daß des Herrn Zukunft und Erscheinung eine wörtliche, persönliche und sichtbare sein muß, weil Er notwendig als ein wirklicher, wahrer und realer Mensch wiederkommen muß. Daß Er ein solcher wahrer Mensch, sowohl vor als nach seiner Auferstehung, während seines Erdenlebens war, das kann nicht bezweifelt werden. Als der Mensch Christus Jesus erschien Er der Maria Magdalena und den andern Weibern, dem Petrus, den Emmausjüngern, dem Thomas mit den elfen, wo Er den erstern von seinem Unglauben heilte; den 500 in Galiläa und der kleinen Zahl, die Ihn von des Ölbergs Höhe in die Wolken des Himmels auffahren sah. Bis zum Augenblick, da Er in den Wolken verschwand, steht es für uns fest und unbezweifelt, daß unser Herr ein wahrer und vollkommner Mensch war und daß Er einen wahren, wirklichen, obwohl verklärten menschlichen Leib mit sich in die Himmel nahm. Und was ich jetzt sagen will, ist, daß Er notwendigerweise mit demselben Leib wiederkommen wird, einem Leib der gesehen und betastet werden, und daß ebenso wahrer, realer, liebender und gesegneter Umgang und Verkehr mit dem Träger dieses Leibes gepflogen werden kann, wie zur Zeit seines Wohnens unter uns auf Erden. Gerade so würde jedermann von den Worten der Engel bei seiner Himmelfahrt sagen, wenn nicht weisere Leute als die Verfasser dieser heiligen Schriften sich erhoben hätten. Die Engel sagten zu den erstaunten Jüngern: „Was steht ihr gegen Himmel blickend? Dieser Jesus, der aufgenommen ist von euch hinweg in den Himmel, wird also wiederkommen, gleichwie ihr Ihn saht hingehen in den Himmel." (Apg. 1, 11.) Der Hauptpunkt in der Engelsbotschaft ist nicht sowohl die Thatsache der Wiederkunft, als die Art und Weise derselben. Dieser selbe Jesus wird kommen wie Er schied, in der Luft, in den Wolken des Himmels. Die Ver=

nünftler mögen hier nach Belieben vergeistigen, um es mit der Ausbreitung des Evangeliums, mit der Zerstörung Jerusalems, mit der Offenbarung im Herzen zu erklären: es bleibt die unbestreitbare Thatsache, daß die Worte der Engel von denen, zu denen sie gesprochen, ganz anders verstanden wurden. Sie verließen die Stätte und warteten auf die Wiederkunft ‚desselbigen Jesu,' den sie hatten auffahren sehen, und auf seine Erscheinung in den Wolken. Die gründlichste Wissenschaft aller Zeiten stimmt darin überein, daß die Sprache dieses bedeutet. Hackett sagt: „Der Ausdruck ‚gleichwie' wird niemals gebraucht, um die Gewißheit eines Ereignisses im Vergleich zu einem andern zu bezeichnen. Es bezeichnet, in welcher Weise, sichtbarlich und in der Luft." Ebenso Bengel, De Wette, Meyer, Olshausen, Lange, Alford, Jamison, Fausset und Brown. Wenn man diese Engel sagen macht, was diese vergeistigenden Ausleger sie sagen machen wollen, so hieße das, sie einen grausamen Spott mit den sehnsuchtsvollen Herzen treiben lassen, die sie zu trösten gesandt waren. Ja, es hieße den Heiligen Geist, dessen Mund und Boten sie waren, bezüchtigen, einen offenbaren Betrug an der ersten Gemeinde verübt und sie ungemahnt in einer Täuschung bleiben gelassen zu haben, und sich darin zu freuen, als in einer besonders segensreichen Hoffnung, in der ihre Herzen unaussprechlich getröstet und begeistert wurden! Gott tröstet und begeistert sein Volk nicht auf solche Weise. Die Engel meinten gerade was sie sagten: daß ‚derselbige Jesus,' ein wahrer, persönlicher und sichtbarer Mensch, gerade so wie Er auffuhr, wiederkommen wird in der Luft, mit Macht und großer Herrlichkeit.

Wie wissen wir aber, mag gefragt werden, daß Er sein menschliches Wesen nicht abgelegt hat und auf geistliche Weise wiederkommen wird? Ich antworte: Es liegt in der Natur der Sache, daß Er sein menschliches Wesen nicht ablegen kann, sondern es für immer an sich behalten muß. Es giebt in dieser Hinsicht viel loses und schriftwidriges Denken und Grübeln unter den Christen. Als Jesus Christus von der Jungfrau geboren wurde und als der Mensch gewordne Sohn Gottes in diese Welt eintrat, da nahm Er unsre Natur an sich. Er war nicht ein vorgeblicher Mensch, ein in der menschlichen Gestalt versteckter Gott, wie einige schon in der ersten Zeit meinten, sondern Er war ein wirklicher und wahrer Mensch. Er war so gewiß ein Mensch, als ob Er nicht Gott wäre, und so gewiß ein wahrer Mensch als Er wahrhaftig Gott war. Er war Gott aus Gott, wahrer Gott vom wahren Gott; Er war Mensch aus Menschen, wahrer Mensch vom wahren Menschen. Das heißt, Er hatte eine wahre, vernünftige, menschliche Seele und einen wahren Leib von Fleisch und Blut. Und „es geziemte dem, daß Er, gleichwie die Kinder — d. h. die Rasse die Er retten sollte — Fleisches und Blutes teilhaftig sind, so hat auch Er gleichfalls an denselben teil genommen." (Hebr. 2, 10 und 14.) Er mußte ja doch ganz mit denen vereinigt werden, die Er retten wollte, mußte auf die buchstäblichste Weise mit ihrer Natur identifiziert werden. Und da Er durch seine Geburt von der Jungfrau sich so mit dem Samen Abrahams vermischt und vereinigt hat, so hat Er sich dadurch für immer zu einem wahren und wirklichen Menschen gemacht. Wir reden in gleichgültiger und leichtsinniger Weise von unserm Körper. Es scheint uns, als ob wir unsre Leiber nur als Hütten anzusehen hätten, in denen wir eine Zeitlang wohnen, oder als ob sie nur die Kästchen für die Juwelen, die Schalen des Samens wären. Nicht so die Schrift. Nach der Schrift sind wir zusammengesetzte, verflochtene Wesen. Der Leib ist nicht der Mensch, noch ist die Seele der Mensch; noch ist Seele und Geist der Mensch. Er ist aus allen diesen Faktoren zusammengesetzt, und keiner davon kann weggelassen werden und dann doch ein ganzer Mensch übrig bleiben. So war's mit dem göttlichen Gedanken der Stiftshütte. Wie die Wolke der Herrlichkeit und die Hütte darin sie wohnte, unzertrennbar waren, so verhält es sich mit der von Gott gegebenen Seele und dem menschlichen, geschaffenen Leibe, welche zusammen einen Menschen ausmachen: sie können nie getrennt werden. Das Gesetz Gottes geht sie beide an; die Sünde und die Erlösung betrifft sie beide. Ihre zukünftige Bestimmung für Wohl und Wehe ist, nach der Schrift, unzertrennlich verbunden. Als demnach Jesus der Christus geboren wurde, da nahm Er unsre Natur an sich, um sie an sich zu behalten. Es war unerläßlich, daß Er, um unser Erlöser zu werden, auch nach dem Fleisch gleicher Natur mit uns werden und für immer bleiben mußte. Und um es recht, um es auf philosophische Weise und schriftgemäß zu sagen: Er kann seine menschliche Natur so wenig ablegen, wie wir das können. Um in der Sprache der ersten Zeit, in der Sprache der großen Konzilien zu reden, die die christlichen Lehren für alle Jahrhunderte formiert haben: Christus war seiner menschlichen Seite nach gleichen Wesens mit den Menschen, und seiner göttlichen Seite nach gleichen Wesens mit Gott. Daher war und bleibt Er beides, Gott und Mensch, in zwei verschiedenen Naturen und einer Person für immer. Konz. von Chalcedon und Konstantinopel, (Hodge, Systemat. Theol., Band 3, S. 651 und Band 2, S. 388.)

Soweit wie die heiligen Schriften zeugen, betonen sie auch die unendliche Fortdauer der menschlichen Natur unsers Herrn. Paulus sagt, (Apg. 17, 30—31): „Die Zeiten der Unwissenheit nun übersehend, gebietet Gott jetzt allen Menschen Buße zu thun; denn Er hat einen Tag gesetzt, an welchem Er den Weltkreis richten wird mit Gerechtigkeit durch einen Mann, den Er verordnet und vor allen beglaubigt hat, da Er Ihn auferweckte von den Toten." Bis zu der Stunde des Gerichts hin haben wir also das bestimmte Zeugnis des Wortes, daß Jesus Christus seine vollkommne Menschheit behält. Dann wird von Ihm gesagt, daß ‚Jesus,' ‚der Christus' welche Namen beide Ihm nach seiner menschlichen Natur beigelegt werden, ist gestern und heute derselbe auch in Ewigkeit. (Hebr. 13, 8.) Und unter den letzten Zeugnissen des heiligen Buchs, wo von der Gemeinschaft, welche sein erlöstes und verherrlichtes Volk mit seinem Herrn genießen soll, nachdem das Gericht vorüber, der neue Himmel und die neue Erde geschaffen, und die heilige Stadt vom Himmel auf die Erde gekommen sein wird — da heißt es: „Und seine Knechte werden Ihm dienen und sein Angesicht schauen — — — und sie werden (mit Ihm) herrschen in alle Ewigkeiten." (Offb. 22, 3—5.) Solche Sprache muß doch nach den gewöhnlichen Regeln der Auslegung die Frage ganz bestimmt entscheiden zu Gunsten der unveränderlichen und unendlichen Fortdauer der menschlichen Natur Jesu Christi. Ob es aber das beweist oder nicht, es macht das eine gewiß, daß, wenn unser Herr kommen wird, Er dann als derselbe wirkliche, sichtbare, göttliche Mensch kommen wird, der Er war als Er diese Welt verließ.

6. Noch besserer Grund für seine sichtbare leibliche Wiederkunft.

Aber es giebt noch bessern Grund für die Behauptung, daß der Herr wörtlich, persönlich und sichtbarlich wiederkommen wird, als die Notwendigkeit der Fortdauer seiner menschlichen Natur. In der Lehre von der Auferstehung drückt die heilige Schrift das Siegel der göttlichen Gewißheit darauf. Daß der Herr jetzt noch seine wahre Menschheit und seinen Leib hat, der örtlich und sichtbar ist, das wissen wir aus verschiedenen Schriftstellen. Als solch ein verherrlichter Mensch wurde Er von Stephanus während seines Märtyrertums gesehen, von Paulus auf dem Wege nach Damaskus, und von Johannes, wie in der Offenbarung berichtet wird.

Dieses vollkomme menschliche Wesen muß Er ferner behalten, um unser Fürsprecher sein zu können. Zur Verwaltung dieses Amtes ist es unbedingt das Haupterfordernis, daß

Er ein Hoherpriester sei, der unsrer Natur teilhaftig und in allen Dingen gleichwie wir versucht worden und darum Mitleid mit unsrer Schwachheit haben, dem Vater unsre Bedürfnisse vortragen und uns Gnade erflehen kann auf die Zeit, da uns Hilfe not ist. Aber die Schriftlehre von der Auferstehung betont diese fortdauernde Menschheit Christi und seine sichtbare Wiederkunft zum Beweise dieser Thatsache. Einige neuere Theorien, teils von Swedenborg, teils von deutschem Rationalismus angeleitet, haben die wirkliche Auferstehung angegriffen. Einige lehren, daß sie beim Tode stattfinde, daß wir dann unsern materiellen Leib fallen ließen, daß aber unser nichtmaterieller, unser seelischer Leib, in dem die Seele wohne, in einem andern Zustand fortexistiere. Andre sagen: all dieses Gerede von Auferstehung sei nur bildlich, sei nur eine hochgradige Ausdrucksweise,, um die wunderbare Verwandlung recht hervor zu heben, welche die Seele erfahre, wenn sie aus der Knechtschaft dieses irdischen Körpers erlöst werde. Sie sagen, daß sie aufersteht, hervorbricht in ein neues Leben, gerade so, wie sie zuerst von Gott zu neuem Leben angeregt wurde, da sie tot war in Übertretungen und Sünde. Das nennen sie Auferstehung, und was beim Tode oder danach vorkommt, ist nur eine mehr ausgeprägte Form der gleichen Erfahrung.

Aber keine von diesen Ansichten entspricht der Schriftlehre von dieser großen Wahrheit. Die heiligen Schriften tragen die Lehre von einer wörtlichen, wirklichen Auferstehung des Leibes deutlich und unwidersprechlich vor. Es kann keine klarere und bestimmtere Sprache geben als die dabei gebrauchte. Die Leiber, und nicht die Seelen der Menschen sollen wieder auferstehen. „Die in den Gräbern sind, sollen seine Stimme hören und hervorgehen" (Joh. 5, 28—29). „Der Christum auferweckte von den Toten wird auch eure sterblichen Leiber lebendig machen durch den in euch wohnenden Geist" (Röm. 8, 11). „Welcher unsern elenden Leib umbilden wird, daß er werde ähnlich seinem herrlichen Leibe" (Phil. 3, 21). Endlich die gewaltige Beweisführung des großen Apostels in dem wunderbaren Auferstehungskapitel (1 Kor. 15) schließt allen Zweifel aus. Der ganze Kern und die Kraft desselben konzentriert sich um die Thatsache, daß Paulus von der Auferstehung des Leibes redet. Der Same, der in die Erde gelegt wird, hat einen Leib und das daraus neu Erwachsene hat einen Leib, und jeglicher Same hat seinen eignen Körper, d. h. eine ihm eigne Wachstumsform, die ihm von Gott gegeben ist.

Es giebt auch himmlische Körper und irdische Körper und jede Art mit ihrer entsprechenden und göttlich bestimmten Herrlichkeit. So ist auch die Auferstehung der Toten. Es wird gesät ein natürlicher, es wird auferstehen ein geistlicher Leib. „Er," der natürliche Leib, wird gesät in Verweslichkeit und „er," der geistliche Leib, wird auferstehen in Unverweslichkeit; „er", der natürliche Leib, wird gesät in Unansehnlichkeit, „er", der geistliche Leib, wird auferstehen in Herrlichkeit; „er", der natürliche Leib, wird gesät in Schwachheit, „er", der geistliche Leib, wird auferstehen in Kraft. Die Beweisführung gilt hier absolut nur der Wirklichkeit einer leiblichen Auferstehung. Es ist dieses Sterbliche, das Unsterblichkeit, dieses Verwesliche, das Unverweslichkeit anzieht. Es ist nicht ein etwaiges Aufwachen der Seele, wie vom Schlafe, oder eine plötzliche Entwicklung zu erweiterter Thätigkeit, oder irgend ein geheimnisvolles Fallenlassen ihrer äußern rohen Hülle und ein Eingang in eine freiere und höhere Existenz. Diese Schriftstellen lehren, daß der Leib, der in das Grab gelegt wird, derselbige Leib ist, der auferweckt wird. Dies ist gerade so wahrhaftig der Fall mit unsern Leibern, wie es mit dem Leibe des Herrn war. Er war die Erstlingsgarbe und die Ernte muß doch, der Art nach, ihr gleichen. Er war der Erstgeborne von den Toten aus Gottes großer erlöster Familie und der Haushalt des Glaubens muß notwendig Ihm gleich sein. Das aber könnten sie nicht, außer durch eine wirkliche, wörtliche Auferstehung des Leibes.

Die Frage über die Schwierigkeiten derselben kann nicht in Betracht kommen, Schwierigkeiten wie die, daß Körper verbrannt und die Asche in alle Winde zerstreut, oder daß Körper im Wasser versunken und von den Fischen verzehrt, oder daß sie begraben, vermodert und ihre Bestandteile in Bäume, Tiere oder andre menschliche Wesen übergegangen seien. Dieses sind Fragen, die Gott, nicht aber uns, angehen. Ihm ist nichts unmöglich. Die Hilfsquellen seiner Allmacht sind jetzt ebenso umfassend, als sie damals waren, da sie hinreichten, so unphilosophisch und im Widerspruch mit den Naturgesetzen das auch war, das Weltall aus nichts und den ersten Menschen aus dem Staub der Erde zu erschaffen. Des einen mögen wir uns versichert halten, daß Gott alles, bis auf den letzten Buchstaben und das letzte Strichlein, thun und erfüllen wird, was Er zugesagt hat in seinem Worte. Wir haben nichts mit den Schwierigkeiten dieses Wortes, sondern mit seinen Lehren zu thun. Und diese zwingen uns, zu glauben, daß diese Leiber auferweckt und daß sie in dieser Auferstehung, obgleich verklärt und unverwischbar verherrlicht, doch identisch sein werden mit dem, was sie jetzt sind, wie der Leib des auferstandenen Herrn identisch war mit dem Leibe, der in Josephs Grab gelegt wurde. Diese Leiber werden wirkliche, sichtbare, herrliche Leiber sein, gerade wie der seinige war, und weil der seinige es war.

Sie haben zweifelsohne schon im voraus gefühlt, wie mächtig sich dieses auf den Gegenstand bezieht, den wir betrachten. Die Lehre von der Auferstehung macht nicht nur unsre zukünftige leibliche Existenz gewiß, sondern dieser zukünftige Zustand ist durch unsre leibliche Existenz und durch die Wiederkunft des Herrn bedingt. Bei seinem Kommen sollen die gerechten Toten auferweckt werden. Sie sollen dann mit den noch lebenden Gläubigen dem Herrn entgegengerückt werden in der Luft und in einem Augenblick in sein Bild verklärt werden. Ich brauche nicht die hierauf bezüglichen, allen bekannten Schriftstellen anzuführen (1 Kor. 15, 23—52; 1 Thess. 4,

14—17; Phil. 2, 20—21). Aber Sie werden bemerken, daß die Auferstehung der Leiber der toten, und die Verwandlung der lebendigen Heiligen nicht nur durch die Thatsache bedingt ist, daß unser Herr wirklich auferstand und daß Er wirklich wiederkommen wird, sondern auch durch die, daß Er noch den Leib, identisch denselben Leib, besitzt, mit dem Er das Grab verließ. Denn nur so können „unsre sterblichen Leiber ähnlich gemacht werden seinem verklärten Leibe". Nur so können wir Ihn sehen wie Er ist und darum gleich sein wie Er. Nur so können wir mit Ihm in der Luft zusammentreffen und mit unsern verklärten, herrlichen Leibern, die dem seinigen gleich sind, bei Ihm sein für immer. Es ist daher nach der Schriftlehre von der Auferstehung unumgänglich nötig, daß unsers Herrn Wiederkunft eine wörtliche, persönliche und sichtbare sei. Und das ist es auch, was wir nach andern Zeugnissen des Wortes genau und bestimmt wissen. Nach diesen muß Er notwendig „mit den Wolken des Himmels kommen"; die „Menschen müssen Ihn schauen"; „die Ihn gestochen haben, müssen Ihn sehen"; Er muß kommen „als der Erlöser Zions", muß den „Thron Davids einnehmen," und muß „über das Haus Jakobs regieren ewiglich" (Matth. 25, 30; Offb. 1, 7; Sach. 12, 10; Jes. 59, 20; Luk. 1, 32).

7. Der Grund, der unbeweglich steht.

Auf Grund dieser Beweisführung kann man alle verschiedenen Theorien, welche die wirkliche, buchstäbliche Wiederkunft des Herrn bestreiten, schnell und bestimmt widerlegen. Es giebt nur eine Schwierigkeit bei allen. Einige sind sehr gelehrt, sehr philosophisch, sehr befriedigend für die menschliche Vernunft — aber es fehlt ihnen eins: die Autorität des göttlichen Wortes. Diese Schriftstellen sind gegen jede und alle von ihnen. Man nehme z. B. die eine Ansicht, welche die

Wiederkunft des Herrn mit der Zerstörung Jerusalems erfüllt sehen will. Die Schrift erklärt, daß zu der Zeit (seiner Zukunft) „alle Geschlechter auf Erden heulen werden", daß „des Menschen Sohn kommen wird mit den Wolken des Himmels mit Kraft und großer Herrlichkeit," daß Er „wird seine Engel aussenden" unter lautem Posaunenruf, und sie werden „seine Auserwählten versammeln von den vier Winden, von einem Ende des Himmels bis zum andern Ende" (Matth. 24, 29 und 33).

Wir wollen hier gar nicht davon reden, wie widersinnig und absurd es wäre, einen götzendienerischen römischen General zum Stellvertreter unsers Herrn zu machen und seine heidnischen Legionen als unter dem Bilde der heiligen Engel dargestellt sein zu lassen — die Thatsachen stimmen nicht mit den prophetischen Zeugnissen. Damals heulten nicht alle Geschlechter der Erde, noch wurde der Menschensohn in den Wolken gesehen, noch wurden die Auserwählten von den vier Winden versammelt. Noch mehr: das Evangelium war da noch nicht in aller Welt verkündigt zum Zeugnis; die Stimme des Erzengels und die Posaune Gottes wurden damals noch nicht gehört, noch wurden die gerechten Toten auferweckt und mit den lebenden Gläubigen dem Herrn entgegengerückt in der Luft. Aber alle diese Ereignisse, das wird uns bestimmt erklärt, sollen mit der Wiederkunft des Herrn zusammenfallen. Nur eine Exegese, die die heilige Schrift mit ihren eignen vorgefaßten Schlüssen zu stimmen zwingen will, kann möglicherweise diese prophetischen Aussprüche auf die Zerstörung Jerusalems beziehen. Diese selbe verkleinernde Weise der Schriftauslegung räumt auch das Endgericht, das Neue Jerusalem und die endliche Herrlichkeit der Heiligen aus dem Wege.

Man nehme ferner die Ansicht, welche das Kommen des Herrn mit dem Tode des Gläubigen identifizieren will. Diese ist, wie die eben betrachtete, alles Schriftgrundes bar. Ihre Lieblingsstelle: „Ich gehe hin, euch eine Stätte zu bereiten;

und wenn ich hingegangen bin und euch eine Stätte bereitet
habe, will ich wiederkommen und euch zu mir nehmen, auf daß,
wo ich bin, auch ihr seid," bezieht sich nicht auf den Tod. Unser
Herr lehrte seine Jünger nirgends, daß Er sie bei ihrem Tode
abholen wolle, und solche Lehre ist auch sonst nirgends in der
heiligen Schrift zu finden. Sie lehrt, daß der Gläubige, wenn
er stirbt, abscheidet, um bei Christo sein zu können und sein Ver=
langen ist, außer dem Leibe und daheim bei dem Herrn zu sein.
So war's mit Stephanus. Als der Haufe ihn steinigte bis er
starb, da sah er den Himmel offen und des Menschen Sohn
nicht herabkommen, sondern „zur Rechten Gottes stehen". Bald
darauf rief er: „Herr Jesus, nimm meinen Geist auf!" und
dann eilte er zu seinem Herrn, der ihn mit Freuden im Himmel
empfing. Engel kamen, und nicht der Herr, um Lazarus abzu=
holen, als er starb; und vielleicht kommen sie oft, um Gottes
Kinder, wenn deren Arbeit gethan ist, im Triumph heimzu=
tragen. Aber von dem Herrn wird nirgends gesagt, daß Er
mit ihnen komme oder die Seinen heimtrage, noch haben
seine Jünger Ihn so verstanden. Sie begriffen wohl und deut=
lich, daß Er nicht so bei ihrem Tode kommen würde. Denn
als Er dem Petrus in betreff des Johannes antwortete: „So
ich will, daß er bleibe, was geht es dich an?" da fügt Johannes
bedeutungsvoll bei: „Da ging eine Rede unter den Brüdern:
Dieser Jünger stirbt nicht." Sie waren so fern davon, zu
glauben, daß unser Herr mit seinem Kommen den Tod meinte,
daß sie sogar glaubten, der Lieblingsjünger werde nicht sterben,
sondern bleiben, bis der Herr komme oder daß er gen Himmel
fahren werde. Daher kommt auch die Überlieferung in
frühern Gemeinden, daß Johannes nicht gestorben, sondern wie
Enoch und Elias verwandelt worden sei. Die Schrift stellt
den Tod als unsern großen, grausamen und unerbittlichen
Feind dar, und daß der große Widersacher unsrer Seelen, der
Teufel, ihn, den Tod, mit Schrecken umgiebt, soviel er nur
kann. Das Kommen des Todes bringt nichts als Furcht mit

sich, und sollte dem Gemüt des Gläubigen niemals als das Kommen des Herrn vorgestellt werden. Er, der auf dem fahlen Pferde reitet und der ausgeht zu töten mit dem Schwert und mit Hunger und mit dem Tod und durch die Tiere der Erde, der sollte sicherlich nicht verwechselt werden mit dem, „der auf dem weißen Pferde reitet, viele Kronen trägt, des Name Treu und Wahrhaftig ist, und dem das himmlische Heer nachfolgt."

Er, der uns erlöst hat, der hat sicherlich den Tod überwunden und der verheißt uns eben solchen Sieg. Aber wir müssen dem grausen Feinde ebenso begegnen wie Er und müssen die Pein, die seine Bosheit uns anthun kann, bis zur letzten Stunde fühlen. Es mag uns wohl dabei vergönnt sein, des Herrn Angesicht während des Kampfes über uns leuchten zu sehen, und sogar Worte der Ermutigung von Ihm zu erlauschen; aber das wird eben nur so sein wie bei Stephanus, daß der Gesegnete nicht auf Erden, sondern zur Rechten Gottes steht und uns zu empfangen bereit ist. Wir haben das beste Recht, über den Särgen der Auserwählten Gottes auszurufen: „Selig sind die Toten, die in dem Herrn sterben!" und: „O Tod, wo ist dein Stachel? Wo ist, o Unterwelt, dein Sieg?" Aber auch dies hauptsächlich nur in Hinsicht der endlichen Erlösung von langer Qual und des im Glauben erschauten siegreichen Ausgangs des Kampfes, den auch der König der Schrecken der Seele nicht ganz verhüllen kann. Aber der Tag kommt, an dem dieser gewaltige Triumphgesang aus zehntausendmal zehntausend Kehlen hervorbrechen wird; denn wenn Er, auf den wir warten, für dessen Erscheinung wir arbeiten und beten, kommen wird, dann wird der geheiligte Staub aller Zeitalter den Posaunenton vernehmen, und seinen Herrn erkennen, und in unsterblicher Pracht, wie seine eigne, Ihm entgegeneilen. Dann aber, und nicht eher, wird um die Welt herum schwellen das mächtige Triumphlied der auferstandenen Heere: „Der Tod ist verschlungen in den Sieg!"

8. Eine Widerlegung.

Aber noch eine Ansicht, und zwar bei vielen die beliebteste, muß nicht übersehen werden. Es ist die, nach welcher die Erscheinung des Herrn verwechselt wird mit dem Wirken des Heiligen Geistes in den Herzen der Gläubigen und andrer Menschen, um sie zu Christo zu bekehren. Alle belebenden geistlichen Erfahrungen, alle Bekehrungen, und alle Neubelebungen sind nach dieser Deutung Erscheinungen des Herrn. Und diese Ansicht, meint man, ehre den Heiligen Geist, während die vom persönlichen Kommen des Herrn Ihn verunehre, als ob Er unfähig sei, Menschen zu bekehren. So sagt Dr. Lyman Abbott: „Die allgemeine Gegenwart (d. h. die des H. Geistes) ist viel besser für christliche Thätigkeit und christlichen Charakter als die lokalisierte, und der unsichtbare Christus als der sichtbare." „Schwerlich ließe sich etwas Verderblicheres für die gesunde und moralische Thätigkeit der christlichen Gemeinde denken, als eine Wiederkunft des Herrn, um im Fleisch zu Jerusalem zu regieren (Christ. Union, 2. Sept. 1886). Ähnlich Dr. Bushnell: „Es giebt nichts, das muß ich frei sagen, das ein so totaler Verlust Christi für den Gläubigen wäre, der Ihn in der teuren Gemeinschaft des Glaubens kennt, als wenn Er in sichtbarem Aufzuge erschiene. Nichts könnte hinderlicher und nichts eine tiefere, schwerere Heimsuchung sein, als ein an einem Ort herabgekommner, immer sichtbarer Heiland" (Christ & his Sal., pp. 334 & 336).

Dies ist starke Sprache. Wenn diese Brüder recht haben, dann habe ich mit dieser Darlegung sicherlich unrecht. Aber „nach dem Gesetz und Zeugnis!" Ist diese Theorie, daß das Kommen des Geistes identisch sei mit dem Kommen des Herrn, das, was die heilige Schrift von der Wiederkunft des Herrn lehrt? Ferne davon! Sie verwechselt Gabe, Einwohnung oder Arbeit des Heiligen Geistes niemals mit dem Kommen des Herrn.

Der Geist ist ein „andrer Tröster": Sein Amt ist, „von dem Meinen" (d. h. Christi) „zu nehmen und euch zu verkündigen." Er ist der Stellvertreter Christi, der an seiner Statt in der Welt steht und sein Werk thut. Es ist wahr, daß Jesus Christus durch Ihn geistlich bei und in den Gläubigen ist, daß Er ihr Leben ist und daß Er durch den Geist eine Gestalt in ihnen gewinnt. Aber alles dieses nicht in solchem Gegenwärtigsein, wie Er persönlich zur Rechten des Vaters ist, sondern in dem Sinne, in welchem Gott der Vater in ihren Herzen gegenwärtig ist (Joh. 14, 23 und 17, 21—23). Das heißt: Christus ist kräftiglich in den Herzen seiner Jünger durch seinen Geist, sie zu lehren, leiten, ermahnen, trösten, unterstützen, reinigen und zum Dienste zu stärken. Dazu wurde der Heilige Geist in die Welt gesandt, nachdem der Herr gen Himmel gefahren war, während Er selbst in seinem verherrlichten Leibe zur Rechten Gottes bleibt, persönlich sichtbar als unser Hoherpriester und Fürsprecher.

Und gerade hier scheinen diejenigen bei ihrem Lesen der Schrift sich festzufahren, welche das Kommen Christi im Geiste festhalten. Sie anerkennen das Amt Christi, als unsers Fürsprechers, und das Werk des Heiligen Geistes, als der in der Gläubigen Herzen wohnt, und der das Wort begleitet mit Gottes Kraft zur Rettung der Seelen. Aber sie scheinen zu vergessen, daß alles dies sich nach der Schrift auf etwas Zukünftiges bezieht. Sie scheinen nie zu fragen, ob es nicht noch einen Zweck für den Heimgang des Herrn gäbe, außer der Sendung des Geistes, wo doch die klarsten Zeugnisse reichlich vorhanden sind, daß Er hinging, um wiederzukommen. Dieses zu lehren, bezweckt ein Gleichnis nach dem andern. Dieses sagt Er selbst, indem Er den Geist verheißt und dies ist das fortwährende Zeugnis des Geistes gewesen, nachdem Er des Herrn Stelle in der Gemeinde eingenommen und die Wahrheit lehrt und alles nach seinem eignen höchsten Wunsch und Willen regiert. Er ist es auch, der da bezeugt, daß, wenn die Zeit der Wieder=

herstellung aller Dinge gekommen sein wird, Jesus Christus kommen und seinen Thron errichten und die Welt mit seiner Herrlichkeit erfüllen werde. Er ist's, der von dem herannahenden Tage zeugt, an dem der Herr mit einem Feldgeschrei vom Himmel kommen wird, und die Toten in Christo auferstehen und die lebenden Heiligen Ihm "entgegengerückt werden sollen in der Luft," damit sie sich mit dieser Hoffnung untereinander trösten sollen. Er ist's, der die Gläubigen ermuntert, geduldig zu sein, da die Zukunft des Herrn nahe sei, und züchtig, gerecht und gottselig zu leben in dieser Welt und zu warten auf die selige Hoffnung und Erscheinung des großen Gottes und unsers Heilandes Jesu Christi. Wäre diese Lehre vom wirklichen sichtbaren Kommen des Herrn eine Verunehrung des Heiligen Geistes, so wäre es doch höchst sonderbar, daß dieser Geist sie so vielfach bezeugen sollte! Sie immer voranzustellen, zu betonen und zu verherrlichen als das besondere Geheimnis der innigsten Gemeinschaft mit Ihm, der festesten Anhänglichkeit an den Herrn Jesum, des höchsten Maßes von Frieden, Freude und Kraft, andre zu lieben, das Er selbst zu geben vermöchte; wenn dieses den Geist verunehren heißt, so hat Er auf wunderbare Weise es gewendet, daß der Menschen Zorn Ihn preisen muß! Nein, Brüder, die Verteidiger solcher Erscheinung, ohne den wirklichen sichtbaren Herrn, lesen ihre Bibel nicht recht, noch auch die Kirchengeschichte. Das Zeugnis des Geistes im Wort und im Werk stimmt überein. Sie können diese Lehre nicht aus diesem heiligen Buche ausfädeln und noch ein lebendiges Wort behalten. Sie könnten ebensowohl die Nerven aus dem Körper schneiden und noch einen lebenden Organismus übrig lassen. Und sie können diese Lehre nicht aus dem Glauben der Gemeinde herausreißen, ohne das Messer ins Herz von Tausenden ihrer frömmsten Bekenner zu stoßen.

9. Frucht dieser Wahrheit.

Man sage was man will, eins steht als wohl bezeugt durch alle Zeitalter fest, daß, wo nur immer dieser Glaube an des Herrn wörtliche und persönliche Wiederkunft Besitz von der Menschen Herzen genommen hat, da hat er unfehlbar die Autorität des Wortes Gottes erhoben, alle Lehren von der Gnade betont, das Kreuz Christi hoch aufgerichtet, das persönliche Wirken des Heiligen Geistes geehrt, innigeres Gebet und erweiterte Wohlthätigkeit gewirkt, hat die Gläubigen von der Welt abgesondert und sie eifrig an die Arbeit gebracht zur Rettung der Welt. Dies sage ich mit Bedacht. Ich sage es als die tiefste Überzeugung meiner Seele, daß es keinen größern Segen für die heutige Gemeinde geben könnte, als eine Neubelebung dieses alten Glaubens! Sie würde Gottes Kinder öfter in ihr Kämmerlein bringen und sie länger dort halten, und sie würden auch ehrfurchtsvollere, fleißigere und gebetsvollere Leser des Wortes Gottes werden. Sie würde stärkeres Verlangen nach der völligen Inwohnung des Heiligen Geistes und nach dem verborgenen Leben mit Christo in Gott erwecken. Sie würde ihre Taschen öffnen und mit offnen Händen Schätze ausschütten für jede Art von Arbeit am Evangelium. Sie würde die Gläubigen zu persönlicher Arbeit, die Heiligen zu trösten und Verlorne zu retten zu suchen, anspornen. Sie würde ihnen aufs Herz legen die noch nicht evangelisierten Millionen der Menschheit und ihnen keine Ruhe lassen, bis das Evangelium allen Geschlechtern, Völkern und Zungen unter dem Himmel gepredigt worden wäre. Sie würde ihren Blick auf die Verheißung der Wiederkunft des Herrn richten und sie anfeuern, bei Tag und bei Nacht zu wirken, zu beten und zu warten mit immer größerm Ernst und Verlangen, bis das Leuchten seines herrlichen Kommens aus den Himmeln hervorstrahlen wird! Sie würde diese Wiederkunft beschleunigen und das Hereinbrechen des Reiches, dessen Herrlichkeit die Welt erfüllen soll.

2. Die zweite Zukunft des Herrn,

ein Hauptbeweggrund zu allgemeiner Missionsthätigkeit.

Vom Ehrw. A. T. Pierson, D. D., aus Philadelphia.

Den Baum erkennt man an der Frucht, die an ihm wächst, nicht an angebundener. So erkennt man die Lehre am Leben, das sie bewirkt. Wahrheit wird durch Verkehrung nicht zur Lüge, sonst würde auch die Gnade ihre Herrlichkeit einbüßen, wenn die Menschen sie benützen wollen, in der Sünde zu beharren.

Dies zur Einleitung. Ist die Frage: ‚Was ist Wahrheit?‘ genau und richtig beantwortet, so gilt es, die Wahrheit aufs beste und förderlichste anzuwenden. Wenn aber das, was zur Stärkung und Ermutigung bestimmt ist, zur Einschläferung und Betäubung mißbraucht wird, so verschulden wir uns und haben's zu verantworten. Dieselbe Sonne, welche erweicht, schmilzt und reift, bewirkt Fäulnis, trocknet aus, bäckt und verhärtet auch. Wenn wir frei erklären, daß des Herrn zweite Erscheinung der höchste Beweggrund zu allgemeiner Missionsthätigkeit ist, so sagen wir damit nicht, daß diese erhabene Wahrheit bei jedem Gläubigen die rechte und hinlängliche Frucht hervorbringt, diese heilsame Lehre zu zieren; sondern nur, daß diese Wahrheit solche Frucht zu bringen vermag; daß sie als Same in guten Boden gelegt, Wurzel schlagend, von Dornen unbehindert, wohl wachsen, sich ausbreiten, zuerst den Halm, danach die Ähre, danach den vollen Weizen in den Ähren zu bringen fähig ist, und so in endlicher Reife Brot für den Esser und Samen für den Säemann zu weiterer Fortpflanzung geben kann. In andren Worten: die gesegnete Hoffnung auf das Kommen des Herrn wird, wenn sie in ihrer gesunden Wirkung ungehindert bleibt, in jedem wahren Gläubigen sich als Same frucht=

bar erweisen, der ihn befähigt und bewegt, den Samen und sich selbst für das Reich zu säen.

1. Als erste der eigentümlichen, auf die Zukunft des Herrn bezüglichen Schriftwahrheiten müssen wir sagen: sie lehrt, **daß die Erscheinung des Herrn bevorsteht**. Etwas Bevorstehendes ist gewiß und ungewiß. Bevorstehendes tritt gewiß ein; aber es ist ungewiß, wann es eintritt. Bevorstehend und einbrechend ist nicht dasselbe. Was bevorsteht kann nicht als einbrechend bezeichnet werden. Es ist nicht billig zu bezweifeln, daß die Erscheinung des Herrn bevorsteht, und zu sagen, es sei ein Irrtum, zu welchem selbst Apostel und die ersten Jünger verleitet worden seien, daß sie glaubten, der Herr werde in ihrer Zeit erscheinen. Da Er aber nicht kam, und es somit als eine irrige Auffassung erwiesen sei, so hätten die heutigen Jünger um so weniger Ursache, hierin zu irren, da sie gewarnt seien. Solche Beweisführung erzeugt Trugschlüsse, wenn nicht Spitzfindigkeiten. Die ersten Jünger glaubten, daß Christus zu ihrer Zeit kommen könnte; sie konnten aber nicht sagen, daß Er dann kommen werde. Der Unterschied mag gering scheinen, aber er zeigt, daß sie nicht getäuscht, waren, noch täuschten. Dein Bruder ist in Europa und mag zu irgend einer Zeit heimkehren, sogar mit dem nächsten Dampfer; aber du sagst nicht, daß er kommt. Irgend jemand in dieser Versammlung kann heute sterben, aber ich sage nicht, daß es geschieht, und wenn alle bis morgen, ja bis das nächste Jahrhundert anbricht, leben, so habe ich nicht geirrt.

Das Neue Testament lehrt einstimmig, daß die Zukunft des Herrn bevorsteht. Sie ist ein Ereignis, das immer vor der Hand ist. „Siehe, der Richter steht vor der Thür." Seine Hand mag bereits die Klinke gefaßt haben. Wann Er aber eintreten wird, das weiß kein Mensch, nicht einmal die Engel im Himmel. Wenn Er kommt, so kommt Er plötzlich, sogar ohne Anklopfen. Sein letztes Wort ist: „Wacht und betet; denn ihr wißt weder Zeit noch Stunde!"

Welchen Einfluß hat dies Bevorstehen seines Kommens auf den Missionseifer? Wie könnte es anders als evangelische Thätigkeit erwecken, reizen, beleben, ermutigen? Unser aufgefahrner Herr hat gerade vor seinem Scheiden die feierlichen Worte seines letzten Reichsbefehls wiederholt: „Geht hin in alle Welt und predigt das Evangelium aller Kreatur!" Anfangend zu Jerusalem, sollte unter allen Völkern in seinem Namen Buße und Vergebung der Sünden gepredigt werden, und seine Jünger sollten seine Zeugen sein bis an die äußersten Enden der Erde. Der Sohn des Menschen zog über Land, vertraute seinen Dienern und Haushaltern den erhabenen Auftrag an, und sagte: „Handelt, bis daß ich wiederkomme!" Die Stunde seiner Wiederkehr aber deutet Er auch nicht einmal an, damit sie immer bereit sein möchten.

Was würde natürlich daraus folgen? Jeder treue Knecht würde fleißig handeln, damit der Herr bei seiner Rückkehr das Seine mit Gewinn wieder bekäme. So geschah es auch. Zwei unumstößliche Thatsachen werden aus jenen Tagen berichtet: erstens lehrte die Gemeinde die bevorstehende Erscheinung des Herrn, war also prämillenarisch in der Lehre; und zweitens war sie thätig im Missionswerk. Wer ihre Geschichte erforscht, dem sind dies unwidersprechliche Thatsachen. Die Gemeinde des ersten Jahrhunderts stand auf der Wacht, war überzeugt, daß der Herr zu irgend einem Augenblick kommen könne. So lebendig war ihnen diese Erwartung, daß die thessalonischen Christen den Antichristen und den vorhergehenden Abfall fast übersahen. Aber niemals war die Gemeinde, die ganze Gemeinde, so durchdrungen und so belebt vom Missions-Geiste und -Eifer. Selbst während die Apostel noch in Jerusalem waren, zerstreuten sich diese einfachen, bemütigen Jünger überallhin und „predigten das Wort."

Ein lebendiges Band umschlingt diese selige Hoffnung und den Missionsgeist. Die Jünger erwarteten ihren Herrn und König, aber sie wußten die Stunde nicht. Er hatte ihnen

Großes anvertraut und sein Werk hatte Eile. Es galt kein Verzug; sie warteten nur auf die Ausrüstung von oben, die sie zu dem Werke tüchtig machte. Bis zu den äußersten Grenzen von Judäa, Galiläa und Samaria trugen sie das Wort; dann nach Antiochien, Cyprien, Kleinasien, Griechenland, Rom, und dann, während Petrus östlich, nach Babylon zu, den ‚erwählten Fremdlingen‘ nachging, eilte Paulus, mit dem Feuereifer der Seraphim angethan und gesalbt, wie eine Flamme westlich über Palästina und Syrien, weiter und weiter nach Europa hinein, bis er nicht nur Italien berührte, sondern auch, wie einige glauben, Spanien und Britannien. Während der Lebenszeit eines Geschlechts wurde die Heilsbotschaft bis an die äußersten Grenzen des römischen Reiches getragen, und heidnische Priester erbebten, weil ihre Tempel leer wurden.

Diese heroische Missionsthätigkeit war durch die Liebe und Ergebenheit der Gläubigen gegen Ihn entzündet, der ihnen der Kommende war. „Sie erharrten und ersehnten die Zukunft des Tages Gottes" (2 Petr. 3, 12). Ihr aufgefahrner Herr war nur hinter der Wolke, die Ihn aufgenommen, verschleiert; aber Er war ihnen immer nahe, war immer bei ihnen bis zum Ende, und das Ende mochte sehr nahe sein. Die Wolke konnte sich augenblicklich teilen und Ihn ihren sehnsüchtigen, verlangenden Blicken wieder zeigen, Ihn, den selbigen Jesum, der so plötzlich von ihnen genommen und gen Himmel gefahren war und ebenso plötzlich wiederkommen sollte, wie sie Ihn hatten auffahren sehen. Und bei seiner Wiederkunft würde Er das Seine nehmen, treue Knechte belohnen und untreue bestrafen. So drängte sich jedem Jünger die Frage auf: „Handle ich mit meinem Pfund oder vergrabe ich es im Schweißtuch?" Die Verkündigung des Heils ist mir anvertraut — verkündige ich es?

Christus selbst warnt uns vor der Gefahr derer, die da sagen: „Mein Herr verzieht zu kommen!" Seine bevorstehende Erscheinung aus dem Auge zu lassen, verführt zu selbstsüchtiger Gleichgültigkeit und zum Zank über Kleinigkeiten. Unter dem gesegneten Regiment primitiver Frömmigkeit, angefeuert von dieser herrlichen Hoffnung, wurde freudige Selbstverleugnung geweckt und genährt und kleinliche Eifersucht gestraft. Die ganze Gemeinde war an der Arbeit und immer daran, weil die Zeit kurz und das Werk dringend war. Heutzutage ist die Hoffnung so verdunkelt, daß die Masse der Bekenner die Erscheinung des Herrn in die ferne Zukunft hinausschiebt, und die Kirche arbeitet bequemlich und gemächlich, wenn sie nicht gar nur leichtsinnig spielt, am Missionswerk, als ob es noch Kreisläufe von Zeitaltern dafür gäbe!

2. Des Herrn Wiederkunft bewegt zu allgemeiner Missionsthätigkeit, denn sie verbindet damit die herrliche Vergeltung für alle Arbeit, Leiden und Opfer für seine Sache. „Siehe, ich komme bald, und mein Lohn mit mir, zu geben einem jeglichen nach seinen Werken." Nicht mit unserm Tod, sondern mit der Wiederkunft des Herrn ist das Hochzeitsmahl verbunden, an welchem die klugen Jungfrauen mit der Freude treuer Haushalter teilnehmen, indem ihnen das Kleinod erteilt wird als solchen, die es ergriffen haben. Wenn Er kommt, dann werden die bis zum Tode getreuen Märtyrer die Krone des Lebens erlangen. Die seine Erscheinung lieb haben, erhalten dann die Krone der Gerechtigkeit; und die als treue Hirten seine Herde geweidet, die Krone der Ehren; die aber, welche Seelen gewinnen, die Krone der Freude; und die, so ihren Leib betäuben und bezähmen, die unvergängliche Krone.

Welche Beweggründe, das Kreuz auf alle Fälle selbst bis ins Herz hinein und auf die höchsten Gipfel der Bollwerke Satans zu tragen; es auf allen Mauern aufzurichten; für jeden einfachen Nachfolger Jesu an seinem Leibe zu erstatten, was noch mangelt an Trübsalen für seinen Leib — die Gemeinde! Er harrt auf die Erscheinung des Königs, bei der jeder, der einen guten Kampf gekämpft, die Rüstung mit dem Siegergewand und der Krone vertauschen wird. Der Tod mag ihn ins Paradies einlassen, aber die Auferstehung der Gerechten bringt die volle Herrlichkeit und vollkommnen Lohn für selbstverleugnende Arbeit und Aufopferung. Dann, und nicht eher, werden „die Lehrer leuchten wie die Sterne und die, so viele zur Gerechtigkeit gewiesen, wie des Himmels Glanz immer und ewiglich."

Paulus erklärt den Philippern seinen Verlust und Gewinn. Was ihm Gewinn gewesen, achtete er für Schaden, für Abfall, der unter die Füße getreten wird, und das mit Freuden, denn er schaute aus — nicht zum Tode hin — sondern zu der ersten Auferstehung von den Toten. Für die Gemeinschaft der Leiden Christi ward ihm die Gemeinschaft seiner Freuden und Herrlichkeit; er konnte mit Christo sterben, als ein Übelthäter, um mit Ihm zu leben, als ein Wohlthäter; sterben, während andre leben, damit er lebe, wenn andre tot sind.

Es ist schade, daß den meisten Gläubigen diese Frage über Belohnung so dunkel ist. Manche zweifeln, ob in einer Haushaltung der Gnade von Belohnung überhaupt geredet werden könnte. „Dem aber, der mit Werken umgeht, wird der Lohn nicht aus Gnaden zugerechnet, sondern aus Verdienst." Aber der Herr lehrt in der Bergpredigt, daß es eine bessere als der Pharisäer Gerechtigkeit erheische, uns zum Eingang ins Himmelreich zu befähigen; daß aber unsre niedere oder höhere Stellung darin von dem Lehren und Thun seiner Worte abhänge. Der Samariterin sagt Er, „das ewige Leben ist Gottes Gabe;" in demselben Kapitel lehrt Er aber auch, daß, „wer da schneidet, Lohn empfängt und Frucht zum ewigen Leben sammelt." Der Sünder wird aus Gnaden gerettet, der Gerettete wird für seinen Dienst belohnt.

Ja, 1 Kor. lehrt Paulus, daß man selig werden und doch Verlust erleiden kann. Selig aus Gnaden werden alle Gläubigen; aber des einen Werk mag verbrennen, und sie des Scha=

ben leiden; der andern Werk mag bleiben und sie Lohn empfangen.

„Dem Knechte, der auf schmalem Pfad
Ihm folgte, Schritt für Schritt,
Fromm blieb, wenn alles übel that,
Geduldig litt und stritt:
Den wird Er dann als Morgenstern
Mit ew'gem Gnadenschein
Zu seinem hohen ew'gen Herrn
Mit Freuden lassen ein."

Die ganze Tendenz einer solchen Hoffnung ist, den Gläubigen von der Welt zu entbinden und sie von ihm. Wer sagt: „Mein Herr verzieht zu kommen!" der mag zu falscher Freiheit, Weltgenuß, Schätzesammeln, Lust und Taumel versucht werden; aber der treue Haushalter, der seinen Herrn stündlich erwartet, der kann sein Pfund nicht in Land und Häusern, in kostbarem Geräte und glänzendem Schmuck, Aktien und Vorräten vergraben. Er weiß und fühlt, daß es flüssig sein, von Hand zu Hand gehen, sich mehren muß, damit er immer bereit sein kann, seinem Herrn, wenn Er anklopft, aufzuthun und jeden Augenblick genaue Rechenschaft von seinem Haushalten abzulegen.

3. **Die segensreiche Hoffnung aufs Kommen des Herrn entwöhnt die Gläubigen von dieser Welt, macht uns frei von Selbstsucht, macht uns geistlich gesinnt,** daß wir die weltlichen Dinge und Lüste fahren lassen, und uns alles gering und unbedeutend erscheint im Vergleich zu der großen Ewigkeit. Wer diese Wahrheit treu und gründlich glaubt, der kann nicht folgerichtig Schätze auf Erden sammeln, noch großartige Pläne für Bequemlichkeit und Wohlleben machen. Während er sich auf ein langes, genußreiches Leben vorbereitet, kann der mitternächtliche Ruf erschallen; und er mag weder Genügen noch Vergnügen, weder Schätze noch Genüsse, noch Bemühungen und Bestrebungen wollen, welche durch das Kommen des Herrn gestört,

unterbrochen, verurteilt oder vernichtet werden könnten. Wenn menschlicher Unternehmungsgeist, weltliche Civilisation und kirchlicher Fortschritt das Millennium herbeiführen könnten, dann wären wir gerechtfertigt, wenn wir bauten, als ob's tausend Jahre stehen sollte; aber wenn alle diese Dinge zerstört werden müssen, und gar bald durch die Feuerprobe zu gehen haben mögen; wenn nur die Früchte des Geistes, des Wandels mit Gott, der Arbeit für Ihn, bestehen und erhalten werden, dann laßt uns unsre Kräfte auf unvergängliche Dinge verwenden. Und nichts beweist besser, daß diese Lehre von Gott ist, als die Frucht, die sie in allen wahrhaft von ihr überzeugten Gläubigen hervorbringt, daß sie dieselben von weltlichem, fleischlichem und selbstsüchtigem Sinn und Streben befreit.

Und hier ist noch ein lebendiges Band, welches die Mission mit dieser Hoffnung verbindet. Die Heidenmission erheischt zu ernstlichem Betrieb mehr welt- und selbstverleugnende Hingebung als irgend etwas andres. Viele sogenannte christliche Liebesthätigkeit kann in der Kraft des Fleisches betrieben werden, da sie reichen und schnellen Ertrag an irdischem und finanziellem Gewinn verheißt. Ein reicher Eisenbahnfürst mag große Summen für Schulen und Kirchen an seiner Bahn geben, denn Ansiedler sammeln sich um solche Gebäude. Bevölkerung vermehrt das Reisen und die Güterfracht, und erhöht so die Einnahmen der Bahn, den Wert ihrer Aktien — bereichert also deren Besitzer. Gar mancher Zweig der Wohlthätigkeit mag sich, wenn genau untersucht wird, nur als Mantel oder Schleier für eine pfiffige, wohlberechnete Geschäftsunternehmung entpuppen.

Es ist eine bedeutsame Thatsache, daß, obgleich der Gemeinde der ersten Jahrhunderte die Erscheinung des Herrn bevorstand und sie deshalb missionsthätig war, letzteres doch verschwand und nie wiederkehrte, seit man des Herrn Wiederkunft in die ferne Zukunft hinausschob. Nur wenige Gemeindeglieder brennen im Eifer für Heidenmission, die Masse ist kalt und gleichgültig und manche meinen, es „bezahle sich nicht."

Gehen wir der Sache auf den Grund, so finden wir einfach Selbstsucht. Das Evangelium in solche Fernen zu tragen, an den Kongo, unter die Schatten des Himalaja, in die koreanischen Thäler, zu den Menschenfressern der Südseeinseln, zu den afrikanischen Hottentotten, zu den mit Opium betäubten Chinesen, zu dem stumpfsinnigen Eskimo, zu den verschlossenen Anbetern Lamas in Tibet — das leuchtet selbstsüchtigen Seelen nicht ein, kommt ihnen vor als ob man „Geld in einen löchrigen Beutel" lege. Sie meinen, davon werde man nie etwas wieder zu sehen bekommen. Vielleicht ist das auch nicht des Herrn Absicht. Er giebt uns diese Arbeit, weil sie derjenigen am nächsten verwandt, am ähnlichsten ist, die Ihn selbst vom Himmel gebracht hat. Wenn wir nur geben, um zu nehmen, was für Dank haben wir dann? — Wer aber durch anhaltendes Gebet, durch geheiligte Opfer, oder durch persönlichen Dienst das Panier des Kreuzes zu den Millionen von Brahminen und Buddhisten, Konfucianisten und Mohammedanern und Juden, Parsen und Papisten, Fetisch- und Teufel-Anbetern tragen und aufrichten will, der muß vor allem Herz und Geist Christi haben, muß sich von sich selbst ausleeren, muß sich selbst erniedrigen und gehorsam werden bis zum Tode. Das Fleischliche muß sterben, wenn das Geistliche leben soll; der Geizige stirbt, wenn der geistliche Missionar geboren wird; wer andre retten will, der kann sich selbst nicht erhalten.

Bruder Moody sagt: „Wenn diese Wahrheit von der Wiederkunft des Herrn einen Menschen wirklich durchdringt, dann verliert die Welt ihren Halt an ihm. Gas-, Wasser-, Bank- und Eisenbahn-Aktien sind ihm dann viel wertloser. Sein Herz ist frei, wenn er nach der segensreichen Erscheinung des Herrn und seinem Reiche ausschaut." Er hat recht. Hier ist der größte Feind allgemeiner Missionsthätigkeit: die Welt ist so groß und weit, und unsre Selbstsucht ist so eng und kleinlich. Gewisse, lebendige Überzeugung von der bevorstehenden

Wiederkunft des Herrn erweitert das Herz, daß es alle Distancen der Welt und Zeit überspringt; erleuchtet den Verstand, daß er allen Dingen ihren rechten Platz anweist, der Erde Güter nur nach ihrer Verwendbarkeit für Gottes Werk abschätzt; Zeit, Kräfte, Gaben, Arbeit, Opfer, Leiden — alles anwendet, dies Kommen des erharrten und heiß ersehnten Herrn zu beschleunigen.

4) **Das Kommen des Herrn ermutigt uns durch Aussichten und Hoffnungen, in denen wir nicht getäuscht werden.** Wird es nur richtig aufgefaßt, so feuert es uns nicht durch grundlose, wohl aber durch schriftgemäße Erwartungen zu allgemeiner Missionsthätigkeit an. Solche Aussichten werden in ihrer Erfüllung zu geschichtlichen Thatsachen. Gehen wir näher darauf ein!

Die erste Erscheinung unsers Herrn wird in der Schrift als eine neue göttliche Haushaltung, als Übergang aus einer frühern gekennzeichnet. Zum Verständnis vieler Geheimnisse der Schrift ist die Erkenntnis dieses haushälterischen Charakters der neutestamentlichen Ära höchst wichtig. Prämillennarismus wird oft beschuldigt, als entmutige er alle evangelische Arbeit, lähme sie und dämpfe allen Eifer dafür. Man beschuldigt uns der Schwarzseherei. Wir möchten zeigen, daß er nicht ent- sondern ermutigt zur Hoffnung auf schriftgemäßen Erfolg; aber wir dürfen uns dabei nur auf die heilige Schrift berufen, die als Gottes Wort allein endgültig entscheidet.

Was ist nach der Lehre des Herrn selbst der Zweck der gegenwärtigen Haushaltung? Viele meinen, es sei die Bekehrung der Welt. Sie betrachten das Evangelium als ein kleines Senfkorn, das in den Boden der menschlichen Gesellschaft gepflanzt, immer tiefer wurzele, sich weiter ausbreite, die Elemente der Menschheit und Welt in sich aufnehme, einschließe, umgestalte, überreiche und überrage, bis die ganze Erde von ihm beschattet und seine Zweige wie die herrlichen Cedern des Libanon geworden seien. Wie der Sauerteig, in drei Scheffel Mehl — die Welt, das Fleisch und den Teufel — gemengt, so müßte das Evangelium den ganzen Teig durchbringen, durchgären und durchsäuern, das Böse darin mildern, bis es die Welt in die Kirche, das Fleisch in Geist verwandelt und den Teufel ganz hinausgegoren habe, wie die Gase dem Teig entsteigen. — Wer jedoch genau in der Schrift forscht, der findet eine ganz andre Lehre darin. Er sieht, daß in der Geschichte der Menschheit eine Haushaltung der andern folgte und daß sieben, im Grunde gleiche Merkmale sie alle kennzeichneten: zuerst Fülle und Klarheit der Offenbarung; dann gradweise, geistliche Abschwächung; dann Gleichstellung mit der Welt; dann Vermischung mit ihr und Verweltlichung; dann großartige, glänzende, aber ungöttliche Civilisation; dann gleichlaufende Entwicklung des Bösen und des Guten; dann Abfall und endlich — eine Katastrophe!

Die gegenwärtige Haushaltung fing an mit erhabenerer Anlage als irgend eine frühere, aber sie trägt dieselben allgemeinen Merkmale. Die vollkommenste Offenbarung Gottes im Worte, das lebendige Wort und das Kommen des Heiligen Geistes eröffneten sie. Aber es ging Schritt für Schritt abwärts und rückwärts; die erste Frömmigkeit nahm ab, die Gemeinde liebelte mit der Welt und verband sich endlich mit ihr. Die Söhne Gottes sahen nach den Töchtern der Menschen, wie sie schön waren, und nahmen, welche sie wollten, zu Weibern. Aus dieser unnatürlichen Verbindung entsprangen Riesen, aber sie erwiesen sich als Verderber und nicht als Verteidiger des Glaubens. Auch hierin wiederholte sich die Geschichte. Die aufeinanderfolgende Kultur Ägyptens, Assyriens, Persiens, Griechenlands und Roms trat das Gute in den Staub, vergötterte und krönte das Laster. Rom verbrannte christliche Märtyrer als Fackeln, und Athen machte unkeusche Weibsbilder zu Priesterinnen der Venus. Menschliche Weisheit baute dem „unbekannten Gott" Altäre, die Kultur erblühte in Vielgötterei und in Weltgottglauben (Pantheismus) hinein und reifte dann in Stoffglauben und Gottesleugnung. So war es in diesem Zeitalter. (Man sehe Dr. Frosts Abhandlung in diesem Buche. Der Übersetzer.) Niemand wird leugnen, daß es Wachstum und Fortschritt gegeben hat. Segensreiche Ernten vom Samen der Heilsbotschaft haben wir gesehen, dreißig-, sechzig-, hundertfältig, aber das Böse hat nicht nur gleichen Schritt gehalten, sondern das Gute überflügelt. Unkraut wächst mit dem Weizen, ja, überwuchert ihn.

Wir wollen auch gegen andersdenkende Brüder gerecht sein. Wer will leugnen, daß unsre vielgerühmte hohe Kultur Verbrüderung, Verschmelzung von Welt und Kirche ist? Die Welt hat einige christliche Ideen und Weisen angenommen, hat ihren Sitten und ihrer Menschlichkeit in etwa einen evangelischen Anstrich gegeben und ist so ein wenig kirchlich geworden; aber dabei ist die Kirche gänzlich verweltlicht. Die Sprache Kanaans ist mit der Asdods vermischt. Bekenner geben nicht einmal Selbstverleugnung vor. Die „enge Pforte" ist zu einem bequemen anziehenden Thor erweitert, der „schmale Pfad" zu einer prachtvollen Allee geworden, die geebnet, gepflastert und mit wohlriechenden Blumen eingefaßt ist. Ist der Weg zur Gelehrsamkeit steil, die Kirche hat den zum Himmel geebnet und gebahnt.

Gänzlich verweltlicht haben wir die Kirche genannt und wollen's beweisen. Der Satan hat von jeher fünferlei für sich gestempelt: den Kartentisch, das Pferderennen, das Tanzen, das Theater und geistige Getränke. Christenbekenner nehmen die Kohlen dieser Dinge in ihren Busen und erwarten doch nicht gebrannt zu werden. Sie sitzen bis Mitternacht am Kartentisch, sie lassen ihre Rosse auf der Rennbahn einschreiben, sie walzen in den erhitzenden Dünsten des Tanzsaals, sitzen beim Wein-, Bier- und Schnapsglas und gehen nicht nur ins Theater, sondern verpflanzen dasselbe zu kirchlichen Festen in die Kirche. Das Kirchentum ist durch und durch wurmstichig und unterminiert von Weltlichkeit. Es giebt nur wenig wirkliche Absonderung. Die große Masse der Christenheit ist, wenn nicht ganz weltlich, doch nur weltlich heilig. An der Thür zu den Tändeleien, Leichtsinn und Eitelkeiten der Welt legen die meisten Bekenner ihren christlichen Charakter so leicht ab, wie der orientalische Gast seine Sandalen, und mischen sich unter die Anbeter der Götzen Thorheit und Mode. Göttlicher Wohlgeruch scheint verdunstet, göttliches Selbstbewußtsein zu schwinden, moralische Fäulnis und Versteinerung fortzuschreiten, daß auch sogar die Existenz echter ursprünglicher Frömmigkeit bedroht ist. Der „befleckte Rock des Fleisches" steckt mit weltlichem Aussatz an, und die, welche ermahnt werden, sich von der Welt unbefleckt zu erhalten, sind mit ihrer Unreinigkeit besudelt.

Was entsteht daraus? Anstatt daß wir, wie Joseph und Daniel, ein beständiger Gegensatz zu unsrer Umgebung sein sollten, bietet das Kirchenregister noch den einzigen Unterschied. Statt daß wir in geistlicher Hinsicht isoliert und abgesondert sein sollten, damit wir mit dem göttlichen Leben erfüllt und angefeuert sein könnten, ist die Kraft Gottes, das Zeugnis eines gottseligen Wandels und die geheiligte feurige Zunge verschwunden. — — —

Das Bild der Weltmächte wird uns von Daniel nach göttlicher Eingebung gedeutet auf das, was hernach geschehen sollte. Es enthält aber auch nicht einen Wink von Verschmelzung oder Aufnahme des besten Weltlichen ins Reich Gottes. Dagegen sehen wir Zerstörung, Niederbrechen, Zerbröcklung, Zermalmung, Pulverisierung angekündigt, daß der Wind alles wie von der Sommertenne wegfegt und verweht. Der Stein, der ohne Hände herabgerissen wird, wächst ohne menschliche Hilfe, verweigert jede Verbindung mit Thon und Eisen, ja, mit Silber und Gold. Er verschmäht das Beste wie das Schlechteste, das Wertvollste wie das Wertloseste. Er ist ein Mühlstein, der alles zu Pulver zermalmt.

Was lehrt uns das, als daß das Reich Gottes, sowohl nach Natur als nach Bestandteilen, durch und durch himmlisch ist?

Wie der Weizen das Unkraut nicht verwandelt, oder die guten Fische die schlechten, sodaß beide in die gleichen Gefäße gethan werden könnten, so verwandelt der Stein nicht die Bestandteile dieser Welt; er wächst nicht durch Verschmelzung und Zuwachs aus ihr. Diese Welt ist immer die Feindin Gottes gewesen; sie ist weder würdig noch fähig, so umgestaltet, aufgenommen und verschmolzen zu werden; ihr Los ist das Feuer. Gold wird's zwar auch in der Stadt Gottes geben, aber nicht solch rohes, dichtes Metall; es wird durchsichtig wie brennender Krystall, wie goldner Glanz im Sonnenlicht sein; — das schnelle Wachstum des Senfkorns mag eine weltliche Erweiterung des Reiches Gottes bedeuten, die nicht ganz aus Gott stammt. Unter dem Schatten und Schutz seiner Zweige mögen sich dieselben Vögel versammeln, welche den Samen des Reichs auffressen und so die Ernte vernichten. Der Sauerteig könnte auch falsche und fleischliche Grundsätze bedeuten, die als gärender Faktor das Reich durchdringen und äußerlich vergrößern, während sie drinnen Verderben bringen.

Wie die Schrift kein solches Millennium lehrt, wie manche es als die endliche Entwicklung der menschlichen Gesellschaft erwarten, so ermutigt der Thatbestand auch nicht zu solcher Erwartung. Dem aufmerksamen Beobachter ist es klar, daß bis dahin noch wenig Fortschritt in der Bekehrung der Welt gemacht worden ist, und die auf solches gehofft und daraufhin gearbeitet haben, bekennen, daß die Aussichten trübe sind. Nach fast neunzehnhundert Jahren christlicher Geschichte ist erst etwa ein Viertel der Menschheit dem Namen nach christlich, und drei Viertel von diesen wissen nichts von der Bibel und sind unter der Gewalt von Aberglauben und priesterlichem Trug, nur einen Schritt vom Heidentum; der übrige Teil, dem Namen nach protestantisch, umfaßt weniger als dreißig Millionen Kirchenglieder. Nach diesem Maßstab des Fortschritts würde es Kreisläufe von Jahrhunderten erfordern, die Welt auch nur zu einem Namenchristentum zu bekehren. Ja, es ist sehr fraglich, ob das natürliche Wachstum der Menschheit das der Kirchenmitgliedschaft durch Bekehrung nicht weit überflügeln würde. (Siehe Dr. Frosts Referat in diesem Buche.)

Aber wir sind nicht berufen, die Welt zu bekehren. Apg. 15 sagt Jakobus durch den Heiligen Geist, „wie es Gott gefallen, aus den Heiden ein Volk zu erwählen nach seinem Namen", und dann erst, man merke, nachdem Davids Thron und Reich wieder aufgerichtet ist, also nach der Wiederkunft des Herrn, werden die übrigen der Menschen den Herrn suchen und alle Völker, „welche genannt sind nach meinem Namen". Nicht die Bekehrung der Welt ist in dieser Haushaltung unsre Aufgabe, sondern die Verbreitung des Evangeliums unter allen Völkern. Menschliche Macht vermag nicht eine Seele zu bekehren; Allmacht ist dazu erforderlich, und Millionen von Ohnmachten machen noch keine Allmacht. Wir sind nicht für Bekehrungen verantwortlich, sondern nur für die Verkündigung der Botschaft des Heils, damit beginnt und endet unser Auftrag. Mit Erfolgen haben wir nichts zu thun, wir können dieselben weder herbeiführen noch leiten. Wir haben an allen Wassern zu säen; viel von dem Samen mag von der Ebbe zurück in ferne Gefilde getragen werden, wo wir keine Ernte sehen oder Erfolg unsrer Arbeit erkennen können, bis die verborgenen Dinge offenbar werden. Gottes Verheißung genügt uns: „Mein Wort kehrt nicht leer zu mir zurück, sondern vollbringt, was mir gefällt, und richtet aus, wozu ich es gesandt" (Jes. 55, 14). Es ist sehr wichtig, daß wir die Sache von Gottes Standpunkt aus betrachten; dann schwindet alle Entmutigung wie eine Wolke, und wir atmen Begeisterung ein und Hoffnung, die nicht zu Schanden wird; Aussichten, die im ewigen Sonnenlichte seiner Verheißung glänzen. Er hat uns sein Wohlgefallen und den Zweck der Sendung seines Worts kundgethan: zuerst werden seine Auserwählten aus den Völkern gesammelt und dann, wenn der Heiden Zeit erfüllt ist, wird das ganze Israel gerettet werden, und dann wird das

Friedensreich anbrechen, wo die Erde mit Erkenntnis des Herrn bedeckt sein wird, wie das Wasser des Meeres Grund bedeckt, und „die übrigen der Menschen werden den Herrn suchen." Alle Siege des Evangeliums bis dahin sind nur Vorbild und Vorgeschmack des letzten großen Sieges bei der Erscheinung seiner Zukunft.

Die ganze Geschichte erfüllt diese Verheißung und Weissagung. Seit Gott der Herr am Pfingsttage feurige Zungen gab, hat Er ein Volk nach dem andern besucht, um sich ein Volk für seinen Namen zu berufen. Zuerst wurde den Juden die Thür des Glaubens aufgethan und ihren Genossen, wie dem Kämmerer aus Mohrenland, damit sie es den um sie wohnenden Völkern bezeugen möchten. Dann öffnete sich die Thür für Samarien, Syrien, Kleinasien und Griechenland; dann für das Volk von Italien, Gallien, Britannien, Deutschland und so immer weiter, bis Er in unsern Tagen die Thore von Indien, Birma, Syrien und der Türkei, Siam, Japan, China, Afrika, Korea und der Inseln des Meeres weit öffnet; ja sogar die päpstlichen Festungen Frankreich und Spanien. So geht es weiter bis nach „Grönlands eis'gen Zinken" im Norden; bis ans Vorgebirge der Guten Hoffnung und ins Feuerland im Süden. Allenthalben beruft Gott sich ein Volk für seinen Namen.

Die zweite Erscheinung des Herrn hängt also innig zusammen mit der Evangelisation der ganzen Welt, denn sie giebt uns in einer verständigen und schriftgemäßen Aussicht auf Erfolg einen gewaltigen Beweggrund zur Verkündigung des Heils; giebt uns eine gewisse, feste Hoffnung, die nicht zu Schanden wird, sondern sich immer freuen kann über den sichtbaren und beständigen Fortschritt in der Erfüllung der Weissagungen und Verheißungen. Der Arbeiter, der um so mehr ermüdet war, weil er auf nie verheißene Erfolge rechnete, die nie erreicht werden konnten, der aber nun mit klarerm Blicke die in der Schrift geoffenbarten Absichten Gottes erkennt, der wird nun sein müdes Haupt erheben, eine neue Freude erfüllt seine Seele; aus der Verzagtheit wird Mut geboren. Er sieht ein, daß er nicht gesandt ist um alle zu bekehren, sondern um allen das Wort zum Zeugnis zu verkündigen, und Gottes Auserwählte aus allen Ländern zu sammeln. Da er vor der Erscheinung des Herrn keinen allgemeinen Sieg des Evangeliums erwartet, so wird er nicht getäuscht.

Unsre Arbeit am Evangelium wird nur insoweit erfolgreich und hoffnungsvoll sein, als wir nicht irregeleitet werden durch unausführbare Pläne, für die wir keinen Schriftgrund haben, und die unmögliche Erfolge bezwecken. Rechte Auffassung unsrer Sendung und Arbeit giebt uns Speise und Trank. Wir gehen aus, um den bestimmten und erklärten Ratschluß Gottes auszuführen; wir gehen in seinem Namen in jedes Land, um seine Schafe in die Hürden zu rufen, und erharren und ersehnen dabei die Erscheinung des großen Erzhirten, der sie alle in eine Herde sammeln wird. Keine Niederlage kann uns beugen, denn es kann keine geben. Was die Verheißung verspricht, das erfüllt der Erfolg. Alles, was Gottes ewiger Ratschluß einschließt, das haben die Ereignisse erschlossen und erschließen und erfüllen es; jede Krisis, jede Schwierigkeit, jedes Hindernis war schon voraus gesehen und bedacht. „So spricht der Herr, der dieses thut, was von alters her kund" (Apostg. 15, 18). Er wird nie überrascht von irgend etwas. Sogar die zurückströmende Welle macht Raum für die wiederkehrende Woge, welche einen höhern Zweck erfüllt.

5) So kommen wir zu unsrer letzten Beweisführung. **Die Erscheinung des Herrn bietet einen Beweggrund zur Evangelisation der ganzen Welt, da sie unsre Verpflichtung über den Erfolg, unsern Auftrag über den offenbaren Ertrag erhebt.** „Geht hin in alle Welt und predigt das Evangelium aller Kreatur," ist ein Befehl, nicht eine Ver-

heißung; unsre Marschorder, nicht eine Versicherung großer Siege. — „Das Reich Gottes kommt nicht mit äußerlichen Geberden; man wird auch nicht sagen: Siehe hier! siehe da!" wie die, welche auf plötzliche, aufregende Wunder hinweisen. Große Erfolge hat es gegeben, und noch größere mögen erzielt werden, aber sie sind nicht bestimmt verheißen, bis der König seine Ankunft damit anzeigt und feiert. Während also dem Prämillennarismus vorgeworfen wird, er durchschneide die Nerven und Sehnen der Heidenmission, nährt er dieselbe vielmehr, indem er beständig Beweggründe dafür und Ermutigung dazu giebt, indem er uns lehrt, unsrer Verpflichtung nachzukommen und den Erfolg Gott anheimzustellen.

Aber der treue Evangelist hat eine viel köstlichere Verheißung als solche, welche nach einem weltlichen Maßstab des Erfolgs gemessen werden. „Siehe, ich bin bei euch alle Tage bis an der Welt Ende." Bei allem Wirken und Warten ist Er gegenwärtig und seine Gegenwart ist Macht. Ergebnisse, klein in den Augen der Menschen, sind groß vor Ihm, der nicht nach Quantität, sondern nach Qualität urteilt. Wirken unter und mit Ihm, dem Herzog unsrer Seligkeit, die Gewißheit seiner Gegenwart und seiner Leitung, die Versicherung seines Wohlgefallens, feuert an, ermutigt, erhebt, entzündet! Vielleicht sehen wir nur einen kleinen Teil des Ackers der Welt eingesät, und was wir sehen, mag nur wenig Frucht bringen. Die Vögel mögen viel Samen schon bei dem Säen wegschnappen; andrer mag so schnell aufgehen, daß wir den seichten Boden fürchten, der keine tiefe Überzeugung, starke Liebe und keinen gewurzelten Entschluß zuläßt; ja, schnelles, vielversprechendes Wachstum mag aus Mangel an Lebenskraft sich als langer Stengel ohne Ähre und Kern — eine Art kirchlicher Sittlichkeit herausstellen, aber nicht als echter Same des Evangeliums, der zu weiterer Fortpflanzung fähig ist. Aber etwas guter Same wird auf guten Boden fallen und wird dreißig=, sechzig= und hundertfältig tragen und zeigen, daß Gottes Kraft im

Samen ist und im Boden wirkt. „Statt der Dornhecke wird die Cypresse aufwachsen" (Jes. 55, 13), und diese Ausrottung widerlicher, verderblicher Gewächse und das Erwachsen göttlicher Pflanzen, „wird Jehovah zum Ruhme, zum ewigen Denkmal, das nicht vergeht."

6) Bisher haben wir uns nur mit theoretischen und philosophischen Beweisen beschäftigt, sollten aber nicht versäumen, auch **die praktischen Wirkungen der Hoffnung auf das Kommen des Herrn, wie sie sich an geheiligten Seelen erweist, zu berücksichtigen.** Es kann nicht geleugnet werden, was die ernstesten, feurigsten Evangelisten, von Paulus an bis auf Christlieb und Moody, bekannt haben, daß diese Wahrheit eine große Triebfeder zu ihrer Thätigkeit war und ist. Daß Prämillennarismus die „dritte Person" der Gottheit verunehre und Nerv und Sehne der Missionsthätigkeit durchschneide, beruht entweder auf unbedachtem Vorurteil, falscher Auffassung der Wahrheit, vorsätzlich unrichtiger Darstellung oder gänzlicher Unbekanntschaft mit den Thatsachen. Man braucht nur Namen, wie die folgenden, zu nennen, um zu zeigen, daß tüchtige, gelehrte Erklärer und Gottesgelehrte unter den Verteidigern dieser Wahrheit sind: Alford, Faussett, Graham, Volck, Craven, Christlieb, Harnack, Delitzsch, Kellogg, Koch, Marquis und Morehead. Es genügt, Spurgeon, Newman Hall, Chalmers, Mackay, Bonar, die Bischöfe Ryle, Nast, Baldwin und Nicholson; Männer wie Haslam, Rauschenbusch, Müller, Guineß, Radstock, Varley, Parsons, Whittle, West, Needham, Moody, Hammond, Munhall, Brooks, Bishop, Goodwin, Gordon, Erdman, Frost und andre zu nennen, um zu zeigen, daß diese Hoffnung weder gesunden Glauben, noch Macht der Predigt, noch evangelischen Eifer beeinträchtigt. Jemand, der seit zwanzig Jahren untersucht hat, sagte mir, daß zwei Drittel der Heidenmissionare an die Erscheinung des Herrn vor dem tausendjährigen Reiche glauben.

Aber wir haben etwas Besseres zu thun, als diese Lehre durch Anführung berühmter Namen zu verteidigen. Eine Wahrheit wird nicht zur Lüge, weil sie keinen Glauben unter den Obersten und Pharisäern, oder weil sie keine Anhänger in des Kaisers Hause findet. Die Ansprüche der Wahrheit hängen nicht von ihrem Gefolge ab.

Eine tiefe Überzeugung, eine mächtige Versicherung wogt über uns wie eine gewaltige Flutwelle, unter deren majestätischem Brausen alle kleinlichen Fragen verstummen. Wenn wir die Zeichen der Zeit begreifen, so sehen wir, daß die Röte des Himmels einen neuen, schönern Tag verheißt. Bei der gegenwärtigen Krisis des Missionswerkes sollten wir alle minder wichtigen Fragen und Unterschiede vergessen und die gute Botschaft eilig bis zu den Enden der Erde tragen. Wir sollten die Arbeiter vermehren, die Gaben vergrößern und diese kolossalen Unternehmungen mit neuer, aus dem Heiligen Geiste geborner Energie betreiben.

Endlich, nach neunzehn Jahrhunderten, ist die Welt für das Evangelium geöffnet. Gott hat die Thore Indiens weit aufgerissen, die Mauern Chinas niedergebrochen, die Häfen Japans erschlossen; Afrika ist durchschritten und bereist; die Türkei und Birma, Korea und Siam laden zur Missionsarbeit ein; Frankreich, Italien und Mexiko begrüßen die offne Bibel und das lautere Evangelium. Gott hat die verschlossenen Thüren geöffnet mit den Schlüsseln des Handels, der Schulen, der Druckerpresse, der medizinischen Wissenschaft, der Waffen und der Staatsklugheit; ja, Teurung, Fieber und Würgen, wie von großen Heeren von Heuschrecken, Raupen und Würmern — alles hat Ihm dienen müssen, sich Eingang in Satans Bollwerke zu erzwingen. Wie sollte es uns zum Eifer und zur Thätigkeit anspornen, wenn die strahlende Wolke uns voranleuchtet und die Macht und Gegenwart Gottes uns des Sieges versichert!

Der Fall Jerichos wiederholt sich in der neuern Geschichte.

Die kleine Schar der Missionare hat kaum mit der Bundeslade und Posaune einen Rundgang — nicht sieben — gemacht und die Mauern sind eingestürzt. Wo auch Gottes kleines Heer stehen mag, jeder Mann darf nur gerade vorwärts durch die Bresche gehen und die Stadt einnehmen. Dieselbe Allmacht, die Vorbereitungen getroffen hat, die hat auch schon Umwandlungen zuwege gebracht, und wir haben auf jedem Feld, auch dem härtesten, bereits dreißig=, sechzig= und hundertfältige Frucht vom Samen des Evangeliums. Die Ernte ist da, wo wenige Arbeiter sind, soviel reichlicher, daß es fast scheint, als ob die Christenheit die Hälfte der Arbeiter von daheim in die Heidenwelt senden könnte, damit größere und sogar schnellere Erfolge erzielt werden möchten. Die Ernte steht im umgekehrten Verhältnis zu den gebrauchten menschlichen Werkzeugen: wenig Arbeiter, größere Ergiebigkeit, so wunderbar ist Gottes Wirken! Wenn wir diese großen offnen Felder nicht besäen, so thut's der Feind. Hier und da ist das Haus leer, gekehrt und geschmückt und wartet auf Bewohner; Völker sind ihres Aberglaubens müde, werfen ihre Götzen weg und sind ohne Religion. Wir dürfen nicht schlafen, denn unser Feind schläft nie. Er wird das unbewohnte Haus einnehmen und Unkraut auf die leeren Felder säen. Wenn die Gemeinde Christi fahrlässig ist und ihre Gelegenheit versäumt, so wird unverbesserlicher Schaden entstehen. Wir senden nur eins von fünftausendsechshundert Kirchengliedern, das Evangelium in die Ferne zu tragen und wir verwenden vielleicht einen von fünfzehnhundert Dollars durchschnittlichen Einkommens, oder, wie einige berechnen, nur den sechzehnten Teil von einem Prozent zum Unterhalt dieser Arbeiter. Die erste Gemeinde übertrifft uns so weit in der Hingabe von Menschen und Gütern, daß unsre Gleichgültigkeit fast dem Abfall gleichkommt. Alle Beiträge der Christenheit sind, im Verhältnis zur Fähigkeit der Jünger sowohl, als zur Größe und Notdurft des Feldes, ganz unbedeutend.

Dies Evangelium vom Reich muß zuerst allen Völkern in der ganzen Welt zum Zeugnis gepredigt werden und dann kommt das Ende. Es giebt eine rechte Weise, diesem Ende zuzueilen und es zu beschleunigen; wir dürfen nur zu jeder offnen Thür eingehen und jedes leere Feld besäen. Während wir beten: „Dein Reich komme!" können wir viel zur Erhörung dieses Gebets beitragen. Die ganze Schöpfung seufzt und sehnt sich miteinander, bis eine träge Gemeinde ihre Pflicht thut. Tausend Millionen Seelen gehen ohne Licht oder Leben, Glauben oder Hoffnung während unsrer Lebenszeit hinab ins Grab; einhunderttausend sterben täglich, und lose Grübeleien über eine mögliche Prüfungszeit für die Toten drüben beschäftigen manche, statt ernster Sorge und Thätigkeit für die Lebenden hüben. Dreißig Millionen evangelischer Christen stehen müßig und sehen ungerührt zu, wie dieses ungeheure Hinabsteigen in ewige Finsternis vor sich geht. Man bedenke, daß es zu jedem Hunderttausend, das täglich hinabgeht, dreihundert Christen giebt, die die Botschaft des Lebens haben. Wie weitreichend und wirksam könnte die evangelische Thätigkeit dieser Millionen von protestantischen Gläubigen sein, wenn sie organisiert, weislich verwendet und vom Geiste Gottes und dem Missionsgeiste durchdrungen und belebt wäre! Sie könnte die ganze Welt in zehn Jahren erreichen.

Brüder in dieser Versammlung! Mehr als achtzehnhundertundfünfzig Jahre sind dahingeeilt, seit durch den zerrissenen Vorhang des Leibes Jesu und das geöffnete Grab der Lebensweg für jede gläubige Seele geöffnet worden ist. Man erachtet, daß während dieser Zeit die Zahl der gegenwärtigen Bevölkerung dieser Erde achtzehnmal von den verschiedenen Missionsfeldern ohne das Evangelium hinab ins Grab gestiegen ist. Während all dieser Zeit hat Er, dessen Augen zu rein sind, das Böse zu sehen, all diese Not, Bosheit und dies Wehe des Heidentums vor sich gehabt. Während all dieser Zeit hat

Er die Christenheit vorbereitet, in diese jetzt offnen Thüren einzugehen, und Er, der ohne natürliche Nachkommen starb, hat gewartet auf seinen Schmerzenslohn, gewartet auf seine Braut, daß sie sich bereit mache und ihr Geschmeide anlege. Während der letzten hundert Jahre der neuern Missionsthätigkeit hat eine Reihe von göttlichen Führungen und gnädigen Erweisungen, welche mit Wundern verglichen werden können, dem Missionswerk das Siegel der göttlichen Anerkennung aufgedrückt. Welch ungeheure Hindernisse sind aus dem Wege geräumt, welch riesenhafte Bollwerke sind eingesunken, welch großartige Erfolge sind uns geschenkt worden — dreifache Kennzeichen göttlicher Anerkennung! Zögern wir noch? Laßt den Jubelruf dieser Versammlung erschallen wie das Brausen vieler Wasser, daß die Heere des Herrn sich zum Angriff sammeln, damit Satans letzte Festung erstürmt und die Kreuzesfahne allenthalben entfaltet werde!

3. Die königliche Herrlichkeit des Messias.

Von Bischof W. R. Nicholson, Pastor der Immanuel Reform. Episk.=Kirche in Philadelphia.

1. Das Königtum Christi.

Der Messias ist König. Über die ganze Schöpfung ist Er König, denn Er ist der ewige Sohn, der Logos Gottes, Gott! Er ist König von Menschenherzen, denn Er ist Jesus, das heißt Jehovah, der Retter. Über alles sein Mittleramt Betreffende ist Er König, denn in Anbetracht seines sündetilgenden Leidens als Gottmensch und seiner triumphierenden Auferstehung hat Ihm der Vater alle Gewalt im Himmel und auf Erden gegeben. Es gehörte Ihm als Gott zwar schon, aber Er gab es Ihm, damit Er es gebrauche bei Austeilung der so herrlich vollbrachten Erlösung und als Grundlage der seinem Volke gegebenen Versicherung: „Siehe, ich bin bei euch alle Tage bis ans Ende der Welt!"

So ist der Messias König. Dennoch ist Er weder in irgend einer dieser Weisen, noch in allen zusammen als Messias König. Messias, oder Christus, ist ein königlicher Titel in einem bestimmten Sinne, und wird besonders gebraucht. Definieren wir das messianische Königtum.

Seine Machtvollkommenheit als Gott hat der Messias immer gehabt; aber seine Souveränität als Messias ist immer vom Vater verheißen worden, und ist noch zukünftig. Er

regiert jetzt in der Seinen Herzen und gebraucht alle Macht im
Himmel und auf Erden zum Wohl seiner Gemeinde; aber sein
Regiment als Christus wird erst nach gewissen Ereignissen
anfangen. Messias, oder Christus, ist der für einen irdischen
Thron bestimmte Gottkönig. Er wird sein Königreich erst
einnehmen, weil Er in direkter königlicher Abstammung des
Menschen Sohn geworden ist. Er ist Nachfolger eines mensch=
lichen Vorfahren und ehemaligen Besitzers des Thrones. Er
wird seinen Thron einnehmen als Mensch, obgleich als Gott=
mensch. Er erhält sein Königtum als Christus, nicht weil Er
Gott, sondern weil Er, obgleich Gott, in menschlicher Stellung
und mit menschlicher Umgebung regiert. Hierdurch wird seine
Eigenschaft als Christus zu einer eigentümlichen Gestalt von
Königtum. Die Königin von England ist zwar auch Kaiserin=
Königin von Indien; aber sie ist nicht jenes um dieses willen.
Der König Messias ist auch König des Weltalls, aber Er ist
nicht jenes, weil Er dieses ist. Er könnte nicht Christus sein,
wie er in der Schrift beschrieben ist, ohne Gott zu sein. Vik=
toria war viel eher Königin von England, als sie Kaiserin von
Indien war; aber der Christuskönig ist der Christuskönig,
weil Er sowohl Gott als Mensch ist. Dagegen hätte Er wohl
Gott im Fleische, der Erretter, sein mögen, ohne Christus der
König zu sein. Die Gottheit wollte es jedoch nicht so. Gottes
Sohn und des Menschen Sohn ist Er auch Davids Sohn; letzteres
ist der Brennpunkt, so zu sagen, in dem sich die beiden andern
konzentrieren. Als Davids Sohn nimmt Er sein ererbtes
Reich, seinen Ihm rechtmäßig zustehenden Thron ein und regiert
mit aller als Mensch erforderlichen menschlichen Macht, aber
doch angethan mit der Majestät seiner Gottheit. Diese seine
davidische Erbschaft tritt Er an, weil Er das Schuldopfer für
der Menschen Sünden dargebracht hat, und wird auf dem
Thron seiner Herrlichkeit sitzen, sowohl als Priester wie als
König. Das Königtum Christi wird also eine Gottesherrschaft
sein, eine göttlich menschliche Monarchie, in der Er, als der

Retter und höchste Gegenstand der Verehrung, auch der höchste bürgerliche Regent sein wird. Die Menschen werden Ihn, den König, in seiner Herrlichkeit sehen: den göttlichen Evangelisten, den Erneurer der Menschheit, den Herrn der Schöpfung, „sich verherrlichend in Heiligkeit, furchtbar an Ruhm, Wunder übend."

Dies ist der König Messias, wie Ihn die Schrift uns darstellt. Und dies ist das Evangelium vom Reiche, und wir mögen beifügen, vom Reiche des Evangeliums. Wir haben das Evangelium von der Sündentilgung im Blute Jesu; das von Buße und Glauben; das von Vergebung und persönlicher Annahme bei Gott; das von unserm Bei-dem-Herrn-sein nach dem Tode; aber obgleich alles dies unaussprechlich köstlich ist, so kommt es doch dem Evangelium vom Reiche nicht gleich. Alles Genannte ist dazu nötig und vorbereitend, aber es ist nicht alles. Das Evangelium vom Reich, ist die gute Botschaft von der vollendeten Erlösung, von der vollkommen erlangten Erlösung zur Zeit des Reichs; von der Rechtfertigung durch den Glauben im Blute, das rettet; von der Heiligung, von der Verherrlichung, alles in seiner Vollendung; von den verherrlichten Miterben Christi und Teilhabern an seiner königlichen Autorität, Pracht und Herrlichkeit; von der Menschheit, als solcher, befreit von der Sünde, erneuert, geheiligt für Gott, und erhöht; von der Erde, der Heimat der Menschheit, als gereinigt, erneuert, umleuchtet von der guten Botschaft, von all diesem gesichert unter einem König, dessen Angesicht, Gestalt, Gefühle und Handlungen die eines Menschen sind, dessen Liebe unerschöpflich, dessen Weisheit allwissend, dessen Kraft allmächtig ist, dessen Pracht und Glanz die Welt durchstrahlt; „derselbe gestern und heute und in Ewigkeit!" Das Evangelium ist die Summa des Wortes Gottes, und die Summa des Evangeliums vom Reiche ist dieses Reich des Evangeliums. Das messianische Königtum ist also nur eine andre Bezeichnung für Herrlichkeit, geistliche, intellektuelle, materielle, menschliche, göttliche Herrlichkeit! Das Reich dieses Königs wird also das ewige Halleluja der Menschheit für Gott und das Lamm sein!

2. Das Reich Christi.

Aber ich muß meine Beschreibung vom Reiche des Messias auch beweisen, sonst könnte man sagen, ich träume. Ist der Christus, der Gesalbte, gerade so wie ich Ihn beschrieben habe? „Nach dem Gesetz und Zeugnis!" Wir haben nur Zeit für einen Blick; aber auch dabei werden wir schon von einigen kräftigen Beweisen überzeugt werden, gleichwie das Auge beim ersten Blick über eine Landschaft Hügel und Thäler, Wälder und Gewässer entdecken und sicher unterscheiden kann, wenn auch einzelne Züge der Ansicht von ihm unbemerkt bleiben.

Nur ein einleitendes Wort über die Ausdrucksweise bezüglich des Gegenstandes. Die natürliche, allgemeine Souveränität Gottes ist in seinem Worte durchaus nicht ignoriert, aber es wird derselben meistens nicht gedacht. Die oft vorkommenden Ausdrücke, wie „das Reich", mein Reich", „Dein Reich", bezeichnen, wenn sie sich nicht auf ein bestehendes menschliches Reich beziehen, in fast jedem Fall, ein verheißenes Reich, und was für eins, außer dem Reiche Christi, ist je verheißen worden? Wiederum „Himmelreich", „Reich Gottes" kommen oft vor, besonders letzteres, und bezeichnen ein und dasselbe. Matthäus berichtet, daß Jesus predigte, „das Himmelreich sei nahe herbeigekommen", und Markus bezeugt, daß Er predigte, „das Reich Gottes sei nahe herbeigekommen" (Matth. 4, 17; Mark. 1, 15). Das Himmelreich und das Reich Gottes sind also ein und dasselbe, von dem gesagt wird, es sei „nahe herbei", aber noch nicht gekommen, und was erwarteten die Juden anders als das Reich Christi? Die drei Ausdrücke: „Himmelreich", „Reich Gottes", „Reich Christi" bezeichnen dasselbe. Dazu, als Christus vor Pilatus sagte: „Ich bin ein König," fügte Er bei: „Ich bin dazu geboren und dazu in die Welt gekommen, daß ich die Wahrheit bezeuge". Er war also gekommen, sein Reich zu verkündigen, und doch haben wir gesehen, daß Er es als das Reich Gottes predigte. „Ich muß das Evangelium vom Reiche Gottes verkündigen," sagte Er, „denn dazu bin ich gesandt." Er war gesandt, das Reich Gottes zu verkündigen und doch nannte Er es sein Reich. Das Reich Gottes, das Himmelreich und das Reich Christi sind also identisch. Diese Erwägung wird uns in unsrer Beweisführung voranhelfen.

Wie beschreibt die Bibel das Reich Christi? Der Geist Gottes bezeugt durch Jesaias, daß ein Kind werde geboren werden, das der „mächtige Gott" genannt und des Herrschaft doch auf dem Thron Davids sein sollte, „um zu errichten das Reich Davids mit Gerechtigkeit und Gericht für immer" (Jes. 9, 6—7). Man achte wohl auf die Worte! Der Messias soll auf dem Stuhle Davids sitzen und das identische Reich Davids soll Er für immer errichten. Wie genau, wie bestimmt! Ebenso bestimmt zeugt der Geist durch Jeremias. Ja, der Prophet geht an einer Stelle (Jer. 30, 9) so weit, daß er dem Messias für die Zeit seines Regiments sogar den Namen „David" beilegt: „David, ihrem König", gerade wie die aufeinanderfolgenden römischen Kaiser „Cäsaren" genannt wurden. So sagte der Engel Gabriel bei der Verkündigung zur Maria, nachdem er ihr gesagt, daß ihres Sohnes Name Jesus und Sohn des Allerhöchsten sein sollte, „der Herr Gott wird Ihm den Thron seines Vaters David geben und Er soll König sein über das Haus Jakobs ewiglich und seines Königtums wird kein Ende sein" (Luk. 1, 32—33). Sieben Jahrhunderte waren dahingerollt, seit Jesaias diesen erhabenen Gottesspruch verkündet; aber der Gedanke, der so bestimmt ausgesprochene Gedanke, daß der Messias Davids Nachfolger über das Reich Israel sein sollte, wölbte sich über die Jahrhunderte wie mit der Strahlenpracht und Bestimmtheit des Regenbogens. Es ist in der That der Lieblingsgedanke des

Himmels; denn die Botschaft aus dem geöffneten Himmel an die Hirten lautete: „Denn euch ist heute der Heiland geboren, welcher ist Christus, der Herr in der Stadt Davids." So wurde in der Nacht seiner Geburt sein davidisches Königtum hervorgehoben und die Engel sangen: „Ehre sei Gott in der Höhe!"

Dies sind nur einige Stellen des Wortes Gottes als Proben aus vielen. Könnte der geschickteste Schreiber das, was sie sagen, in bestimmtere Sprache fassen? Daß der Christus, obgleich „der Sohn des allerhöchsten Gottes", „der mächtige Gott" dem David auf dessen Thron nachfolgen sollte, gleichwie ein Sohn dem Vater nachfolgt; daß Er ihm auf demselben Thron nachfolgen, daß Er sogar auch die Unterthanen dieses Thrones, das Haus Jakobs, antreten und über sie regieren sollte, oder wie es sonstwo genannt wird, „Juda und Israel," dasselbe Volk, das David regierte; und daß Er darum der sichtbare, auf Erden regierende König sein soll, das lehren diese Schriftworte klar und bestimmt. Ihre sprachliche Bedeutung geht nach allgemeiner Zustimmung in einer Richtung.

Ja, aber mögen sie bei all dem nicht doch nur bildlich zu verstehen sein? Mag der Thron Davids nicht Christi Herrschaft im Herzen, oder in der Gemeinde, oder im dritten Himmel bedeuten? Wenn so, wie ist es angedeutet? Wollte der Heilige Geist seine Worte nach deren normalem Sinne verstanden haben, wie könnte Er seinen Zweck gewisser erreicht haben? Wendet man ein, es scheine unschicklich, daß der Sohn Gottes ein sichtbarer König auf Erden sein sollte — der ungläubige Philosoph Celsus im zweiten Jahrhundert meinte auch, es sei abscheulich, den Sohn Gottes von einem Weibe geboren sein zu lassen. Auch die heutigen Ungläubigen bespötteln die Geburt Christi von einer Jungfrau. Haben die Weissagungen von der ersten Erscheinung Christi sich nicht erfüllt in ihrer normalen Bedeutung? Ist denn aber eine der Weissagungen vom kom=

menden Reiche so unwahrscheinlich in sich selbst, wie die von der jungfräulichen Empfängnis der Maria? Und das vom Erben — wovon könnte das denn ein Bild sein? Wenn der Christus von David nicht bekommt, was dieser hatte, nämlich seinen irdischen Thron, wie sollte Er von ihm erben, was David nie besaß, nämlich die Herrschaft über die Herzen, oder das Regiment über alles in der Gemeinde, oder den Sitz der Macht im dritten Himmel?

Man beachte dies: Die Juden, auch die Jünger des Herrn, glaubten, daß der Messias das wirkliche Reich Davids erben und ein sichtbarer König auf einem irdischen Thron sein werde. Die ganze Welt giebt das zu. Jesus befahl seinen Jüngern, das Reich Gottes zu predigen (Luk. 9, 2), und sagte nicht ein Wort zu ihnen, sie in ihrer Ansicht über dies Reich zu berichtigen. Er sagte ihnen nicht, daß sie etwas andres predigen sollten als was ihre Überzeugung von diesem Reiche schon vorher war. Dieses allein, wenn sonst nichts gesagt werden könnte, würde genügend beweisen, wie die Weissagungen, welche wir betrachten, nicht bildlich zu verstehen sind. Ferner: Es wird wieder und wieder erklärt, daß die Heiligen mit Christo in seinem Reiche herrschen werden. „Sie werden," sagt Christus, „mit mir auf meinem Throne sitzen" (Offb. 3, 21) und wenn sie als bloße Menschen darauf sitzen sollen, dann ist es ein menschlicher Thron, der wirkliche Thron Davids.

Dazu hat auch Gott, weil dieser Thron zerfallen war, gesagt, Er werde ihn wieder aufrichten. „Zu selbiger Zeit richte ich auf die Hütte Davids und vermaure ihre Risse, und richte das Verstörte auf, und baue sie gleich der Vorzeit" (Amos 9, 11). Dasselbe, das zerfallen war, will Er wieder bauen wie vor alters. Dies kann unmöglich bildliche Sprache sein. Und wofür will Er das zerfallene Reich wieder bauen als für einen König aus der davidischen Linie? Darum sagt Jesaias: „Denn Jehovah erbarmt sich Jakobs und liebt ferner Israel, und versetzt sie in ihr Land" (Jes. 14, 1). „Daß sie nicht mehr ausgerissen werden aus ihrem Lande" (Amos 9, 15). Ohne Wiederherstellung dieses Volkes könnte auch das Reich Davids nicht wieder erstehen. Und was sehen wir? Hier sind die Juden, seit Jahrhunderten gesondert erhalten. Ein Volk, das aus seinem Lande ausgerottet, seit langen Zeiten unter den Völkern zerstreut, ohne eigne Obrigkeit, ohne Land, geschunden und geschlachtet ist; und doch erhalten!

Der hundertste Teil ihrer Leiden hätte irgend ein andres Volk von der Erde vertilgt; sie aber sind durch Gottes Macht als das stehende Wunder der Zeiten erhalten. Und wozu? Harmoniert nicht Gottes Vorsehung mit Gottes Vorhersagungen? Obgleich sie ein höchst widerspenstiges Volk waren, wollte Er doch seinen Bund mit ihnen nicht brechen (5 Mose 4, 31). „Ich will Israel nicht verwerfen, trotz allem das sie gegen mich gethan haben, spricht Jehovah, der die Sonne gemacht zum Lichte bei Tage und die Satzungen des Mondes und der Sterne zum Lichte bei Nacht, — — — wenn diese Satzungen weichen von mir, so soll auch der Same Israel aufhören ein Volk zu sein vor mir alle Zeit" (Jer. 31, 35—37). So wird die Wiederherstellung des identischen Thrones Davids Thatsache und der Messias wird der König sein.

Wollen wir nun eine überschwengliche Bestätigung dieser Beweisführung, so mögen wir den berühmten Gottes mit David ansehen, von dem wir so viel lesen, die Quelle des davidischen Königtums Christi (2 Sam. 7 und 1 Chron. 18). Der Prophet Nathan wurde mit der Botschaft an David gesandt: „Der Herr verheißt, dir ein Haus zu machen. Ich will deinen Samen nach dir erheben, einen von deinen Söhnen und will sein Königtum bestätigen, — — ich will seinen Thron befestigen auf ewig. Ich will ihm Vater sein und er soll mir Sohn sein; ich will ihn feststellen in meinem Hause und Königreich auf ewig, und sein Thron soll fest sein auf ewig."

Es ist zu beachten, daß Gott zu David sagte: „Dein Haus, dein Reich," und daß es fortgeführt werden solle durch seine eigne Nachkommenschaft, durch seinen Samen, der von seinen Lenden kommen und seinen Thron einnehmen soll. Dieser Same ist der Messias. Der Apostel führt Worte dieses Bundes an und bezieht sie auf Christum (Hebr. 1, 5). Dasselbe thut Petrus (Apg. 2, 30) und sagt, es bedeute, daß Christus auf Davids Thron sitzen sollte. In diesem Sinne nahm David auch die Mitteilung auf: „Herr Jehovah, Du gabst auch dem Hause Deines Knechtes Verheißungen in die Ferne, und (nach einer englischen Übersetzung) hast mich angesehen in der Verordnung des Mannes, der von oben kommen soll (oder des Adams von oben), o Herr Jehovah." Es ist demnach gewiß, daß der Zukünftige des Bundes mit David der Messias ist.

Der Gegenstand dieses Bundes ist die Fortdauer des davidischen Königreichs, eben desselbigen, das bestand, als der Bund gemacht wurde: und doch handelt es sich um die Fortdauer des Reiches Christi. Ferner handelt es sich auch um die Fortdauer des Reiches des Vaters, denn ein Teil des Bundes ist in diesen Worten des Vaters: „Ich will Ihn (den Messias) feststellen in meinem Hause und Königreich auf ewig" (1 Chron. 17, 14). Davids, Christi und Gottes Reich ist demnach ein und dasselbe. Und dies Reich soll also durch Fortpflanzung von David für immer fortgesetzt werden, jedoch nicht durch endlose Fortpflanzung, sondern dieselbe soll in Christo, als dem endlosen Erben und Thronfolger, sich abschließen. „Einmal schwur ich bei meiner Heiligkeit: nie werd' ich gegen David lügen! Sein Name soll ewig dauern und sein Thron wie die Sonne vor mir" (Pf. 89, 35—36). — Ist es möglich, daran zu zweifeln, daß nach diesem Bund mit David dasselbe Haus, das Gott in Davids Person gründete, in dem Weltheiland wieder erscheinen und fortgesetzt werden wird? Wir wissen, daß der Messias der Fürst aus dem Hause Davids ist und sein eigenartiges Königtum aus dem Königtum Davids auf Ihn sich vererbt.

3. Wo ist denn dieses Reich?

Noch ist's nicht entfaltet. Es wird entfaltet mit dem zweiten Kommen Christi. Denn, während Christus bei seiner ersten Erscheinung es den Juden als „nahe herbeigekommen" anbot, gab es infolge seiner Verwerfung von seiten der Juden eine merkwürdige Veränderung in seiner Predigt vom Reiche. Es war nicht mehr nahe, sondern hinausgeschoben. Weil die Leute glaubten, es werde alsobald erscheinen, sagte Er ihnen das Gleichnis von dem Edlen, der über Land zog, um ein Reich einzunehmen und dann wieder zu kommen (Luk. 19, 11). Auf diese Thatsache, daß die Einführung dieses Reiches verschoben sei, bezieht Er sich wiederholt. Und dennoch, sagte Er nicht auch: „Das Reich Gottes kommt nicht so, daß es beobachtet werden könnte — — — denn siehe, das Reich Gottes ist mitten unter oder in euch" (Luk. 17, 20—21). „In euch" kann aber nicht bedeuten, daß es durch Frömmigkeit in ihren Herzen sei, denn das würde nicht auf die Pharisäer gepaßt haben, zu denen Er sprach. Es kommt nicht so, daß es beobachtet werden könnte, noch wird man sagen: „Siehe hier, siehe dort! denn siehe, das Reich Gottes ist mitten unter euch". So plötzlich wie ein Dieb in der Nacht wird seine Herrlichkeit über die Welt hereinbrechen.

Wiederum sagte Er zu den Pharisäern: „Wenn ich aber durch den Geist Gottes die Teufel austreibe, so ist demnach das Reich Gottes zu euch gekommen" (Matth. 12, 28). Das Wort für „gekommen" wird aber gewöhnlich nicht so übersetzt, sondern meint, sich nach etwas strecken, und wird erklärt durch seine Anweisung an die Siebenzig, die Er vor sich hersandte, um diesen selbigen Pharisäern zu sagen, daß trotz ihrer Ver=

werfung der Botschaft, das Reich Gottes sich zu ihnen genaht hätte (Luk. 10, 9—11). Er sagte auch: „Das Himmelreich ist einem Säemann gleich", „einem Senfkorn", „dem Sauerteig" und manche meinen, daß das bedeute, es sei das Himmelreich schon in dieser Haushaltung entfaltet. Aber diese Gleichnisse beziehen sich im Gegenteil auf die erforderlichen Bereitschaften für das Reich; sie lehren gewisse darauf bezügliche Wahrheiten, erklären sie durch eine Reihe von Einzelheiten in jedem Gleichnis; z. B. in dem vom Säemann wird gelehrt, wie nur solche fürs Reich Gottes geschickt sind, die das Wort Gottes so aufnehmen, daß sie seine Früchte bringen, und daß dagegen eine große Zahl, die das Wort nicht so aufnehmen, auch nicht ins Himmelreich eingehen werden. Nicht daß das Reich Gottes da sei, wird gelehrt, sondern wie wir uns jetzt dazu zu verhalten haben.

Aber hat nicht Paulus von allen Bekehrten gesagt, daß der Vater sie „in das Reich des Sohnes seiner Liebe versetzt hat?" (Kol. 1, 13). Ja, aber er hat auch ebenso bestimmt erklärt, daß „welche Er gerecht gemacht habe, die habe Er herrlich gemacht" (Röm. 8, 30). Ist denn aber jeder gerechtfertigte Gläubige auch schon verherrlicht? Wir sehen, daß der lebendige Ausdruck der Gegenwart für den der Zukunft gebraucht wird. Nein, das Himmelreich ist jetzt noch nicht entfaltet. „Wenn aber des Menschen Sohn gekommen ist in seiner Herrlichkeit und alle heiligen Engel mit Ihm, alsdann wird Er sich setzen auf den Thron seiner Herrlichkeit" (Matth. 25, 31). Alsdann und nicht eher, denn „der Edle" fängt nicht an zu regieren, bis er das Reich eingenommen hat und wieder gekommen ist; aber doch sogleich bei seiner Rückkehr.

Unsre Zeit ist demnach die eines Zwischenregiments. Einige haben den Thron Davids mit dem von England identifizieren wollen, aber neben vielen Beweisen, daß diese Annahme falsch ist, steht diese Wahrheit fest: die Wiederherstellung des verfallenen Throns Davids ist unzertrennlich mit der zweiten Erscheinung

Christi verbunden. Aber das Zwischenregiment, spricht das nicht dagegen, daß Davids und Christi Thron identisch sind? Ebensowenig wie das Zwischenregiment Cromwells zwischen dem ersten und dem zweiten König Karl die Nachfolge des zweiten auf den ersten ungültig machte. Aber diese lange Zwischenzeit? Kann der Glaube die lange Zeit überspannen und die Zukunft erfassen? Siehe, tausend Jahre sind dahingerollt, ehe nur ein Teil des Bundes mit David hinsichtlich des zerfallenen Thrones erfüllt wurde, und dann geschah das wichtigste und unglaublichste davon: der Mensch von oben, Adam, Gott Jehovah kam wirklich! Eine Jungfrau empfing und gebar einen Sohn. Ein Kind, ein wunderbares Kind! Gethsemane, Golgatha, Auferstehung! Der „Edle" ist nach seinem Reiche gegangen. Diese teilweise Erfüllung ist die Eichel, die den Eichbaum enthält. Er wird kommen. Vom Ölberg fuhr Er auf und auf dem Ölberge werden an jenem Tage seine Füße stehen, wie Sacharia sagt. Unser Glaube überspringt die lange Zwischenzeit und sieht „denselben Jesum herabkommen, wie Er hinaufgefahren ist" (Apg. 1, 11).

So wird also bei der Erscheinung des Herrn das davidische Reich eine Gottesherrschaft sein. Eine solche wurde thatsächlich schon auf dem Sinai eingesetzt und das davidische Regiment später damit identifiziert. Der Herr Gott Israels hatte seinen königlichen Palast und seine göttliche Herrlichkeit und ebenso vorbildlich seine Gemächer vollkommen in seiner Residenz unter Israel. Nichts geschah, keine Gesetze wurden gemacht, nichts vorgenommen ohne die Autorität des residierenden Königs. Und ähnlich wie durch einen königlichen Siegelring, so thut auch Er durch die Strahlen des „Lichts und Rechts" auf der Brust des Hohenpriesters, seines Staatsministers, seinen Willen kund. Von diesem ausdrücklich als Davids Haus und Reich Bezeichneten sagt Gott: „Mein Haus, mein Reich" und baut es somit auf eine gottesherrschaftliche Grundlage (1 Chron. 17, 14). Es ist dieser gottesherrschaftliche Charakter des Reiches, der den Besitzer zu diesem Erbteil berechtigt, als der das Königtum Davids, sowohl als die Gottesherrschaft, auf der es beruht, beerbt. Bei Ihm wird aber der gottesherrschaftliche Charakter eine vollkommnere Gestalt annehmen. Er, und nicht der Sohn Isais, wird der Gottesherr unter dem Vater sein: und darum wird Er, während Er Davids Thron einnimmt, so menschlich wie dieser und so sichtbar sein, und doch wird Er seine Macht erweisen mit der Hand Gottes. Gott in menschlicher Gestalt auf seinem menschlichen Thron wird Er als der Menschheit weltlicher und geistlicher Regent „bei ihnen wohnen und sie werden sein Volk sein, und Gott selbst wird bei ihnen sein als ihr Gott" (Offenbarung 21, 3).

Will jemand gegen diese erhabene Gestaltung der Dinge mit den Worten: „Fleischlich, irdisch, von der Erde!" auftreten? Was? Kann Gott nicht beurteilen, ob etwas fleischlich ist oder nicht? Und wer kann dies sein Wort vom Reiche verbessern? Ja, aber Jesus hat doch gesagt: „Mein Reich ist nicht von dieser Welt" (Joh. 18, 36). Richtig! Aber Er sagte auch von den Aposteln: „Sie sind nicht von der Welt" (Joh. 17, 14). Waren denn die Apostel nicht auf der Erde, nicht sichtbar, nicht heilige Leute? „Nicht von der Welt," Er sagte nicht: „Nicht in der Welt". Hat nicht der Sohn Gottes seine menschliche Natur, doch ohne Sünde, von seiner Mutter angenommen? Wie kann seine Menschwerdung weniger erniedrigend sein, als sein sichtbares Regiment unter den Menschen, nachdem Er Mensch geworden? Salomo folgte David nach, aber er errichtete einen neuen und prächtigern Thron, baute einen neuen Palast, umgab sich mit verschiedener Dienerschaft, und veränderte manche Zweige der Verwaltung. War sein Reich etwa deshalb nicht dasselbe, wie das seines Vaters? Kann also das Reich des Messias nicht das davidische sein, obgleich es kein Abbild von dessen Unvollkommenheiten ist und nicht gestaltet nach der Weise der gegenwärtigen argen

Welt? Die Wahrheit ist, daß während dieses Reich aus irdischem Königtum hervorsproß, es doch als von den Himmeln herabkommend gesehen wird. Es stammt sowohl von Gott und aus dem Himmel, als aus Menschen und von der Erde. Obgleich auf Erden, wird es doch das Reich des Himmels sein, oder wie es im Griechischen stets heißt: „das Reich der Himmel".

---

4. Die Herrlichkeit des Reiches.

Und nun können wir die Größe der königlichen Herrlichkeit des Messias sehen. Selbst wenn wir manches, worin sie besteht, nicht wüßten, so könnten wir von ihrer Pracht und Lieblichkeit dennoch gewiß überzeugt sein. Denn das Reich des Christus wird Ihm als der Lohn für seine Gottmenschheit. Er wird nicht wie das erste Mal als Sündenträger kommen, sondern ohne Sünde zum Heil (Hebr. 9, 28). Das heißt zum vollendeten Heil und zur Beseligung, zur endlichen Ernte seines Werks. Daher ist sein Sitzen zur Rechten der Majestät in der Höhe nur was seiner Einsetzung als Messiaskönig vorangeht (Hebr. 12, 2; Pf. 110, 1). Es ist die Freude, die Er hätte haben mögen, die Er vor sich sah in all seiner Arbeit und Schmach und Schande, als Er die Sünde ein für allemal tilgte; der verhältnismäßige Schmerzenslohn für den Jammerruf: „Mein Gott, mein Gott, warum hast Du mich verlassen?" Was könnte solch einen würdig belohnen für solch ein Werk, gegen das die Schöpfung nur wie ein Leuchtwurm gegen die Sonne ist? Wer könnte das genügend aussprechen? So ist's, wenn man's von Gethsemane und Golgatha aus ansieht, und wenn wir kein Wort hätten, das uns die Bestandteile dieser Herrlichkeit bezeichnen könnte — sie muß unsre höchsten Begriffe weit überflügeln.

Aber wir wissen etwas von seiner Herrlichkeit. Zuerst fassen wir sie als selbstverständliche Herrlichkeit des Fürsten vom Hause Davids auf. Der Abglanz des Vaters, der Herr der Schöpfung, der Lenker der Herzen, der sünd= und flecken= lose Mensch, einer mit der Konstitution unsrer Natur, die von Mitgefühl für uns überfließt; "dessen Volk ganz willig ist an seinem Heertage"; von absoluter Macht, von allwissender Weisheit, von göttlicher Liebe; der die Krone von der einen Weltmonarchie trägt; der den Menschen die vollkommenste, höchste religiöse Befriedigung giebt: Er! o dieser König in seiner Pracht und Majestät, die alle denkbare Herrlichkeit weit überstrahlt!

Zweitens wird Er in seinen Mitregenten herrlich sein. Die Heiligen aller Zeiten bis zu seiner Wiederkunft werden mit Ihm zum Königtum erhöht. "Miterben mit Christo," sagt Paulus (Röm. 8, 17); "Erben des Reichs", sagt Ja= kobus, "welches Gott denen verheißen hat, die Ihn lieben" (Jak. 2, 5). "Sollen mit mir auf meinem Thron sitzen, und sollen Macht haben und herrschen über die Völker" (Offb. 3, 21 u. 2, 26—27). "Dann herrscht nach Recht der König und die Obern werden nach Gerechtigkeit walten" (Jes. 31, 1). "Die Heiligen werden das Reich besitzen und Königtum und Herr= schaft und Gewalt aller Reiche unter dem ganzen Himmel wird dem Volke der Heiligen des Allerhöchsten gegeben" (Dan. 7, 22 und 27). Selbst die Armen und die Bettler unter seinen Heiligen wird Er aus dem Staube und aus dem Kot erheben, um sie zu setzen neben Fürsten und den Stuhl der Ehren teilt Er ihnen zu, wie Hanna sang (1 Sam. 2, 8). Gerade wie unter der frühern Gottesherrschaft, wo Gott der Herr regierte, doch Obrigkeiten und Richter seine Befehle ausrichteten, so wird's auch im Reiche Christi Mitregenten geben, die seine Verordnungen vollziehen.

Dies setzt die Auferstehung der Heiligen bei der Er= scheinung des Herrn voraus; "denn Fleisch und Blut können das Reich Gottes nicht ererben". Sterbliche Menschen können es nicht ertragen, Teilhaber mit Christo in seinem Königtum zu sein. Darum lesen wir, daß „die Toten in Christo werden auferstehen zuerst; danach wir, die wir leben und überbleiben, werden dem Herrn entgegengerückt werden in der Luft." Und dann, nachdem sie so für ihre erhabene Bestimmung ausgerüstet sind, werden sie mit Ihm zurückkommen auf die Erde und werden so „für immer bei dem Herrn sein".

Diese verherrlichten Mitregenten werden auch Priester auf ihren Thronen sein. Jeder Christ ist jetzt schon ein Priester, der des Priesteramts pflegt vor Gott. Jeder Fürst wird dann ein Priester sein und die priesterliche und fürstliche Würde in seinem Regiment vereinigen; und indem aus ihnen die Herrlichkeit des Königs zurückstrahlt, werden sie demütig seine Oberhoheit fühlen und anerkennen, daß „Er gesalbt ist mit Freudenöl vor seinen Genossen" (Hebr. 1, 9) und sie werden vor Ihm niederfallen und ihre Kronen niederlegen vor dem Throne und dem der darauf sitzt, und ihre vereinten Preisgesänge, wie das Rauschen vieler Wasser, wird sein: „Du hast uns unserm Gott zu Königen und Priestern gemacht und wir werden mit Ihm herrschen auf Erden" (Offb. 4, 10 u. 5, 10).

Wie herrlich wird des Königs Hofhalt sein: Enoch, Abraham, David, Elias, Elisa, Jesaias, Jeremias, Daniel, Johannes, Petrus, Paulus und alle die Myriaden aus allen Zeiten, die wir jetzt nicht nennen können — alle „leuchtend wie die Sonne in ihres Vaters Reich", wie der Herr (Matth. 13, 43) sagt. Und doch, ob sie leuchten wie Diamanten im Sonnenlichte, je heller sie als Sonnen erglänzen, desto mehr wird Er, als die Centralsonne, sie alle überstrahlen!

Drittens wird Er herrlich in seinen Unterthanen sein. Als König aus dem Hause Davids muß Er notwendig über das wieder gesammelte und hergestellte Volk Israel und Juda regieren. Wie aber mit andern Menschen? Unter dem Scepter dieses Königs wird die ganze Menschheit Israel werden. Nur durch Einpfropfung in den abrahamitischen Bund wird irgend ein Mensch aus andern Völkern gerettet. „Chri=

ftus hat uns losgekauft vom Fluche des Gesetzes, da Er für uns zum Fluche geworden, auf daß der Segen Abrahams an die Heiden käme in Christo Jesu. — Seid ihr aber Christi, so seid ihr demnach Abrahams Same und nach der Verheißung Erben" (Gal. 3, 13. 14. 29). So sind denn alle Gläubigen aus den Heiden eingepfropfter Same Abrahams, adoptierte Kinder Israel. Und da der davidische Bund aus dem Abrahams erwachsen ist, so sind sie auch darum Erben nach der Verheißung. Und so kommt es, daß die auferstandenen Heiligen aus den Heiden mit denen aus dem natürlichen Israel teilhaben mit Christo an der Macht des Reiches. Und wie Heidenchristen angenommene Kinder Abrahams sind, so werden alle dann im Fleisch befindlichen Heidenvölker Israeliten und eingeschlossen werden in den davidischen Unterthanenverband. So wird dann fort und fort auf immer erfüllt werden die Verheißung an Abraham: „Ich mache deinen Samen wie den Staub auf Erden, wie die Sterne am Himmel, die nicht zu zählen sind, und wie den Sand des Meeres" (1 Mose 13, 16; 15, 5; 32, 12).

Viertens: sogar eine sichtbare Erscheinung seiner Herrlichkeit ist uns aufbehalten. Wir haben sie in der Verklärung. Petrus nennt sie die Kraft und Gegenwart unsers Herrn Jesu Christi, und sagt, daß er ein Augenzeuge seiner Größe und Majestät war (1 Petr. 1, 16. 18). Jesus selbst bezog sich im voraus darauf, als Er einige Tage vorher sagte: „Es sind etliche unter denen, die hier stehen, die nicht den Tod schmecken werden, bis daß sie den Menschensohn haben sehen kommen in seinem Reiche" (Matth. 16, 28). Dies war also ein Pfand und eine Probe des Reiches, ein Zeichen, daß mehr derselben Art kommen werde. Und welcher Art war es? Der König war verklärt, „sein Angesicht leuchtete wie die Sonne und seine Kleider waren weiß wie das Licht" (Matth. 17, 2). Moses und Elias waren bei Ihm und auch sie strahlten in des Königs Glanz. Moses, der gestorben war, repräsentierte die aufzu-

erstehenden, und Elias, der verwandelt worden war, vertrat
die zu verwandelnden Heiligen, die dem Herrn entgegengerückt
werden sollen in der Luft. Petrus, Jakobus und Johannes
vertraten da Israel im Fleisch und sahen die wundervolle
Herrlichkeit mit Entzücken. Dieses bildete vor, wie entzückt
die Unterthanen des Königs von seiner und seiner Fürsten
Herrlichkeit sein werden. Über alle kam des Vaters Stimme
vom Himmel herab: „Dies ist mein lieber Sohn, an dem ich
Wohlgefallen habe!" worin aufs neue erscholl das davidische
Bundeswort: „Mein Haus, mein Reich!" O wahrlich! das
Königtum Christi auf Davids Thron wird das Himmelreich
auf Erden sein!

Fünftens: Er wird sich verherrlichen durch die Erfolge
seines Königtums. Über die weite Welt werden sich die Seg=
nungen des Evangeliums verbreiten. Es ist wahr, der Herr
Jesus wird mit Feuerflammen vom Himmel geoffenbart wer=
den zur Rache über die, die Gott nicht erkennen und dem
Evangelium nicht gehorchen (2 Thess. 1, 7. 8). „Der Tag
wird brennen wie ein Ofen" (Mal. 4) und das Feuer, von
dem Petrus redet (2 Petr. 3), wird sein Rachewerk ausrichten.
Aber außer den einstimmigen Lehren der heiligen Schrift
erklären beide, Jesaias und Petrus, daß, so schrecklich das
Feuer auch sein wird, die Erde doch bleibt und Israel und
andre Völker bleiben, wie auch nach der Sündflut die Erde übrig
blieb. Dann wird, um göttliche Ausdrücke zu gebrauchen,
„die Welt gegründet werden, daß sie nicht bewegt wird, die
Erde wird froh sein, das Feld sich freuen, die Bäume im Walde
jauchzen, die Fluten klappen mit den Händen und die Hügel
freuen sich miteinander" (Pf. 96 und 98). Und dann werden
die, die durch alle Jahrhunderte hindurch gesagt haben: „Ich
hasse ihn, weil er ein Christ ist," und haben als Volk in ihrer
Feindschaft gegen das Evangelium beharrt, selbst in Juda und
Israel nicht mehr „lehren jeder seinen Nächsten und sagen:
Erkenne den Herrn, denn sie werden mich alle kennen, spricht

der Herr, vom Kleinsten bis zum Größten"; denn ich will ihre Missethat vergeben und ihrer Sünde nicht mehr gedenken" (Jer. 31, 34). Nicht nur das, sondern „der Heilige Geist soll ausgegossen werden über alles Fleisch" (Joel 2, 28), und nach Jakobus (Apg. 15, 16. 17) als Folge der „Wiedererrichtung des Thrones Davids werden die übrigen Menschen den Herrn suchen, ja alle Heiden, über die der Name des Herrn genannt wird." „Die Frucht des Geistes wird das Angesicht der Erde umgeben."

Ferner wird eine Erneuerung der physischen Natur stattfinden. „Denn das Harren der ganzen Schöpfung erwartet die Offenbarung" der Kinder Gottes und wird befreit werden von der Knechtschaft der Vergänglichkeit und versetzt in die Freiheit der Herrlichkeit der Kinder Gottes" (Röm. 8, 19. 22). „Dann ist das Licht des Mondes gleich dem Sonnenlicht und das Sonnenlicht scheint siebenfach, wie das Licht von sieben Tagen" (Jes. 30, 26). „Statt der Dornhecke werden Cypressen, statt der Heide wird Myrte aufwachsen" (Jes. 55, 13). „Es freue sich die Wüste und das dürre Land und es frohlockt die Steppe und sproßt auf gleich Narcissen" (Jes. 35, 1). „Die Erde giebt ihren Ertrag" (Ps. 67, 7); denn ihre gegenwärtige Ergiebigkeit ist gar keine Fruchtbarkeit. „Ich will den Himmel erhören und der Himmel soll die Erde erhören und die Erde soll erhören das Getreide und den Most und das Öl, und die sollen Israel, das von Gott gesäte Israel erhören" (Hos. 2, 21. 22). „Der Pflüger reicht an den Schnitter, und der Traubenkelterer an den Säemann, und es träufeln die Berge Most und die Hügel fließen über" (Amos 9, 13).

Auch die Tiere des Feldes, die Vögel unter dem Himmel und die Dinge, die auf Erden kriechen, werden unter dem Bunde des Reiches stehen. Der Wolf und das Lamm, der Pardel und das Böcklein, das Kalb und der junge Löwe werden beieinander wohnen, und nach der Otterhöhle streckt der Entwöhnte seine Hand" (Jes. 11, 6—9). So wird

sogar von der verhaßten Schlange der Fluch wegge=
nommen.

Gesundheit wird auf jeder Wange blühen. „Kein Ein=
wohner wird sagen: Ich bin schwach." „Die Blätter des
Baumes dienen zur Gesundheit der Heiden" (Offb. 22, 2).
Und „wie die Tage eines Baumes sollen die Tage des Volkes
des Königs sein" (Jes. 65, 22). Die Sünde hat die Natur
auf tausenderlei Weise zu unserm Schaden gegen uns gewandt,
aber der Fluch wird aufgehoben sein und die wiedergeborne
Erde zum Dienste der königlichen Unterthanen erneuert.

Wiederum, welche überreiche Segnungen werden wir als
Staatswesen genießen! Eine einzige, vollkommen einige
Regierung, erhaben in ihrer Größe und Macht! Göttlich, und
doch menschlich; kein Irren, kein Unrecht, vollkommen gut.
Der König, Fürsten und Volk verbunden durch eine vollkommne
Erlösung. Und nach den Propheten, ein mächtiges Wachstum
der Bevölkerung (Jes. 49, 19. 20; Jer. 30, 18—20) und
doch kein Neid, keine Ursache zu Krieg, keine Empörung, keinen
Friedensbruch. „Schwerter zu Hacken und Spieße zu Winzer=
messern gemacht" (Jes. 2, 4). „Greise und Matronen sitzen
in den Straßen Jerusalems, jegliches seinen Stab in seiner
Hand vor Menge an Jahren'" (Sach. 8, 4). „Des Meeres
Reichtum, der Völker Schätze, eine Menge von Kamelen,
Dromedare aus Midian und Epha, alle Herden Kedars und
die Widder Nebajoths dienen Dir, Gold und Weihrauch brin=
gen sie" (Jes. 60). Satan gebunden für tausend Jahre
(Offb. 20, 3). Alle Dinge nur als Gott geheiligt gebraucht
(Jes. 23, 18; Sach. 14, 20). Erkenntnis allgemein ver=
breitet (Jes. 32, 4). Die verlorne Einheit der Sprache wieder=
hergestellt (Zeph. 3, 9). Die Engel Gottes zum Verkehr mit
Menschen auf= und niederfahren (Joh. 1, 51). Ewige Freude
auf ihrem Haupte, Wonne und Freude treffen sie und es fliehen
Kummer und Seufzen; Freude und Wonne darin, Lobgesang
und Saitenspiel (Jes. 35, 10 und 51, 3). Das Ebenbild

Gottes wiederstrahlend von Myriaden von Millionen von Menschen, die die Welt mit sittlicher Herrlichkeit umgeben, wie die Tautropfen die Sonnenstrahlen wiederspiegeln. Und über allem Christus, der Sohn Gottes, der Sohn des Menschen, der Sohn Davids, regierend in Zion für immer und ewig (Mich. 4, 7).

Wir brauchen nicht anzunehmen, daß diese verschiedenen Arten von Ergebnissen des messianischen Königtums auf einmal in ihrer ganzen Vollendung bewirkt werden. Die Weissagungen deuten an, daß tausend Jahre der Entwicklung und Reinigung dahinrollen werden. Etwas Sünde, etwas Tod wird während des Millenniums noch vorkommen (Jes. 65; Sach. 14; Offb. 20, 14).

Besonders wird am Ende desselben, wenn der Satan eine kleine Zeit los sein wird, eine große Empörung der Gottlosen ausbrechen. Jedoch nur für eine kleine Weile, der Abschluß der Geschichte der Sünde auf unsrer Erde. Denn „Feuer von Gott aus dem Himmel wird herabfallen und sie verzehren," und der Teufel, der sie verführte, wird in den Feuerpfuhl geworfen werden (Offb. 20, 9. 10). Und wenn dann der Tod, der letzte Feind, vernichtet und alles Christo unterthan sein wird, dann wird es vollkommen erfüllt werden, daß „die Erde mit Erkenntnis des Herrn bedeckt werden wird, wie das Wasser des Meeres Grund bedeckt. Dann werden die Reiche der Welt dem Vater übergeben sein, gerade so, wie sie seinem Christo übergeben sind; denn, wie wir bei dieser ganzen Betrachtung immer gesehen haben, ist das Reich Christi das Reich des Vaters. 1 Kor. 15, 25—28 lehrt nicht, daß das besondere Königtum oder Reich Christi aufgegeben werden soll. Offb. 11, 15 haben wir die gleiche Lehre wie a. a. O. in 1 Korinther: „Das Reich der Welt," man beachte die Einzahl, „ist unserm Herrn und seinem Gesalbten zugefallen und Er wird herrschen in alle Ewigkeiten." Es ist die Herrschaft über die Welt, die übergeben wird und zwar zugleich übergeben an den Vater und an seinen

Christum. Vom Reiche des Messias sagte der Engel, daß es kein Ende nehmen werde (Luk. 1, 33). Daniel sagt, es werde nicht vergehen (Dan. 7, 14). Von seinen Mitfürsten wird ausdrücklich gesagt, daß sie das Reich für immer, ja für immer und immer, inne haben sollen, und sie besitzen es doch nur als Miterben mit Ihm (Dan. 7, 18). Wenn aber gesagt wird, daß Er selbst, der Sohn, sich alsdann dem Vater unterwerfen wird, so meint das einfach, daß alsdann, wie auch immer, nachdem alle Dinge Ihm, dem Sohne, unterworfen sind, Er selbst dem Vater unterworfen sein wird. Darum sagt auch der Vater in Hinsicht seines davidischen Königtums zum Sohne: „Gott, Dein Stuhl währt von Ewigkeit zu Ewigkeit" (Psalm 110; Hebr. 1, 8. 9).

Aller Widerstreit hat ein Ende. Die Gottheit, Vater, Sohn und Heiliger Geist, wird alles in allem sein, und der Christus auf Davids Thron, vereint mit seinen verherrlichten Miterben, den Fürsten des Reichs, wird selige Unterthanen wie Sand am Meer regieren von Ewigkeit zu Ewigkeit.

Ist es Herrlichkeit? Was anders könnte Herrlichkeit sein? Postmillennarier haben von einem goldnen Zeitalter geträumt. Politiker haben ihre Utopien gebaut. Socialisten versuchen immer, ein Paradies aus dieser verwirrten Welt zu machen. Alles umsonst! Der unerbittliche Geschichtschreiber, die Zeit, hat nur Bosheit, brausenden, tobenden Wirrwar und Elend zu verzeichnen. Eine Kerze leuchtet nur schwach und trüb im Sonnenlicht am Mittag, und alle ungeheiligten Vorstellungen von politischen Erneuerungen und Beglückungen sind nur Mißgeburten im Vergleich zum Regiment des Messias und dessen Herrlichkeit, wo „der Wille Gottes geschehen wird auf Erden wie im Himmel". Und das Beste von allem ist, daß dies Reich gewiß und sicher ist!

„Ehre sei Gott in der Höhe!" sangen die Engel, als der Christus, Davids Sohn und Erbe, geboren wurde. „Ehre sei Gott in der Höhe!" das wird der himmlische Chorgesang des

Königs und der Fürsten in Davids Reich sein. „Ehre sei Gott in der Höhe," wird als Jubelgesang der Menschheit erschallen, wenn der Mond sich schämen und die Sonne erbleichen wird im Lichte des Herrn der Heerscharen, der zu Jerusalem regieren wird in Herrlichkeit vor seinen Ältesten (Jes. 24, 23). Und wir, während dieses trüben Zwischenregiments, die wir niemals so ernüchtert von weltlichem, und so hingenommen von himmlischem Sinn, Wachsamkeit und Fleiß im Umgang mit Gott sind, als wenn wir verständig mit dem Reiche Gottes auf Erden sympathisieren, erkennen und fühlen wir es nicht: „Heil dem Volk, das den Posaunenruf kennt! Jehovah, in Deines Antlitzes Licht wandeln sie; ob Deinem Namen frohlocken sie allezeit, und Deiner Gerechtigkeit rühmen sie sich; denn ihre herrliche Zierde bist Du!" (Ps. 89, 16—18). O laßt das den Jubelgesang unsers Lebens sein: „Du, o Christus, bist der König der Ehren! Du bist mächtig, uns vollkommen darzustellen vor dem Angesichte Deiner Herrlichkeit mit überschwenglicher Freude! Dir, dem allein weisen Gott, unserm Heiland, sei Ehre und Majestät, Macht und Herrschaft jetzt und für immer! Amen."

4. Die Wiederkunft Christi

nicht nach, sondern vor und zur Errichtung des tausend=
jährigen Reiches.

Von Rev. E. F. Strötter, D. D., Professor in der Wes=
leyanischen Universität in Warrentown, Missouri.

Es gab in der Geschichte der Gemeinde eine Zeit, da der Ausdruck ‚prämillennarisch‘ in Verbindung mit Christi Wiederkunft unbekannt und unerhört war. Das Urchristentum bedurfte des Wortes nicht, einfach weil man den Postmillennarismus in jener Zeit nicht kannte. Gläubige Bekenner der persönlichen, sichtbaren Wiederkehr des Menschensohnes vom Himmel waren damals noch nicht, wie heutzutage, in Bezug auf die Bedeutung jenes glorreichen Ereignisses geteilt. Die Erwartung war ganz allgemein, daß **bei und mit der Wiederkehr Jesu ein messianisches Königreich auf Erden in großer Kraft und Herrlichkeit geoffenbart werde.**

Erst in späterer Zeit fing man an, diese Bedeutung der Wiederkunft Christi zu leugnen und vor den Augen der hoffenden Gemeinde ein gar verschiedenes Bild zu entwerfen. Man sagt uns, daß die Kirche in jeder Hinsicht in ihrem gegenwärtigen, unverherrlichten und vergänglichen Zustande das Reich Christi auf Erden und die Vermittlerin aller Segnungen für Juden und Heiden bis zum Tage des Gerichts sei. Durch ein glückliches Zusammenwirken von menschlichem Fortschritt, geistlichen Krafterweisungen und günstigen Umständen erwartet man, daß das Evangelium vom Reich allmählich die Bekehrung der Welt zu Christo, die Unterwerfung aller Mächte und

Regierungen unter sein Scepter, die Beseitigung wenn nicht aller, doch der meisten schrecklichen Übel, unter welchen die menschliche Gesellschaft seufzt, die Abschaffung von Krieg und ungerechter Politik, — kurz, ein Millennium des Friedens, der Wohlfahrt und der Machtentfaltung für die Gemeinde herbeiführen werde. Die persönliche, sichtbare Erscheinung und Gegenwart des Menschensohnes wird als unwesentlich für die Erfüllung der millennarischen Weissagungen angesehen. Man giebt uns zu verstehen, es sei eine Geringschätzung des Heiligen Geistes, etwas zu erwarten, das über die Wirkungen seiner Kraft in der Kirche und durch die Kirche hinausgehe. Man beschuldigt uns judaistischer und fleischlicher Vorstellungen von Christo als einem weltlichen Herrscher. Ungebührlicher Pessimismus (Schwarzseherei) angesichts des wunderbaren Fortschritts des Christentums in der ‚Eroberung der Welt,' den man uns statistisch vordemonstriert, wird uns zur Last gelegt. Ja, man beschuldigt uns sogar, daß wir den Nerv und die Triebkraft aller missionierenden und evangelisierenden Thätigkeit lahm legen durch die Behauptung, es werde dem Evangelium schließlich doch nicht gelingen, die Welt zu bekehren.

Angesichts dieser und einer großen Zahl andrer Beschuldigungen, gebührt es uns, Grund zu geben der Hoffnung, die in uns ist, wieder und wieder zu prüfen die schrift- und vernunftmäßigen Gründe für die Annahme, daß es **kein Millennium geben wird vor der Erscheinung und ohne die Gegenwart des verherrlichten Jesu.**

Laßt uns also betrachten:

I. Die wesentlichen Merkmale des verheißenen Millenniums.

II. Den wahren Charakter der Kirche in der gegenwärtigen Haushaltung des Trösters—in Abwesenheit ihres Bräutigams— Christi.

I. Was wird das Millennium sein?

1. Es wird eine wesentliche Veränderung mit der physischen Weltordnung vorgehen; der Fluch wird weggethan, die Erde, und alles was darinnen ist, wird sich eines herrlichen Sabbaths erfreuen.

Der Fluch und die Unterwerfung der Kreatur unter die Eitelkeit sind Thatsachen. Aber die Schrift erklärt, sie sei unterworfen auf Hoffnung. „Denn auch die Kreatur frei werden wird von dem Dienst des vergänglichen Wesens zu der herrlichen Freiheit der Kinder Gottes (Röm. 8, 21). Wann soll das geschehen? Sobald als die Kinder Gottes ihre Erlösung, d. i. die Auferweckung des Leibes erlangen (V. 23). Dies setzt die Beseitigung des Fluches fest bei der Auferstehung der Heiligen; und diese fällt zusammen mit der Wiederkehr Christi vom Himmel (1 Thess. 4, 16). Dies wird sein, was Petrus „die Zeiten der Erquickung (Wiederbelebung — anapsyxis) vom Angesicht des Herrn" nennt. (Apg. 3, 20.)

Als der Messias zum erstenmal unter dem auserwählten Volk erschien, zeigte Er ihnen, daß das Reich Gottes nahe herbeigekommen, ja mitten unter ihnen sei. Woran? An den Machtwerken, die Er an den sterblichen Leibern sündiger Menschen im Fleisch vollzog. Er heilte allerlei Kranke, ja erweckte vom Tode. Dazu wandelte Er auf dem Wasser, gebot Wind und Wellen, und beanspruchte erfolgreich des Menschen ursprüngliche, Gott gewollte Macht über die Kräfte der Natur. Als Er den drei auserlesenen Jüngern auf dem Berge der Verklärung die zukünftige Kraft und Klarheit seines Reiches zeigte, durchstrahlte der Glanz des unvergänglichen Lebens nicht nur seinen eignen, sterblichen Leib, sondern selbst seine Kleider, aus was für animalischer oder vegetabilischer Faser sie gewoben waren, strahlten in überirdischem Weiß. Die ganze Natur gehorchte dem Geheiß des zweiten Adam, des Herrn vom Himmel. Und solange als dies Evangelium vom Reich in Israel verkündigt wurde, dauerten diese mitfolgenden

Zeichen und Wunder fort, zu einem Zeugnis für die, welche aus der Schrift wohl genug wußten, was von den Tagen des Menschensohnes verheißen war.

Sollen alle jene millennarischen Weissagungen, daß „an jenem Tage die Wölfe werden bei den Lämmern wohnen, und die Pardel bei den Böcken liegen (Jes. 11, 6), daß das Land sein Gewächs gebe (Ps. 67, 6), daß die Wüste und Einöde lustig sein, und das Gefilde fröhlich stehen und blühen wird wie die Lilien (Jes. 35, 1), daß der Herr seinem Volke keine Teurung mehr kommen lassen will (Hesek. 36, 29), sondern daß das Land wie ein Lustgarten (Eden) sein soll (V. 35)" — sollen alle diese und noch viele andre mehr nur so stückweise, gleichsam bloß einleitend, erfüllt werden? Das sei ferne. Denn es muß alles erfüllt werden, was von Ihm geschrieben ist im Gesetz Moses und in den Propheten und in den Psalmen (Luk. 24, 44).

Das Wort Gottes kennt keinen unversöhnlichen Gegensatz zwischen Natur und Geist. Die Natur ist allerdings das letzte, das von dem Leben gebenden Geiste erreicht wird. Aber erreicht wird sie von Ihm. Soviel ist garantiert durch die Auferweckung Jesu aus den Toten. Die Auferstehung seiner Gemeinde der Erstgebornen wird den Anfang einer neuen Ära für alles kosmische Leben kennzeichnen. Neue Potenzen und Kräfte werden dann in einem großartigen Maßstabe in die Natur eingeführt, und werden einen Zustand derselben herbeiführen, der bis jetzt noch unerkannt und für menschliche Weisheit unerkennbar ist. Rein wissenschaftliche Folgerungen von den jetzt die Natur beherrschenden Gesetzen haben hier keine Geltung. Sie haben nichts zu bedeuten bei der Frage nach dem Zustand der Schöpfung, ehe die Sünde eindrang; sie gelten nichts, wenn es sich um das Leibesleben des Erstgebornen von den Toten nach seiner Auferstehung handelt; sie können nichts zu bedeuten haben für die Zeit, in welcher die Auferstehungsmächte des Sündlosen und seiner Herrlichen auf der

Erde die Oberherrschaft davontragen werden über die Macht der Eitelkeit in der Natur.

Das „kündlich große, gottselige Geheimnis, Gott geoffenbart im Fleisch", darf nicht reduciert oder beschränkt werden auf das durch den Geist gewirkte Christusleben in den sterblichen Gläubigen. Wir dürfen nicht übersehen, daß der Gottmensch in dieses Erdenleben eintrat, nicht nur um die unglückliche Menschheit im Leben und im Sterben zu trösten, sondern auch um dieselbe Menschheit, die Er an sich nahm, und diese Erde, von der Er, wie wir, seines Leibeslebens Dasein und Unterhalt genommen hat, durch die Kraft seines Lebens und seines Todes — vom Fluch und Verderben zu erlösen. „Ist Jesus von Nazareth der Gottmensch, Gott geoffenbart im Fleisch, dann ist Er für die Erde und für die Menschheit das Princip der Wiedergeburt (palin genesia), nicht nur einer sittlich-religiösen, sondern auch einer physischen, socialen und politischen. Unverlierbar hat der Heilige sich unsrer Geschichte eingepflanzt." So gewiß wie der Teufel durch die Sünde das natürliche Übel (Krankheit, Pein, Tod, u. s. w.) eingeführt hat in die Welt, so gewiß muß und wird die Erlösung unsers Geistes von der Knechtschaft der Sünde vervollständigt und abgerundet werden durch die Erlösung unsers Leibes und der ganzen Natur danach durch die herrliche Auferstehung.

Sollen daher die Weissagungen von der Befreiung der seufzenden Kreatur ihre Erfüllung finden, dann muß Christus zuvor kommen und seine Heiligen auferwecken zu dem unvergänglichen Leben, welches von da an das herrschende Princip in der ganzen Schöpfung wird, und also eine neue Ära für alles kosmische Leben eröffnen.

2. **Das Millennium wird durch radikale Veränderungen auf dem Gebiet des politischen Lebens gekennzeichnet sein.**

Was für erschütternde Schauspiele bietet uns die Weltgeschichte dar! Was für zahllose Opfer an Menschenleben und unberechenbarem Gut sind auf dem rauchenden Altar menschlicher Ehr- und Herrschsucht dargebracht worden! Was ist denn bisher damit ausgerichtet worden? Die Wirksamkeit des Christentums in der Völkerwelt hat nun schon beinahe neunzehn Jahrhunderte lang gedauert. Sind die Völker der Erde, ja, sind auch nur die Völker der Christenheit glücklich und im Frieden? Wer auch im postmillennarischen Lager alles im rosigsten Lichte sähe, wäre doch nicht enthusiastisch genug, den gegenwärtigen Stand der politischen Verhältnisse in der Welt als glorreich, und ihren **Fortbestand für tausend Jahre** als wünschenswert zu bezeichnen.

Hier steigt die Frage vor uns auf: Hat die Erde jemals eine vollkommne Regierungsform gesehen? Ja, einmal, und nur ein einziges Mal in der ganzen Weltgeschichte seit dem Paradies gab es einen vollkommnen, heiligen, unbestechlichen und **unfehlbaren Gesetzgeber und Herrscher, der mit einem irdischen Volke sich in ein Bundesverhältnis einließ.** Aber das einzige Volk, das je den Herrn Zebaoth zu seinem politischen Regenten gehabt, hat Ihn, seine Gesetze, seine Knechte, ja, seinen einigen Sohn verworfen, und ist ein Spott der Heiden geworden, und seine heilige Stadt, die Stadt des großen Königs (Matth. 5, 35), ist bis auf diesen Tag von den Heiden zertreten (Luk. 21, 24). Gott hatte es thatsächlich unternommen, eine vollkommne Regierung auf Erden einzurichten. Die Menschen, sein auserwähltes Volk, haben es, uns zu zeigen was der Mensch ist, vereitelt. Hat Gott den Plan für immer aufgegeben? Nein, Gottes Gaben und Berufung an Israel, das sagt uns der Apostel der Heiden, mögen Ihn nicht gereuen (Röm. 11, 29). Es wird einmal, ja es muß einmal ein vollkommnes unzerstörbares, gerechtes Regiment auf Erden geben. Israel muß (**dazu wird es behalten**) das Haupt unter den Völkern werden (Jer. 31, 7). „Von Zion wird das Gesetz ausgehen und des Herrn Wort von Jerusalem" (Jes. 2, 3).

Alle Erdengeschichte wird ihr Ziel, „Gott in der Geschichte" seine schließliche Rechtfertigung finden **in jenem Reich des Lebens und des Friedens, da sein Wille geschieht auf Erden wie im Himmel.** Die unaufhörlichen Konflikte zwischen irdisch-menschlicher Ungerechtigkeit und ewiger Gerechtigkeit müssen und werden dann ihre schließliche Lösung finden.

Die Erfüllung der Schrift-Weissagungen von einem solchen Friedensreich in einer stufenweisen Entwicklung in der gegenwärtigen Haushaltung vermöge bestehender und in der Gegenwart wirkender Kräfte zu erwarten, ist einfach ungereimt und im grellsten Widerspruch mit deutlichen Schriftaussagen. — Zunächst erklärte Jesus von seiner ersten Erscheinung auf Erden, Er sei „nicht gekommen Frieden zu senden auf Erden, sondern das Schwert" (Matth. 10, 34). Mehr als achtzehn Jahrhunderte voll Krieg und Kriegsgeschrei, besonders in Verbindung mit dem geschichtlichen Lauf des Christentums durch die Welt, und dem Kampf gegen dasselbe, bezeugen die buchstäbliche Erfüllung dieser Aussage.

Zum andern waren die Beziehungen, welche Jesus bei seiner ersten Erscheinung der Weltmacht (Rom) gegenüber aufrecht erhielt, schnurstracks das Gegenteil von dem, was die messianischen Weissagungen erwarten lassen für die Zukunft und Offenbarung seines Reichs.

Drittens wird der Heilige Geist, von dem man postmillennarischerseits ausschließlich die Herstellung eines gerechten Regiments auf Erden erwartet, nirgendwo im Neuen Testament als der Repräsentant des Messias in seiner **königlichen Würde und seinen Herrscherrechten der Welt gegenüber** dargestellt. — Nicht die feindselige Stellung der Weltmächte zu verhüten oder unmöglich zu machen, sondern uns Kraft zu geben, in Hoffnung darunter auszuharren und also die Welt zu überwinden, so wie Jesus that, — **das ist es, was der Heilige Geist wirkt in allen, die wahrhaft gläubig sind.**

Viertens fordert die Annahme, daß der Geist Christi nach und nach die bestehenden Weltmächte kontrollieren und mit christlichen Principien durchdringen werde, mit unabweislicher Notwendigkeit Dinge, deren logische Durchführung die postmillennarische Theorie in den Augen aller geistlich gesinnten Christen absolut unmöglich machen muß. — Es müßten notwendigerweise alle Gesetze und Konstitutionen der Völker zu irgend einer Zeit in Übereinstimmung gebracht werden mit dem Geiste Christi, wie er im Neuen Testament Ausdruck findet, und christliche Grundsätze, um für Regierungszwecke bei sterblichen Menschen verwendbar zu sein, müssen in Statuten verkörpert und ihre Durchführung gesetzlich versichert sein. Um konsequent zu sein, müssen unsre postmillennarischen Brüder nicht nur auf die Anerkennung Gottes in der Konstitution so im allgemeinen hinarbeiten, sondern auf die des fleischgewordnen und gekreuzigten Sohnes, und seines Heiligen Geistes; denn wer den Sohn leugnet, hat auch den Vater nicht. Ferner müssen sie alle bürgerlichen Gesetze und Ordnungen nach Zweck und Geist in Einklang bringen wenigstens mit jener Magna Charta des Himmelreiches, der Bergpredigt. Nun ist es aber eine Thatsache, daß bis auf den heutigen Tag wohl schon verschiedene humanitärische Grundsätze von etlichen Regierungen angenommen und ihren Verfassungen einverleibt worden sind, aber noch nie ein einziges specifisch christliches Princip, z. B. das der Selbst- oder Weltverleugnung.

Von irgend einer Weltmacht die Annahme **echt christlicher** Grundsätze erwarten oder verlangen, würde nichts weniger heißen, als von ihr begehren, daß sie an ihrem eignen Wesen und Bestande — Selbstmord begehe. Denn das innerste Wesen aller Weltmacht ist Selbstsucht.

Nicht allein aber die Gesetze müßten in Einklang

gebracht werden mit dem Geiste Christi, **sondern vor allem die Gesetzgeber und Gesetzvollzieher.** Die vollkommensten Gesetze vollstrecken sich nicht von selbst, und ihre gebührende Vollziehung in Gerechtigkeit und Wahrheit zu sichern, müssen die Beamten notwendigerweise von demselben Geiste durchdrungen sein, wie die Gesetze. Daraus folgt notwendig daß nur echte, heilige Männer voll Glaubens und Heiligen Geistes für alle Beamten- und Machtstellungen auf Erden gesichert werden müssen. Demgemäß müßte die wahre Gemeinde Christi bald mit Ernst daran gehen, sich nicht länger in mißverstandener Demut herunterzuhalten zu dem Niedrigen, sondern allen Ernstes zu trachten nach **einer hohen Stellung in dieser Welt.**

Und sollten wir dann nicht aufhören, unsre römischen Nachbarn länger mit Steinen zu bewerfen und sie zu richten, die doch weiter nichts thun, als eben diesen Grundsatz aufs eifrigste durchzuführen, indem sie behaupten, daß **die Kirche die ausschließliche Autorität besitze, die Erlasserin und Vollstreckerin aller Gesetze für die Menschheit zu sein!** Auch ist in der Durchführung der Theorie, daß eine wirkliche Theokratie auf Erden durch menschliche Instrumentalität zu stande gebracht werden könne, die römische Kirche ganz konsequent, indem sie nicht mit einer **bloß geistlichen** Suprematie und Herrschaft zufrieden ist.

Aber wer kann nicht einsehen, daß keine Gemeinschaft sterblicher Menschen im Fleisch, so heilig, weise und geistlich sie sein mögen, die Aufgabe lösen kann, ein gerechtes Gericht und Regiment in dieser Welt einzuführen und zu behaupten? Ihm allein, der in dem allererst en Kapitel des N. T. genealogisch als der Sohn Davids erwiesen ist, gehört das Regiment über Israel und das Scepter über die Völker (Ps. 2, 6. 8). Er ist der einzig rechtmäßige König der Juden nach dem Bund, den Gott seinem Vater David mit einem Eide bestätigt hat.

Manche Schriftausleger sind allerdings schnell bereit, alles, was der jüdischen Nation und dem geographischen Palästina an Wiederherstellung und Wiederbewohnung unter seinem Knechte David verheißen ist, einfach von ihnen hinweg zu spiritualifieren (— die Flüche läßt man den Juden! —) und alles, was Israel Gutes zugesagt ist, für die Völkerkirche zu beanspruchen. Sie weisen uns an, wo wir von Israels herrlicher Zukunft in den Propheten lesen, einfach die Gemeinde zu setzen. Ein scheinbar harmloses und sehr plausibles Verfahren, aber radikal verkehrt. Die Worte des Apostels der Heiden an die Epheser und Kolosser sollten uns für immer vor einem solchen Mißgriff bewahren. Paulus erklärt in diesen beiden Briefen nachdrücklich, daß dieses Geheimnis (von der neutestamentlichen Berufung der Heiden zu der Gemeinde, „in vorigen Zeiten nicht kund gethan sei den Menschenkindern, als es nun geoffenbart ist seinen heiligen Aposteln und Propheten durch den Geist; sondern, daß es von der Welt her und von den Zeiten her verborgen gewesen ist" (Eph. 3, 3—9; Kol. 1, 26. 27). Alles dieses wäre ungebührliche leere Prahlerei des Apostels, wenn die Sache so einfach und handgreiflich wäre, wie man es uns begreiflich machen will. Wo Israel steht, lies Gemeinde — das ist das ganze „Geheimnis!" sagt man.

Die Hoffnung Israels ist nach der ursprünglichen Gottesverheißung eine zweifache: von dem verheißenen Samen und dem verheißenen Lande. Jener, der verheißene Same, ist im Fleisch erschienen. Die Gemeinde weiß dies durch den Geist Christi, der in ihr ist. Aber weder die Welt noch Israel als Volk hat Ihn bis heute als solchen anerkannt.

Wo ist aber das mit ebenso heiligem Eide zugeschworene Königreich Davids in dem verheißenen Lande? Ohne die ebenso buchstäbliche Erfüllung dieser Seite der Hoffnung Israels, welche Jesus und seine Apostel durchaus zu der ihrigen gemacht und nachdrücklich bestätigt haben, — ist Israels

6*

Ehre unter den Völkern für immer dahin, — Israels Fortbestand ein reichsgeschichtlicher Widerspruch, ein unlösbares Rätsel. Den Thron Davids in den Himmel zu versetzen, ist einfach absurd. Kein Mensch oder Teufel bestreitet oder bezweifelt die Herrschaft des ewigen Wortes im Himmel. Der Kampf ist um die Herrschaft auf Erden. Die Welt wird nie glauben, daß Israel, das verachtete, getretene Israel, den Heiligen als den verheißenen Samen in sich getragen und hervorgebracht hat, bis zu der Heiligkeit des Sohnes Abrahams hinzukommt eine Offenbarung seiner ihm geschworenen Macht als Davids Sohn, die aller Welt kund wird. Ohne ein herrliches, messianisches Reich, eine wiederhergestellte vollkommne und unzerstörbare Gottesherrschaft (Theokratie) mit unbestechlichen Priestern und Königen in dem vom Fluch befreiten verheißenen Lande, wird der Name Israels für immer eine Schmach unter den Heiden bleiben.

Das Millennium wird eine große und allgemeine Heilszeit sein, Israel als Volk wird seinen einst verworfenen Messias anerkennen (Matth. 23, 29; Röm. 11, 26), alle Völker werden das Heil Gottes sehen, die Erde wird voll sein von Erkenntnis der Ehre des Herrn (Jes. 11, 9) und Heiligkeit wird das Gepräge des irdischen Lebens werden (Zach. 14, 20).

In diesem Stücke sind unsre postmillennarischen Brüder am ehesten geneigt, uns alles zuzugeben, was wir erwarten, aber wir sollen die Erfüllung dieser Verheißung nicht durch ein übernatürliches Eingreifen, wie z. B. die sichtbare Erscheinung des Menschensohnes vom Himmel mit seinen auferstandenen und Ihm entgegengerückten Heiligen erwarten. Die Welt, so lehrt man, muß bekehrt und die Erde mit der Erkenntnis der Ehre Gottes erfüllt werden durch die Missionsthätigkeit der unverklärten Kirche in Kraft des Heiligen Geistes.

Handeln andersgesinnte Brüder ganz folgerichtig, wenn

sie alle und jede grundsätzliche Veränderung in der Haushaltung Gottes in Abrede stellen, wenn sie erwarten, daß ein religiöses Millennium thatsächlich in dieser gegenwärtig bestehenden Heilszeit unter jetzt gültigen Bedingungen und Verhältnissen herbeigeführt werden soll? Etwas Neues müßte denn doch auch nach jener Theorie eintreten, um z. B. die Menschen im allgemeinen williger zu machen, die Liebe zur Wahrheit anzunehmen, als sie bisher gewesen sind. Denn noch niemals, solange der Geist der Wahrheit bei der treuen Verkündigung des Evangeliums wirksam war, — noch nie war irgendwo der wahrhaft Wiedergebornen Zahl größer, oder nur entfernt so groß, wie die Zahl der gleichgültigen, halbgläubigen oder direkt ungläubigen Hörer desselben Wortes. Die Menschen liebten stets und lieben heute noch die Finsternis mehr als das Licht.

Wiederum müßte etwas Neues eingeführt werden, um die Gemeinden in ihrer geistlichen Kraft und Fruchtbarkeit zu bewahren. Noch nie, wo immer Gemeinden gegründet wurden, waren dieselben im stande, sich gegen das Eindringen von Weltlichkeit, Verderben und Formalismus zu behaupten. Das Christentum hat auf seinem Gang durch die östliche wie die westliche Welt überall Kirchen hinter sich gelassen, die entweder in starres Formenwesen versunken, oder mehr oder minder verweltlicht und ihrer geistlichen Kraft verlustig gegangen sind. Es ist ein schöner Traum, zu wähnen, daß die eigne Gemeinde gegen diese beharrlichen innewohnenden Mächte der Verderbnis sicher sei, allein es ist weiter nichts als ein Wahn. Alles dies muß wesentlich anders werden, sonst wäre der Fortschritt des Christentums durch die Welt nichts als eine endlose Folge von Aufblühen und Hinwelken.

Wenn nur mit ‚vorhandenen Kräften' gerechnet werden darf, möchte es am Platze sein, diese allgemeine und ausnahmslose Tendenz zur Verderbnis in allem, wobei unverklärte Menschen beteiligt sind, — so mächtig die Erweisungen des Geistes sein mögen — mit in die Rechnung zu ziehen. Ebenso

darf dann doch auch die Macht des Teufels, der zu dieser Zeit
sein Werk in den Kindern des Unglaubens hat, nicht übersehen
werden. Die Kraft des Heiligen Geistes, zu bekehren und zu
heiligen, wunderbar und mächtig wie sie ist, ist durchaus
beschränkt auf diejenigen, die da glauben; während die=
selbe Kraft der Wahrheit unausbleiblich eine Verhärtung des
Herzens bewirkt bei denen, die ihr nicht gehorchen. Es wird
von dem Heiligen Geist nirgendwo ausgesagt, daß Er den
Widerstand eines bewußten, willentlichen und beharrlichen Un=
gehorsams gegen die Wahrheit, wie sie in Jesu ist, — breche,
oder vernichte, oder beseitige. Die Menschen haben, und müs=
sen unter dem Evangelium vollständige Freiheit haben,
die Wahrheit nicht zu glauben, sie zu hassen und zu verfolgen.

Ebenso werden alle gläubigen Bibelleser bereitwilligst
anerkennen die wunderbar hindernde und das Böse beschrän=
kende Macht des Heil. Geistes über die Mächte der Finsternis.
Aber nirgendwo redet die Schrift davon, daß durch diese
Machtwirkung des Heil. Geistes der Böse selbst allmählich
bekehrt, und seine feindselige Stellung sich in eine still unter=
würfige verwandeln werde. Der Teufel hat und muß unter
dem Evangelium volle Freiheit haben, seine eignen Zwecke an
seinen Kindern zu verfolgen. Dies ist wesentlich für die Prü=
fung und Bewährung unsers Glaubens. Man könnte gerade
so gut erwarten, daß die Sonne allmählich den Ocean auftrock=
nen werde, als daß die Macht der evangelischen Wahrheit die
bestehende Gewalt der Finsternis aus der Welt beseitigen oder
neutralisieren, d. h. unschädlich machen werde. Gerade der
helle Lichtglanz der Offenbarungswahrheit ruft die tiefsten
Schatten hervor. Die schwärzesten Verbindungen organisier=
ter Bosheit und Gottlosigkeit erscheinen im Herzen der Chri=
stenheit. Die teuflischsten Grausamkeiten, Martern, Bedrük=
kungen und Verfolgungen sind im Kampf gegen und doch im
Namen des Christentums ersonnen und verübt worden. Die
greulichste, ekelerregendste Unsittlichkeit bricht aus in soge=

nannter christlicher Gesellschaft. Die satanischen Organisationen des Anarchismus und Nihilismus kennt man nur unter sogenannten christlichen und hochcivilisierten Völkern. „Wie viel Gutes auch stets geschaffen wird, bald durch sanitärische Verbesserungen, bald durch industrielle und politische Hebung der Völker, bald durch Förderung des nationalen Schul- und Religionswesens — leider wird fast jeder Fortschritt, jede große Errungenschaft unsers Zeitalters nach und nach ein Hebel des Verderbens; der Geist von unten setzt sich in allem fest, sodaß der riesige Kulturfortschritt unsrer Zeit den Rückschritt in den wahren Lebensgütern zwar nicht begründet, aber beschleunigt."

Dies ist genau, was uns die Weissagungen Christi und seiner inspirierten Apostel erwarten lassen von dem Gang der Weltentwicklung in dieser gegenwärtigen, bösen Zeit. Wie es war in den Tagen Noahs und Lots, also wird es sein, wenn des Menschen Sohn sich offenbaren wird (Luk. 17, 26—30). Nicht glorreiche, sondern greuliche Zeiten werden die letzten dieses Zeitalters sein (2 Tim. 3, 1). Die Ungerechtigkeit und antichristische Feindschaft wird ihren Gipfel erreichen in dem ‚Gesetzlosen,' dem Kind des Verderbens, der mit den Heiligen auf Erden kriegen und sie überwinden, den der ganze Erdkreis anbeten wird (Offb. 13, 7. 8. 14. 15). aber dessen der Herr ein Ende macht durch die Erscheinung seiner Zukunft (2 Thess. 2, 8).

Nein, nicht die fehlbare, sterbliche, irrende Kirche, deren Wissen und Weissagen Stückwerk ist, ist berufen, die Erde zu erfüllen mit der Erkenntnis der Ehre Gottes. Nicht die hinfällige, geteilte und zerstreute Christenheit, die teils durch Mangel an Liebe, teils durch natürliche Unvollkommenheit, teils durch Tod und Grab noch nie im stande war und auch diesseits ihrer Auferstehung nie im stande sein wird, der Welt ihre wunderbare, wahrhaftige Einheit in und mit Christo, ihrem

Haupte, zu erweisen — nicht sie wird die Welt anbetend zu des Erlösers Füßen bringen.

Aber wenn Er erscheinen wird und alle Heiligen mit Ihm, wenn der Bräutigam sich mit der Braut vermählt hat, vollkommen und ganz, die nicht hat Flecken oder Runzeln oder des etwas, sondern heilig und unsträflich (Eph. 5, 27), — wenn das Stückwerk aufhören wird, — wenn **eine Herde und ein Hirt** sein werden (Joh. 10, 16) — dann, und nicht eher, wird unser großer Hoherpriester das Verlangen seiner Seele gestillt sehen, dann werden sie alle eins sein in Ihm und im Vater, — **dann wird die Welt glauben, daß der Vater den Sohn gesandt hat** (Joh. 17, 21).

II. Betrachten wir nun noch in Kürze **den wahren Charakter der Gemeinde in der gegenwärtigen Haushaltung des Trösters — in der Abwesenheit ihres Bräutigams — Christi.**

1. Das Leben des Gläubigen ist *verborgenes Leben*, — ein Leben verborgen mit Christo in Gott (Kol. 3, 2). Johannes erklärt von Gottes Kindern: „Die Welt kennt uns nicht, denn sie kennt Ihn nicht" (1 Joh. 3, 2).

Dieses verborgene Leben des wahren Jüngers Jesu ist so unsäglich köstlich, daß der Versuch, es denen begreiflich zu machen, die es sich nicht aneignen wollen, vergeblich sein muß. Jesus selbst konnte sich der Welt nicht offenbaren wie den Seinigen. Im besondern war sein Auferstehungsleben nur gläubigen Augen sichtbar. Es gehört zum Stand seiner Erniedrigung, sich als den Sohn Gottes zu wissen, und dabei unerkannt zu bleiben von der Welt.

Der natürliche Mensch bringt es zur vollen Entfaltung seines eignen Wesens. Dazu gelangt der geistlich gesinnte Christ in diesem Leben niemals. Selbstoffenbarung ist ein für allemal außer Frage für den wahren Gläubigen. Der Bildungsprozeß muß fortdauern, bis die Auferstehung die herrliche Möglichkeit eines freien, geistigen Schaffens und des vollen, entsprechenden Ausdrucks für die lange verborgene Heiligkeit und Herrlichkeit bringt.

Was für ein Geist ist das nun, der namentlich die großen Kirchen unsrer Zeit so unruhig und ungeduldig macht unter dieser göttlich bestimmten Heimlichkeit ihres wahren Charakters und Lebens? Die Tendenz und ausgesprochene Absicht ist, daß man erkannt und als eine meßbare Größe von der bewundernden Welt mit in die Rechnung genommen wird. Darum macht man mit der Zahl, dem Reichtum, der Bildung, der Stellung und dem Einfluß der Anhänger statistische Parade vor der Welt. Prahlerische Berechnungen eines baldigen Sieges über alle widerstrebenden bösen Mächte werden auf diese Zahlenreihen gebaut. Der Postmillennarismus könnte gar nicht gedeihen, ohne diese Tendenz zu eigenwilliger Demonstration zu nähren; er findet seine Hauptstütze in diesen Zahlenparaden.

2. Das wahre Leben der Gemeinde, wie das ihres Hauptes, ist Leben aus dem Tode. — Der wahre Christ ist der Welt gekreuzigt, und die Welt ihm (Gal. 6 14). Christus ist unser Leben und unser Friede geworden, nicht durch einen allmählichen, friedlichen Entwicklungsprozeß, sondern doch nur dadurch, daß Er „den Bruch herbeiführte durch unerbittliches Herausstellen des unversöhnlichen Gegensatzes" zwischen dem natürlichen Weltleben in uns und dem geistlichen Leben des Reiches Gottes. Abrahams Kinder sollen nicht mit den natürlichen Weltmächten Bündnisse schließen, noch sich auf dasselbe stützen, sondern sich vielmehr von ihnen absondern. Das Evangelium vom Reich soll gepredigt werden, nicht zu dem Zweck, diese gegenwärtige Welt zu verbessern, sondern Menschen aus ihr zu erretten. Es gilt nicht, um das Wohlgefallen und die Bewunderung der Welt zu erwerben, sondern durch Bloßstellung ihrer eingefleischten, teuflischen Tendenzen auch ihren Haß zu ertragen.

Laßt uns daher mit aller Treue die Gläubigen ermahnen, von der Welt auszugehen und sich von ihr abzusondern, indem wir ihnen keineswegs jene falsche und trügerische Hoffnung einer allmählichen Beilegung der tötlichen Feindschaft der Welt gegen Gott vorhalten. Laßt uns der Gemeinde aufs entschiedenste ihre hohe Berufung vorhalten, nachdem sie durch den Glauben diese gegenwärtige arge Welt überwunden, „mit Ihm zu sitzen auf seinem Stuhl, gleichwie Er überwunden hat und ist gesessen mit seinem Vater auf seinem Stuhl" (Offb. 3, 21).

3. Das höchste Vorrecht der Gemeinde in der gegenwärtigen Zeit ist Dienen, Dulden und Sich=Dargeben mit dem, der in die Welt kam, „nicht daß Er sich dienen lasse, sondern daß Er diene" (Matth. 20, 28), „der sich selbst für uns dargegeben hat zum Opfer" (Ephes. 5, 2) und „der durch Leiden mußte vollkommen gemacht werden" (Hebr. 2, 10).

All unsre Hoffnung zukünftiger Herrlichkeit beruht in unserm gegenwärtigen ‚Mit=leiden' (Röm. 8, 17; 2 Tim. 2, 12). Kraft dieser Hoffnung wird das Leben des Christen naturgemäß ein Leben der Selbst= und Weltverleugnung und des stillen Duldens. Wir widerstreben nicht dem Übel.

Als Petrus in natürlicher Liebe und Begeisterung dem Herrn wehren wollte: — „Das widerfahre Dir nur nicht," — daß Du leiden und getötet werden sollst —, da strafte ihn Jesus strenge: „Gehe hinter mich, Satan, denn du meinst nicht, was göttlich, sondern was menschlich ist" (Matth. 16, 23). Man erwartet von uns heutzutage mit allem Ernst und mit Dringlichkeit, daß wir unsre Hoffnung zukünftiger Herrlichkeit nach dem Leiden dieser Zeit vertauschen sollen gegen eine Hoffnung, in welcher dieselbe Zumutung (der Leidensfreiheit) als die erwünschte und bevorstehende Zukunft der Gemeinde in dieser Welt und Zeit ausgesprochen liegt.

Der Postmillennarismus stellt den sterblichen Gläubigen die noch verbotene Frucht der Ehre, Herrlichkeit und Macht im unverklärten Zustande in Aussicht. Dies ist des Versuchers

Taktik von jeher gewesen. Adam nahm selbst im voraus auf des Teufels Anraten, was ihm Gott thatsächlich zugedacht hatte. So ist die Sünde auch jetzt nicht die, daß die Kirche überhaupt gern die Dienstbarkeit und das Leidensleben vertauschen möchte für den Genuß der Herrscherwürde und Stellung, — sondern, daß sie das letztere jetzt schon im voraus haben will. Das war ja gerade der mächtige Kampf im Innern des andern Adam, daß Er in sein Eigentum kam, als Er in diese Welt kam, — und dann doch noch nicht Freude, Ehre, Ruhm und Weltherrschaft an sich nehmen durfte. Darin aber hat Er auch uns den einzig wahren Weg zur Erhebung gezeigt. Es ist durchaus fleischlich und judaistisch, es ist ein schreckhaftes Gemisch von Fleisch und Geist, von Christusleben und Welttod, dieses Millennium kirchlicher Herrlichkeit und Machtstellung diesseits der Verklärung, d. h. der Auferstehung der Gläubigen, dieses Millennium von und mit sterblichen, unverklärten, dem Verderbnis anheimstehenden Gläubigen.

Nein, unser erstes und einziges Streben in dieser Welt muß immer bleiben, ganz unsers Gottes zu werden durch Gehorsam, Heiligung und Selbstverleugnung, da wir alle unzeitige Ehre, Herrlichkeit und Schönheit von der Hand weisen, und keinen Gefallen an uns selber haben.

Also wissen wir, daß, „so wir mit leiden, wir auch mit zur Herrlichkeit erhoben werden" (Röm. 8, 17). „Denn unsre Trübsal, die zeitlich und leicht ist, schafft eine ewige und über alle Maßen wichtige Herrlichkeit, uns, die wir nicht sehen auf das Sichtbare, sondern auf das Unsichtbare. Denn was sichtbar ist, das ist zeitlich, was aber unsichtbar ist, das ist ewig" (2 Kor. 4, 17. 18).

„**Meine Lieben, es ist noch nicht erschienen, was wir sein werden; wir wissen aber, wenn es erscheinen wird, daß wir Ihm gleich sein werden, denn wir werden Ihn sehen, wie Er ist.**" —

5. Die Prophetie und Israel.

Von dem Ehrw. Nathaniel West, D. D., Pastor der Ersten Presbyterianer-Kirche in St. Paul, Minn.

Ich rede von der „Prophetie und Israel." Wir können die Schicksale Israels, der Heiden und der Gemeinde Gottes nicht gehörig erklären, ohne ein richtiges Verständnis von Natur, Bau und Entwicklung der Prophetie nicht nur, sondern auch der Geschichte, wie die heiligen Blätter sie enthüllen. Ein vorgefaßter Ratschluß liegt der ganzen Entwicklung des Gottesreiches zu Grunde, in welchem Israel ein beständiger Faktor bleibt. Die Schicksale des erwählten Volkes entscheiden die der Welt. Die Geschichte selbst ist messianisch. Nichts ereignet sich, weil vorhergesagt, sondern es wird vorhergesagt, weil es vorherbestimmt ist. Große geschichtliche Krisen veranlassen Weissagungen von dem Fall an, bis herab zur endlichen Entfaltung und Vollendung des Reiches Gottes. Die Prophetie ist darum nicht eine menschliche Auslegung der Absichten Gottes, sondern eine Eingebung des Heiligen Geistes, weil Geschichte nicht menschliche Erfindung ist (2 Petri 1, 20; Apg. 15, 18; Pred. 3, 14. 15). Die Schicksale Israels waren, sind und werden genau mit Gottes Ratschluß übereinstimmen, wie Er's geoffenbart hat; noch kann menschliche Auslegung die Schrift brechen oder Gottes Absichten wenden. Nach Anfang, Mittel und Zweck „kommt das Heil von den Juden." Dies zeigt sich besonders bei jedem epochemachenden Knoten der Entwicklung des Reiches Gottes; und zwar nicht nur nach einem bloß natürlichen Gesetz, sondern durch die freie Gnade und Barmherzigkeit Gottes. Sie

allein sind vor allen andren Nationen mit
dieser Sendung an die Welt betraut. Am Schlusse
des mosaischen Zeitalters war Israel die geschichtliche Grund=
lage der neutestamentlichen „Gemeinde." Am Schluß des
gegenwärtigen Zeitalters wird Israel die geschichtliche Grund=
lage des neutestamentlichen ‚Reiches' in seiner äußern sichtba=
ren Herrlichkeit sein. Israel steht in der Prophetie wie in der
Geschichte in einem nationalen Sinn als das auserwählte
Werkzeug der Rettung da, so gewiß wie der Messias das in
persönlichem Sinn ist — jeder ‚ein Sohn Gottes' — und
Israel ist so genau identifiziert mit dem Messias selbst in Lei=
den und Herrlichkeit als der ‚Knecht Jehovahs,' daß es manch=
mal schwer zu entscheiden ist, welcher von beiden gemeint
wird. Levi war nicht mehr und wirklicher in den Lenden
Abrahams, als der Christus in den Lenden Israels war, dessen
krönende Herrlichkeit nach Paulus (Röm. 9, 5), das ist, daß
von ihnen nach dem Fleische Christus herstammt, der über alle
ist, Gott sei gepriesen in Ewigkeit! Amen; eine Erwägung,
die er ernstlich und nachdrücklich empfiehlt, wenn er uns über
das ‚Heute' aufzuklären sucht.

---

1. Das jüdische Geheimnis.

Israel und der Messias, obgleich geschichtlich geschieden,
sind unzertrennlich verbunden als Mittler und Heilsbringer
der Welt, das eine als Volk, der andre als Person, sowohl in
ihrer Erniedrigung als in ihrer Herrlichkeit. Nicht Griechen=
land oder Rom, sondern Israel; nicht Alexander oder Cäsar,
sondern Christus bringt der Welt das Heil. Israels Geschichte
war der Spiegel, in welchem der Messias sein eignes Angesicht
schauen lernte und seine Beziehung zur Welt erkannte. Und
gerade dieser Verbindung in dem einen Erlösungswerk wegen,

„wird dies Geschlecht nicht vergehen," ein Ausdruck auf den, bis die neuere Kritik seine doppelte Bedeutung eingeschränkt hat, die ganze Christenheit „ihren Glauben an die Fortdauer dieser Rasse (Matth. 24, 34) bis zur zweiten Erscheinung Christi seit 1800 Jahren gegründet hat." (Dorner.)

2. Die Entwicklung des Reiches.

Daß Israel schon beim ersten Kommen Christi vorhanden war und den Heiden Heil brachte, das ist kein Einwand gegen das Gesagte. Eine weitere herrlichere Berufung der Völker ist noch zukünftig, bei der Israel wieder als nationaler Leiter und Licht der Welt erglänzen wird. Hierauf kommt es bei der spätern Vollführung der unerfüllten Prophetie an. Nach dem weltumfassenden Ratschluß Gottes wird sein Reich aus der Absicht Jehovahs herausgeboren, und nach dieser Absicht Gottes sind auch die Zeiten und Gelegenheiten, die Zeitalter und Endzwecke vorherbestimmt, beginnen, laufen fort und vollenden sich. Das Reich ist mehr als die Gemeinde. Es ist unermeßlich größer. In der Geschichte wird eine immer größere Bewegung aus der andern entfaltet; das Reich ist seinen Grundzügen nach immer das gleiche, ewig in seiner Substanz, in seiner Entfaltung beschränkt und zeitlich, oder, wie Kitto es treffend ausgedrückt hat, „seiner Essenz nach eins, seinen Umständen nach mehrere;" sich zu größern Kreisen immer erweiternd, immer höher sich in seinem Fortschritt erhebend, bald Ebbe, bald Flut, wie das Meer steigt und fällt; vor- und rückwärts schwellend, wie die Wogen sich am Ufer brechen, aber doch für die höchste Höhe bestimmt; jede folgende Gestalt erhabener, reiner wie die vorhergehende; ob befleckt durch Menschen, erneuert durch Fortschritt von Gott; eine Haushaltung weicht der andern; jedes Stadium ein Spiegel für das nächste,

aber doch in verschiedenem Grade, und alle Pfand für eine
überaus herrliche Vollendung; das Ganze sich von innen nach
außen entfaltend und durch Zuwachs mehrend, vorwärts und
aufwärts schreitend durch Gerichte und Barmherzigkeiten,
durch Gesetze regiert und durch Katastrophen formiert, fort=
dauernd unter Auflösungen und Neugestaltungen, jeder Puls=
schlag mächtiger, Bewegung von Zeitalter zu Zeitalter korre=
spondierend mit denen des einen ewigen Ratschlusses Gottes,
und hinaufsteigend zur absoluten Vollkommenheit und ewigen
Herrlichkeit. Eine göttliche Urheberschaft durchdringt alles.
Israel, das in vergangenen Jahrhunderten vornan stand, wird
wieder vorausgehen. Die ‚Ersten,‘ die um des Unglaubens
willen die ‚Letzten‘ wurden, werden diejenigen ‚Letzten‘ werden,
welche durch Glauben die ‚Ersten‘ geworden sind. Der trotzende
ältere Sohn, der, nach dem Gleichnis, schmollend draußen steht,
wird hereinkommen und mit Freuden im Reiche Gottes tanzen,
während verwunderte Völker staunen und seinen Schritt und
Walzer mit Freuden lernen und anbeten.

Die Enthüllung des göttlichen Ratschlusses in der Pro=
phetie geschieht nach Gesetzen; beugt sich ihnen der ‚Seher,‘
so sieht er oftmals den nähern und fernern Gesichtskreis sich
verschmelzen in einen, und Israel das als die Hauptfigur der
Welt Heil bringt. Ereignisse und Auftritte, die einander fern
zu liegen bestimmt sind, scheinen wie die Berge in einer Land=
schaft, oder wie Doppelsterne nahe bei einander zu sein, obwohl
sie durch Tiefen unermeßlichen Blaues getrennt sind. Die
prophetischen Ausdrücke sind so formiert, daß sie eine ganze Reihe
von geschichtlichen Folgen oder getrennte Erfüllungen ein=
schließen. Die Prophetie umfaßt in einem glühenden Gemälde
die ganze Zukunft; deren Ereignisse zu ihrer Verwirklichung
fortschreitende Ordnung und Reihenfolge der Zeit nach erhei=
schen. „Zeit und Raum" verschwinden in der großartigen
Beschreibung. Nur durch eine spätere Offenbarung derselben,
aber genauer bestimmten und mit andren verbundenen Ereig=

nisse, die erst nicht erwähnt waren, und durch schon Geschehenes und Verzeichnetes können diese Gesetze entdeckt werden. Nur so können wir die Zeiten und Stunden, die Zeitalter und die Zwecke verstehen und ordnen, und die Zukunft in ihrer wahren Beziehung erblicken. Nur so können wir den absoluten von dem verhältnismäßigen Zweck unterscheiden, den nahen von dem fernen Gesichtskreis, die erste von der zweiten Erscheinung des Messias; den wahren Umfang des Gesichtes ermessen, und die Gestaltung und Einstimmigkeit der Prophetie und der Geschichte verstehen. Manches, das bei der ersten Erscheinung fällig schien, wird man als zur zweiten gehörig erkennen und manches, das zur zweiten zu gehören scheint, wird, als einer spätern Epoche oder Zeitalter bestimmt, erkannt werden. Nach den Worten eines Mannes, der hierüber zu reden berechtigt ist: „Die spätern Bücher der Schrift müssen die erstern aufschließen, denn die Offenbarung ist eine einheitliche, übereinstimmende. Was im Alten Testament allgemein und unbestimmt ist, muß durch das Neue geordnet und erklärt werden. Die Zukunft ist in der Prophetie oftmals in zusammengesetzter Weise dargelegt, nach der mehr auf das letzte Ende als auf nähere Beschreibung der einzelnen Ereignisse und Zwischenfälle gesehen wird. Das ‚Hüben und Drüben' wird im göttlichen Lichte in einem Blick wahrgenommen, gleichwie wir die Sterne am Firmament schauen und ihre Entfernung von einander uns unerkennbar bleibt. Im Alten Testament wird das Werk Gottes als ein Ganzes angesehen, ohne daß das Endgericht von dazwischen fallenden Gerichten unterschieden wird; oder das absolute Ende von vorhergehenden verhältnismäßigen einzelnen Enden. Die teilweise Erfüllung der Prophetie ist nicht nur in ihrem zusammengesetzten und zur Vollendung gehörigen Charakter begründet, sondern auch darin, daß sie oft von einem Gegenstand unter einem allgemeinen Sammelnamen handelt, unter dem aber eine ganze Reihe von Ereignissen zusammengefaßt werden, die nach Zeit und Raum getrennt sind. Der Gegenstand ist eine Gattung, die Einzelheiten müssen verteilt werden. So bedeutet der ‚Same Abrahams' Israel als Volk, und Christus als Person." (Delitzsch.) Dieses Gesetz giebt uns helles Licht zum Verständnis des prophetischen Wortes.

Teilweise erfüllte Weissagungen erfordern für ihren übrigen unerfüllten Teil eine großartigere Verwirklichung als vorher geschehen, während eine wahre Auslegung zu ihrer vollen Befriedigung auf die Geschichte wartet. Der Pfingsttag erschöpfte Joels Weissagung nicht; noch thaten die makkabäischen Zeiten das mit denen Daniels; noch hat die Zerstörung Jerusalems die Worte des Herrn Jesu erschöpft. Israels Geschichte hat noch nicht erfüllt das ihm bestimmte Erhabene, Großartige; noch hat die Erscheinung des Herrn vor 1800 Jahren in Zion Jesaias' Weissagung erschöpft. So hat die Prophetie eine ‚keimartige Erfüllung,' oder noch schöner, wie Delitzsch sagt: „Gott hat ihr Flügel gegeben, mit denen sie in demselben Ausdruck von einem Ereignis nach einem ferner liegenden (großartigern) fliegt." Wir reden von einem ‚Sprung,' einem ‚Übergang,' von ‚Lücken,' von ‚Zwischenfällen,' von ‚doppelten Prophezeiungen." Wir meinen, daß die Prophetie eine vorläufige Erfüllung bekommt, und daß aus der Ferne, am Schluß des nähern Zeitalters gesehene Vorfälle, Vorbilder von ähnlichen, aber viel herrlichern sind, die am Schluß des nächsten Zeitalters, oder noch später, eintreten werden. „Alle Weissagung der Schrift ist vielseitig und zielt auf immer Ferneres, Großartigeres." Sie zielt immer auf das äußerste Ende und faßt doch alle dazwischen liegenden Erfüllungen in sich. Dies ist ein Gesetz, das nicht einmal durch prophetische Zeitrechnung beschränkt ist.

Im Lichte dieses Gesetzes sowohl als auch nach ausdrücklicher Bezeichnung sehen wir, daß mit ‚Israel' nicht die neutestamentliche ‚Gemeinde' bezeichnet ist, noch die Christenheit mit ‚Kanaan'. In diesem Lichte sowohl als durch andres erkennen wir, daß die Entfaltung und Entwicklung der alttestamentlichen

Reichslehre von den letzten Dingen, „was nach diesem geschehen soll," sich über die ganze neutestamentliche Zeit erstreckt; in der jedes Ende sich zu einem Zeitalter entfaltet, bedingt durch eine Zukunft des Sohnes Gottes, mit Israel im Vordergrund. Im Lichte dieses Gesetzes sowohl wie aus andrem sehen wir auch den bezeichnenden Unterschied zwischen unsrer gegenwärtigen ‚Zeit der Heiden' und der zukünftigen ‚Zeit Israels' im Reiche, wenn die Tage der ‚Erquickung' und der ‚Wiederaufrichtung' von ‚dem Angesichte des Herrn' kommen, und Israel noch einmal geoffenbart werden sollen, Zeiten des Millenniums, wenn nach dem Gericht über unsre Zeit, nationales und allgemeines Christentum durch allgemeine Anerkennung des Messias, durch die jüdische Nation über alle Welt kommen wird. Dies ist der göttliche Ratschluß. Er strahlt wie Sonnenlicht in dem hellen prophetischen Wort, klar wie Krystall in Gedanken Christi, herrlich glänzt Er in der Pracht der letzten Offenbarung. Des Neuen Testaments „basileia" kann nie in all seiner irdischen Herrlichkeit kommen, außer mit der Bekehrung Israels; und dieses große Werk kann nie ohne Christi zweite Erscheinung geschehen (Apg. 3; 19—21; Röm. 11, 26; Offb. 12, 10; 15, 3. 4; 19, 11—21).

3. Das entgegengesetzte Auslegungssystem.

Ich werde erinnert, daß zwei entgegengesetzte Weisen der Auslegung gegen einander auftreten. Die bildliche oder vergeistigende Auffassung der alttestamentlichen Weissagung in betreff Israels geht von der Annahme aus, daß dies Volk als solches für immer verstoßen sei und daß die Gemeinde aus den Heiden, oder die neutestamentliche Gemeinde, die Stelle Israels im Reiche Gottes eingenommen habe. Nach dieser Anschauung wären alle Israel gegebenen Verheißungen im

Christentum erfüllt. Eine Zukunft für Israel, als ein zu Christo bekehrtes Volk, sei nur ein fanatischer Traum. Ihre einzige Zukunft bestehe darin, daß sie vereinzelt, persönlich, in die eine oder andre christliche Benennung aufgenommen und so absorbiert werden würden.

Dieser gegenüber steht die ‚realistische‘ Auffassung. Sie wird so genannt, weil sie die auf Israel bezüglichen Weissagungen und Verheißungen als Realitäten im wörtlichen Sinne und nicht als bloße bildliche Reden, oder als abstrakte geistliche Wahrheiten ansieht, die in das vergängliche Kleid morgenländischer Bildersprache oder jüdischer Ausmalerei eingehüllt sind. Sie wendet allerdings die Weissagungen auch auf die neutestamentliche Gemeinde an, jedoch nur insoweit als diese etwas mit Israel gemein hat, während sie dasjenige, was sich auf Israel allein und als Nation, als besonderes und erwähltes Volk bezieht, das zu einer herrlichen Bestimmung erhalten wird, auch nicht durch einseitige Auslegung vergeistigt und verdunstet haben will. Sie behauptet für Israels Zukunft sowohl als für dessen Vergangenheit den geschichtlichen Sinn der Prophetie und das mütterliche Recht zu einer grammatisch-geschichtlichen Auslegung, herrschenden Lehrbegriffen gegenüber. Dieser Auffassungsweise stimme ich von ganzem Herzen bei.

Für 300 Jahre hielt der herrschende Glaube der ersten Gemeinde, mit nur vereinzelten Ausnahmen, an einem herrlichen sichtbaren Gottesreiche auf Erden fest, mit Jerusalem als seinem Hauptsitz, das nach dieser Zeit und vor der endlichen ‚Wiederherstellung aller Dinge‘ errichtet werden wird durch die zweite Erscheinung des Menschensohnes, wie alle Propheten, Christus und die Apostel vorherverkündet haben. Hätte man an diesem apostolischen Glauben festgehalten, so hätte man den Schlüssel zum Verständnis der alttestamentlichen Verheißungen für Israel nicht verloren, noch auch den zu des Herrn Rede auf dem Ölberg, noch auch den zur Offenbarung Johannis. Israels Verhältnis zu der Gemeinde und zu den Heiden ist dieser Schlüssel.

Es ist unmöglich und unbegreiflich, daß der Herr oder der Heilige Geist, in ihrer Enthüllung der Zukunft des Reiches Gottes auf Erden, vergessen oder versäumt haben sollten zu wiederholen, was in allen frühern Weissagungen so klar und deutlich über die noch unerreichte Bestimmung des erwählten Volkes gesagt ist. Eine gangbare andre Auslegung bezeichnet jedoch das vierte Jahrhundert — eine für die Wahrheit ungeheuer verderbliche Erklärungsweise, deren durchdringender verderblicher Sauerteig bereits die Gemeinde zu durchsäuern angefangen hatte. Nicht nur einer fleischlichen Auffassung des kommenden Reiches, sondern auch einer groben Judaisierung durch unwissende Männer, die hinsichtlich der geistlichen Natur des Gottesreiches blind waren, war diese Umwandlung der Anschauung gefolgt. Noch viel mehr aber entstand sie aus einer schwungreichen, verheidnischenden Auslegung der Gemeinde aus den Heiden selbst.

Fünf ungünstige Einflüsse halfen diesen Umschwung herbeiführen: 1. die weltliche Oberherrschaft des Christentums im römischen Reiche, die nach der Thronbesteigung Konstantins durch die Vereinigung von Staat und Kirche herbeigeführt und wobei die Verheißungen von Israels Zukunft auf die Kirche des vierten Jahrhunderts angewandt und ihr zugeeignet wurden, die damals keine Märtyrer auf Scheiterhaufen sah. 2. Die falsche Auslegung der Offenbarung Johannes, welche das Ende des Buchs zu seinem Anfang machte, die mit der Sonne bekleidete (Offb. 12, 1—6) Tochter Zions als die christliche Gemeinde der gegenwärtigen Zeit ansah, und Israels Bekehrung, wobei Michael zu dessen Rettung auftritt, in die Siege Konstantins von Saxa Rubra und der Milvianischen Brücke verkehrte (Offb. 12, 7—11; Dan. 12, 1—3). 3. Der Einfluß der alexandrinischen philosophischen Grübeleien über die Auslegung der Bibel; 4. der zunehmende Hochmut der römischen hierarchischen Ansprüche; und 5. die Verachtung des als unter dem Fluch bekannten, aus seinem Lande vertriebenen, von der

Menschheit gehaßten Juden. Unter solchen Einflüssen gebrandmarkt, wurde der frühere wahre Märtyrerglaube zur Ketzerei gestempelt, und der gegenwärtige falsche Glaube der Staatskirche als der richtige, wahre bezeichnet; und die aufgeblähte, heidnische Roma verteidigte ihn fort und fort bis herab zur großen Reformation.

Durch ein doppeltes Kunststück wurde Israel von seinem Anteil an der kommenden Herrlichkeit des Reiches ausgeschlossen: 1. durch Verwechselung des Gegenstands der Prophetie und 2. durch Verwechselung ihres Inhalts. An Israels Stelle setzte man die ‚Kirche' durch eine vergeistigende Verwischung des Unterschieds zwischen dem was beiden angehört und dem was jedem eigentümlich ist. Statt einer wörtlichen Erklärung der Israel verheißenen Segnungen nahm man eine geistliche an und schrieb sie der Kirche zu; aber der Fluch blieb auf Israel liegen. Mit heiliger Entrüstung fragt der begabte Gelehrte Da Costa: „Wer hat uns berechtigt, bei der Betrachtung der buchstäblichen Gerichte über Israel auf einmal andre Grundsätze der Auslegung aufzustellen, wenn es sich um verheißene Segnungen für Israel handelt? Wer hat uns berechtigt zu einer willkürlichen Exegese, die Gottes Verheißungen auf die Christenheit und die Heiden anwendet, wo doch die Gerichte offenbar sich nicht auf dieselben beziehen können?" Noch giebt es ein wahreres Wort als das, welches der fromme Michael Baumgarten, ein Fürst unter den Gelehrten, gesagt hat: „Die Umtriebe, durch welche die Verheißungen in betreff des Reiches und Volkes weg erklärt werden, als ob sie sich nur auf ein bloß geistliches Reich der Heiligen bezögen, waren den Aposteln ganz fremd." So wurde Israel im Namen der Auslegekunst geplündert und beraubt durch ein Millennium des vierten Jahrhunderts, während ein ungetaufter Heide auf dem Thron saß!

Ja, noch mehr. „Ein halb arianischer Eusebius unterhielt die kaiserliche Tafelgesellschaft mit Vergleichungen, ob nicht der Speisesaal des Kaisers, als des zweiten Salomo, doch noch das neue Jerusalem sei, das Johannes in der Offenbarung beschreibt!" (Harnack.) Alexandria und Origenes, Rom und Konstantin, den nach=nicäischen Vätern, mittelalterlichen Doktoren, einer Staatskirche und einem spätern aufgeblähten Heidenchristentum hat es ‚Jakob‘ zu verdanken, daß die dunkle Wolke seine Hoffnung aus dem Bekenntnis der Kirche ausge= tilgt und verhüllt hat. Noch konnte Gottes Volk je zu seiner berechtigten Anerkennung im Bekenntnis der Kirche gelangen, außer durch eine Umwandlung der falschen Ansicht und eine Rückkehr zur wahren Auslegung der alttestamentlichen Prophe= zeiungen; ein Umschwung, der zuerst unter Spener, Crusius und Bengel und ihrer Schule in dem Zeitalter stattfand, wel= ches der großen, aber nur teilweisen Feststellung der Lehrbegriffe folgte, die aus der Reformation entsprang. Durch die seit damals wirksamen Kräfte werden wir heutzutage belebt und gestützt.

4. Das geheimnisvolle Verhältnis der Juden.

Um uns gegen die voraussichtliche Verkehrung der Gottes= sprüche in betreff Israels zu verwahren, schrieb Paulus Römer 9, 10 und 11. Diese Kapitel sind eine Philosophie der Ge= schichte, und der Gottesverteidigung dazu; eine Verteidigung der Tiefen von Gottes unergründlichen Gerichten der nationa= len Verwerfung Israels, der Berufung der Heiden, der zukünf= tigen Wiederherstellung Israels zum Glauben an Christum, der erhebenden Wirkung dieses Ereignisses auf die Welt bei der Wiederkunft des Herrn und unter der Macht eines zweiten Pfingsttages. Er tritt in die Fußstapfen aller Propheten. Mit dem achten Kapitel war der belehrende Teil der Epistel abgeschlossen. Das nun zu lösende Rätsel war dieses: Waren die Verheißungen Abraham und seinem Samen gegeben, warum hat denn das zwölfstämmige Israel das Heil verfehlt und warum ist das Evangelium auf die Heiden übertragen worden? Ist Gottes Bund in betreff des Volkes, des Landes und des Reiches zu nichts geworden? Paulus betrachtet Israel als gänzlich abgefallen und Jerusalems Urteil als vor der Thür. Er betrachtet das Gericht über die Nation und ihre Zerstreuung, die der Herr vorhergesagt, als schon hereingebrochen. Für ihn hat Israel als Nation jetzt keinen Anteil am Reiche Gottes, sondern ist unter die Völker verstoßen und gekreuzigt, ja ins Grab gelegt. Die brennende Frage ist, ob das gegenwärtige Verhältnis Israels zum Reiche Gottes immer so bleiben soll?

Ist der mit Abraham gemachte Bund der Verheißung auf Bedingungen gestellt, wie der Bund des Gesetzes, der unter Moses hinzugefügt wurde, oder ist er absolut und für immer bedingungslos, aus souveräner Gnade und freiem Erbarmen — ein Bund, den auch selbst Israels nationaler Abfall nicht ungültig machen kann? Sind die Juden Moses' oder Abrahams Kinder? Hat Gott sie als Personen oder als Volk verstoßen? Nur für eine Zeitlang oder für immer? Sind sie auf immer gefallen?

Die berühmten ‚drei Kapitel' enthalten die erhabene Antwort auf diese Fragen. Und wie großartig ist die Lösung des tiefen Geheimnisses! Paulus sagt der Gemeinde aus den Heiden zu Rom:

1. Daß, da die Verheißungen dem Glauben gegeben sind, und die Gerechtigkeit aus dem Glauben ist, und nicht aus den Werken des Gesetzes: so ist das gläubige Israel das wahre und der Erbe der Gnade Gottes; und das ungläubige Israel, dem der gekreuzigte Christus ein Stein des Anstoßes war, ist als Volk verstoßen. Das Geheimnis dieser Verstoßung wird durch Israels Unglauben erklärt und begründet.

2. Daß dieses Ausstoßen des Volkes aus ihrer Stadt, ihrem Tempel, Land und allen ihren Vorrechten als Gottes erwähltes

Volk; dieses Entziehen des Reiches in seiner geistlichen Macht und dessen Übertragung auf ein andres Volk, das seine Früchte bringt, nur ein zeitweiliges ist. Obgleich also Israel für seinen Abfall gestraft ist, so ist es doch nicht für immer von Gottes Bund verstoßen. Selbst in ihrem Unglauben sind sie noch Gottes Volk; und in ihrem Elend sind sie Ihm ‚um der Väter willen' noch teuer und wert. Gottes Bund mit Abraham ist aus lauter Gnaden, und ist deshalb unbedingt. Das nebeneingekommne Gesetz soll uns zum Bewußtsein bringen, daß unsre Werke uns nicht retten können und soll zu Christo treiben.

Es ist wahr, Israel, als ein Volk, kreuzigte den Heiland und tötete den Fürsten des Lebens, den Gott auferweckt hat. „Die Wahl" aber fand das große Heil; die Übrigen (die Nation) wurden verblendet. Aber trotzdem ist ihre Verwerfung nur zeitweilig; und „die Ordnungen des Himmels sollen noch eher fehlen, als Israel aufhören soll ein Volk vor Gott zu sein" (Jer. 31, 35—40). Seine geschichtliche Mission als für alle Völker heilbringendes Volk ist nur zurückgedrängt, aber nicht aufgehoben, sondern wird wieder fortgesetzt. Israel kann nie als ein Volk in andern Völkern aufgehen, noch kann es sein Recht der Erstgeburt im Reiche Gottes einbüßen. Das zeitweilige Abschneiden der „natürlichen Zweige von ihrem eignen Ölbaum" dauert nur bis „der Heiden Zeit erfüllt ist." Dann wird Jerusalem nicht mehr von den Heiden unter die Füße getreten werden wie jetzt. Dann wird ganz Israel — Israel als ein Ganzes, als ein Volk handelnd, gerettet werden.

3. Daß Unwissenheit hinsichtlich dieses Geheimnisses die Gemeinde sich aufzublasen veranlaßt — eine Aufblähung, die durch falsche Weisheit, Stolz und heidnisches Prahlen entsteht; ein Hochmut, der Gottes Wort so auslegt, daß es genau dasjenige meine, was es nicht bedeutet: daß die Kirche, wie sie jetzt besteht, in Israels Stelle eingetreten sei und bleibe, und

Israel keine andre Zukunft im Reiche Gottes haben werde, als Ismael und Ham, und Jerusalem nichts andres, oder nicht einmal soviel, darin bevorstehe als Paris oder Berlin, Rom oder Athen, Chicago oder New York, das ist gewiß. Der Geruch dieses Hochmuts war schon in der Luft, als Paulus seine berühmten ‚drei Kapitel' an die auf ‚sieben Hügeln' sitzende Roma schrieb. Seine ersten Keime sproßten schon in den klassischen heidnischen Städten der römischen Welt, wo christliche Gemeinden gepflanzt waren. Zeichen waren schon da, von der sich verbreitenden Verdunkelung des Verständnisses, wodurch die ganze Christenheit bald die Prophezeiungen in betreff Israels und dessen besonderer Zukunft sich selbst aneignen und der Welt sagen werde, daß nun alles in der christlichen Kirche erfüllt sei. Derselbe Apostel, der triumphierend behauptet und beweist, daß Gläubige aus den Heiden sowohl wie aus den Juden Abrahams geistlicher Same sind, der erhebt auch seinen feurigen Protest gegen die falschen Schlüsse, die man aus dieser großen Wahrheit zieht.

4. Er versichert Rom und mit ihr die ganze Christenheit, daß die Zeit kommt, in der die Stunde zu Israels Wiederherstellung schlagen wird, und daß die Wirkung seiner Aufnahme ins Reich Gottes ihre nationale Rettung für die Völker sein, und daß dieses Ereignis gerade das sein wird, als was Christus (Luk. 13, 35) und Petrus (Apg. 3, 19—21) es bezeichnet haben, und die Zeit desselben bei Christi zweiter Zukunft, wenn der Erlöser nach Zion kommen und die Ungerechtigkeit von Jakob wegnehmen wird (Röm. 11, 26; Jes. 59, 20). Dieses sind Texte, die von Hunderten von Auslegern vermieden werden, die dieselben nicht auf ihre Ansichten von Christi Wiederkunft am Ende des Millenniums anwenden können. Der Apostel nimmt die wörtliche Realität des prophetischen Wortes über Israel an und summiert es in einer freien Anführung auf. Er stellt seinen Beweis fest und begründet ihn dann durch Berufung auf Gottes freien unbedingten Gnaden=

bund mit Abraham, wie derselbe von Jesaias, Jeremias und den andren Propheten ausgelegt wird. Er verweist auf alles was er dem gläubigen Samen Abrahams nach dem Fleische sichert, und er behauptet, daß nichts, nicht einmal Israels Abfall, den Bund aufheben oder irgendwie die Verheißung der Barmherzigkeit und unvergleichbaren Gnade vernichten könnte. Denn „Gottes Gaben und Berufungen an das Volk mögen Ihn nicht gereuen" (Röm. 11, 29). Die Gabe des Landes, ja die Gabe der Welt, die Berufung zu einer Sendung und Mittlerschaft an die Völker und eines fürstlichen und priesterlichen Thrones, sind alle unwiderruflich. Hierauf ruht sein Beweis. Gottes Bund ist ein unwiderruflicher Ratschluß.

5. Er wendet sich an Rom und durch sie an die ganze Christenheit: „Rühmt euch nicht gegen die abgebrochenen Zweige!" Diese Warnung an Rom — ist sie nicht von wunderbarer Vorbedeutung auf ihre spätern Prahlereien von ihrem ‚Supremat als Mutterkirche,' ihre Selbsterhebung, Stolz, Abgötterei, und ihren pharisäischen Formalismus? „Rühmt" euch nicht! Denkt nicht, daß ihr Israels Platz eingenommen habt. „Blindheit eines Teils" mag auch euch widerfahren! Dünkt euch nicht weise zu sein! Tröstet euch nicht mit dem Gedanken, daß die Zweige abgebrochen wurden, damit ihr eingepfropft werden möchtet. Das Gericht kam um ihres Unglaubens willen über sie, und du stehst durch den Glauben. Gieb acht! „Sei nicht stolz, sondern fürchte dich!" Denn „hat Gott der natürlichen Zweige nicht verschont, daß Er vielleicht deiner auch nicht verschone!" Du könntest auch eine ‚Babylon die Große' werden! Gegen die Natur wurden deine Ölzweige in einen fremden Ölbaum eingesetzt; wieviel mehr denn mag Gott die natürlichen Zweige wieder in ihren eignen Ölbaum einsetzen! Herunter in den Staub mit deinem stolzen Kopf! Deine zahlenstrotzenden Statistiken und dein mächtiges Reich stellen dich nicht als rein von tiefem Verderben dar!

Deine fleischliche Karikatur des Reiches Gottes vor der

Zeit, wo Israel noch als Bettler vor deiner Thür liegt, mag zerschmettert werden unter einem Schlag des Gerichts, so schwer wie der über Jerusalem. Mit all deiner Ausbreitung unter den Völkern eilen 19 Jahrhunderte dahin, ohne daß ein einziges Volk der Erde Christum als König anerkennt. Tausend Millionen werden also seinen Namen nicht gehört haben. Und in deinem Busen erheben Gesetzlosigkeit und Unglaube ihr schauerliches Angesicht und reifen dich für die Kelter des Zornes Gottes! Für dieselben Verbrechen, für die Jerusalem geschlagen wurde, magst auch du gestraft werden, wenn der ‚ohne Hände herabgekommne Stein' deine christlichen Zehen zerschlagen wird. Wenn bei Christi erstem Kommen die heilige Stadt von den Heiden zertreten wurde, und Rom als der Hauptsitz des Heidenchristentums sich erhob: so mag's geschehen, daß bei der Wiederkunft des Herrn Rom fallen und Jerusalem sich erheben und erglänzen wird als eine „Krone der Herrlichkeit in der Hand des Herrn, und ein königliches Diadem in der Hand ihres Gottes." (Siehe Offb. 17 und 18, und Jes. 60—62). So wendet sich der große Heidenapostel an die Heidenchristen, sie vor dem kommenden Gericht zu warnen und seine Beweisführung aufzustellen — eine solche, die in den Blättern der Offenbarung Johannes brennt und glüht.

5. Erhabene, großartige Folgen von Israels Bekehrung!

Die Wirkung seiner Wiederberufung zu den Bundessegnungen ist nichts Geringeres als „Leben aus den Toten bringen!" Ist ihr Fall der Welt Reichtum und ihre Verminderung der Heiden Bereicherung — wieviel mehr wird ihre Fülle größere und reichere Segnungen bringen? Hier ist ein Höhepunkt. Es ist eine Beweisführung vom Kleinen zum Großen: Israels Verminderung zu zwölf Aposteln und 120 Jüngern hat der Welt Versöhnung gebracht, uns das Christentum gegeben, und den Himmel mit unzähligen Seelen angefüllt: was wird das wiederhergestellte Israel — die Fülle Israels, ‚ganz Israel‘ zu Christo bekehrt — nicht erst ausrichten? Andre Völker haben nur eine kirchengeschichtliche Mission. Israel allein ist der Heilsbringer für die Welt. Was dieser größere Segen ist, darüber brauchen wir nicht unklar zu bleiben. Es ist nicht nur die Prachtherrlichkeit der Gemeinde, mit Gnadengaben umgürtet. Es ist ‚Leben aus den Toten‘ gewonnen! Es ist der Anfang der Verherrlichung unsrer Welt, Leben im vollsten, weitesten, tiefsten, höchsten Sinne des Wortes! Es ist nichts Geringeres als eine Auferstehung von den Toten. Paulus, Beweisführung ist ein merkwürdiger, höchst wunderbarer Vergleich. Er vergleicht die zwei großen Stadien persönlicher Errettung und die zwei Stadien der Errettung der Welt. Die Analogie zwischen Christi Werk und dem Israels ist am auffallendsten. Das Gesetz der Entwicklung ist in bei den Fällen identisch, die Erscheinungen und Auftritte analog, die Stadien entsprechen einander wie das Bild im Wasser dem Angesicht. Hinsichtlich persönlicher Rettung argumentiert Paulus (Röm. 5, 10), daß, so wir mit Gott versöhnt sind durch den Tod seines Sohnes, „da wir noch Feinde waren, so werden wir je vielmehr behalten werden durch sein Leben,“ d. h. durch seine Auferstehung. Auf Grund dieser Thatsache sagt Christus von dem Gläubigen: „Ich werde ihn auferwecken am jüngsten Tage“ (Joh. 6, 54). Der Tod Christi bringt den Menschen die Versöhnung, und die Auferstehung Christi bringt Leben und Errettung aus der Gewalt des Todes am Tage des Gerichts.

In Röm. 11, wo Paulus von der Rettung der Welt durch Israel redet, schließt er: „Wenn Israels Verwerfung der Welt Versöhnung ist, was wird das Gegenteil davon, ihre Wiederannahme, sein als Leben von den Toten, gerade wie mit der Auferstehung Christi. Gerade wie Christi Auferstehung den Menschen neues Leben gebracht hat, so wird Israels Auferstehung den Völkern der Welt neues Leben bringen. Es ist einfach die weitere Entfaltung des großen Gedankens in der Predigt des

Petrus am Pfingstfeste von den „Zeiten der Erquickung von dem Angesichte des Herrn" (Apg. 3, 19—21). Delitzsch, Hofmann, Luthardt, Volck, Meyer, Koch und Christiani haben alle es herrlich erklärt. Wer sieht nicht, wie die Stadien der nationalen, denen der persönlichen Errettung entsprechen, die von Israels nationaler Mission der von Christi persönlicher?

Da, als die Völker Gottes Feinde waren, die Versöhnung ihnen durch Israels Tod zuteil wurde, oder durch dessen Verstoßung, so werden sie, nachdem sie versöhnt sind, durch Israels Leben in der Zeit des Nationalgerichts am Ende dieses Zeitalters erhalten werden. Dies ist der Höhepunkt in des Apostels Beweisführung, die ganze Beredsamkeit seiner tiefen Einsicht in Gottes Wege. Die Notwendigkeit der Auferstehung Israels ist nicht nur begründet in Gottes Bund mit diesem Volke, sondern der Zustand der Christenheit am Schlusse dieses Zeitalters erfordert sie; selbst nachdem das Evangelium zu den Völkern gebracht ist. Es werden dann größere und mehr Segnungen als die ‚Versöhnung' durch den Tod über die Welt kommen. Es wird Leben durch die Auferstehung, ‚Leben aus den Toten,' das Kommen ‚der ersten Auferstehung,' des sichtbaren Reiches der Herrlichkeit auf Erden sein; aber doch nicht ohne vorhergehende, so große Trübsal, als nicht gewesen ist von der Welt her (Dan. 12, 1—3). Die Besprechung in Röm. 5, 10 bezieht sich auf Personen; die in Röm. 11, 15 auf Völker, und sagt die Ära einer allgemeinen und nationalen Christenheit als solche voraus. Die zwei großen Stadien der Erlösung sind also: erstens, Versöhnung durch den Tod; zweitens, Leben durch Auferstehung; beide durch die Erscheinung des Herrn bezeichnet; im ersten Fall durch die in seiner Erniedrigung; im andern durch die in Herrlichkeit; jede ebenso bezeichnet hinsichtlich Israels: die erste durch Israels Erniedrigung und Tod; die zweite durch dessen Auferstehung und Leben. Es ist eine wunderbare Schlußfolgerung. Wie Christi Tod und Auferstehung die Schicksale seines Volkes bestimmt, so entscheiden Israels Tod und Auferstehung das Schicksal der Welt.

„Leben aus den Toten!" Es ist der Anfang der Verherrlichung der Welt bei Christi zweiter Zukunft. Er besteht aber nicht im Sinne der Vernichtung des materiellen Schauplatzes, auf dem sich die Entwicklung des Reiches Gottes bisher bewegt hat; nicht im Sinne eines absolut neuen ‚Himmels und Erde,' welche später als die Krone der Entwicklung kommen; sondern der Anfang vom Ausbruch der Macht des Lebens, welche durch das Zeitalter des Millenniums wallt und in die Wiederherstellung aller Dinge sich entfaltet. Es ist ‚Leben aus den Toten' in einem geistlichen Sinne, Leben in einem nationalen Sinne, Leben in einem wörtlichen Auferstehungssinne, Leben für die schlafenden Heiligen Gottes aller Haushaltungen, und für Israel vor allen. So ehrt Gott seinen eignen Bund!

Alsdann — ‚zu der Zeit' — wenn die ‚Stimme' über Israels Thal der Totengebeine donnern wird, die ‚Stimme' des Sohnes Gottes und der ‚Geist,' ‚aus den vier Winden wehen und diese Getöteten anblasen wird,' dann wird Israel auferstehen (Hes. 37, 7—9). Alsdann, ‚zu der Zeit,' wenn ‚Michael aufsteht,' wird Daniels Volk, so viele als im Buche stehen, errettet werden, und dazu viele, die in der Erde schlafen, werden aufwachen und zu ewiger Herrlichkeit geführt werden (Dan. 12, 1—3). „Zu der Zeit" wird das ergötzende Wort erfüllt werden: „Aufleben werden deine Toten; meine Leichname auferstehen! Wacht auf und jubelt, ihr Bewohner des Staubes! Denn ein Tau der Pflanzen ist dein Tau, und die Erde gebiert die Schatten wieder" (Jes. 26, 19). „Zu der Zeit" „vernichtet der Herr auf diesem Berge die Hülle, die alle Völker verhüllt, die Decke, die alle Nationen bedeckt," das Leichentuch des Unglaubens und der geistlichen Dürre, „von der Unterwelt will ich sie lösen, vom Tode sie befreien," nicht zu einem ‚andern Tod', sondern zum ‚Siege!' (Jes. 25, 7; Hos. 13, 14; 1 Kor. 15, 54. 55). „Israel wird blühen und sprossen und mit

Früchten erfüllen die Welt" (Jef. 27, 6). „Jerusalem, die geliebte Stadt (Offb. 20, 9), wird „aufstehen und es wird ihr Licht kommen, denn die Herrlichkeit Jehovahs geht auf über ihr" (Jef. 60, 1). „Ihr wird wie ein Strom Heil zugewandt, und wie ein überströmender Bach der Völker Reichtum" (Jef. 66, 12; 60, 10—22). Eine zweite Flut wird kommen, eine Segensflut, denn „die Erde wird erfüllt werden mit Erkenntnis der Herrlichkeit des Herrn, wie das Wasser den Grund des Meeres bedeckt" (Hab. 2, 14; Jef. 11, 9; 66, 19). Dann wird die Ära nationalen Christentums gekommen sein, wenn der Koloß (Dan. 2. 31) heidnischen Staatswesens und der Weltmacht gefallen und Israels König als der einzige Potentat, der ‚König aller Könige,' als ‚König der Völker' unter nie zuvor gesehenen Wundern des Gerichts und der Barmherzigkeit auf den Thron erhoben sein wird. O der herrlichen Zeit, in der „der Sprößling Jesse dastehen wird zum Panier unter den Völkern, und die Nationen sich zu Ihm wenden und seine Wohnung (Jef. 11, 10), und der Ort seines Thrones," „wo seine Fußsohlen hintreten, wird Herrlichkeit triefen, wenn Er auf dem Berge Zion und in Jerusalem herrschen wird, dann wird Herrlichkeit vor seinen Ältesten sein" (Jef. 24, 23). „Jehovah wird herrschen über sie auf dem Berge Zion von Ewigkeit zu Ewigkeit" (Mich. 4, 7).

Arabiens Beduinen —
Sie beugen ihre Knie
Vor Ihm, dem Mohren dienen,
In Scharen kommen sie!

Von Inseln in den Meeren
Grüßt Schiffe Jubelschall;
Der Ocean bringt dem Hehren
Auch seine Schätze all!

Und Kön'ge sinken nieder
Mit Weihrauch und mit Gold.

Die Völker singen Lieder
Dem König, wunderhold.

Soweit des Adlers Schwingen,
Soweit der Taube Flug
Sie trägt, wird man Ihm singen,
Der einst die Dornenkrone trug!

Gelobt sei der Herr, der Gott Israels, der allein Wunder thut, und gepriesen sei sein heiliger Name immer und ewiglich! Und die Erde müsse seiner Ehre voll werden! Amen, Amen. Möchte Joseph sich seinen Brüdern bald offenbaren!

6. Das Jubiläum auf Erden.

So habe ich mich bestrebt, die Schrift sich selbst auslegen zu lassen, und habe die Beweisführung des Paulus auf die Propheten zurückgeführt, denen sie entquoll. Dabei sehen wir, daß der ganze Chor der Propheten, mit Christo an der Spitze, einstimmen in den Preisgesang vom Reiche in seiner Herrlichkeit auf Erden; aber nur in Verbindung mit der Wiederkunft des Herrn und der Wiederherstellung Israels. Welche Wunder wird dies große Ereignis offenbaren! Berühmte Gelehrte haben es mit Wonne betrachtet! „Die Bekenner Jehovahs," sagt Delitzsch, „werden aus ihren Gräbern erweckt werden und mit den lebenden Gläubigen eine herrliche Gemeinde bilden. Hier ist die geweissagte erste Auferstehung." So sagt auch Weber, der sein Lebenlang Israels Glauben und Hoffnung erforscht hat: „Die jüdisch christliche Gemeinde wird wieder erscheinen. Die Lebendigen, die zerstreut sind, und die Toten aus den Gräbern werden gesammelt und nach dem heiligen Lande zurückgebracht werden, um sich miteinander der verheißenen Herrlichkeit der messianischen Ära zu freuen." Und Dr. Fuller, mit dem der reife Erklärer, Professor Volck von Dorpat, übereinstimmt, sagt in seiner tüchtigen Erklärung über Dan. 12, 1—3: „Nicht nur die, welche in der großen Trübsal überbleiben, werden gerettet werden, sondern auch viele, die im Staube der Erde schlafen, werden auferweckt, um die Freuden der Erlösung zu schmecken." So haben Davidson, Bleek, Hitzig, Drechsler, Kießelbach, Dächsel, Weber, Nagelsbach, Hofmann, Van Oosterzee und andre gesagt; Männer, die in andren Punkten weit verschiedener Ansichten sind. Und der berühmte Gelehrte, Dr. S. P. Tregelles, sagt in seinem Buche über Daniel: „Bei der Wiederkunft des Herrn Jesu wird Israel gerettet. Dann findet die erste Auferstehung statt. Und hierhin gehört die Verheißung: „Israel wird blühen und sprossen und die Welt mit Früchten erfüllen" (Jes. 27, 6).

Ich habe gesagt, daß das neutestamentliche Reich Gottes auf Erden nicht in der verkündeten Gestalt kommen könne, bis nach Israels Bekehrung und der Wiederkunft des Erlösers in Zion, und daß dies die Erwartung der ersten Gemeinde war. Giebt es außer Paulus' Beweisführung sonst noch etwas in der Schrift zur Bestätigung dieser Auffassung? Um nicht auf den überschwenglichen Reichtum der Prophetie einzugehen, das Neue Testament berechtigt uns zu keiner andern Auffassung der Zukunft. Der Glaube derer, die auf ‚den Trost Israels' warteten, wie Jesaias verkündigt hatte, hielt nicht nur eine innere, geistliche Errettung fest, sondern auch eine äußere, zeitliche in Verbindung mit der kommenden Herrlichkeit Israels und dem sichern Besitz ihres Landes unter der Herrschaft ihres Königs Messias. Dem Joseph verkündete der Engel, daß der Sohn der Jungfrau ‚Jesus' genannt werden solle, denn Er werde „sein Volk selig machen von ihren Sünden" (Matth. 1, 21). Zu Maria wurde gesagt: „Gott der Herr werde Ihm den Stuhl seines Vaters David geben, und Er werde über das Haus Israel regieren auf ewig und seines Reiches werde kein Ende sein" (Luk. 1, 32. 33). Und Maria selbst singt in ihrem herrlichen Jubellied: „Meine Seele erhebt den Herrn und mein Geist freut sich Gottes meines Heilandes . . . . der seinem Knechte Israel aufhilft nach seiner Barmherzigkeit, wie Er verheißen hat unserm Vater Abraham und seinem Samen ewiglich" (Luk. 1, 54. 55). Und Zacharias feiert in seinem Segensspruch nicht nur gegenwärtige Hilfe für Israel durch ein ‚Horn des Heils im Hause Davids', sondern eine herrlichere Zeit der Errettung von allen äußern Feinden, daß wir, erlöst von unsren Feinden und der Hand derer, die uns hassen, Ihm dienten in Heiligkeit und Gerechtigkeit ohne Furcht unser Lebenlang (Luk. 1, 67—75). Sieht dies wie eine fleischliche Auffassung des Reiches aus? Es ist so weit wie möglich davon entfernt. Versetzt es das durch die Propheten verheißene Reich in eine überirdische Sphäre? Nichts ist klarer, als daß die messianische Hoffnung auf diese Erde als den zukünftigen Schauplatz des messianischen Reiches blickt, und auf Israel als das Hauptvolk desselben. Als der alte Simeon das Jesuskind in seine Arme nahm, da pries er es nicht nur als ein Licht, zu erleuchten die Heiden, sondern auch „zum Preise seines Volkes Israel" (Luk. 2, 32).

Nicht ein einziges Mal, weder in Lukas, noch in den andern Evangelien, noch in der Apostelgeschichte, noch in den Briefen, noch in der Offenbarung bezeichnet ‚Israel' die Gemeinde aus den Heiden. Nicht einmal in sechzigmal im Neuen Testament meint es etwas andres als Abrahams gläubigen oder ungläubigen Samen. Wenn wir Gläubige aus den Heiden wahrer Same Abrahams und wahre Beschneidung genannt werden, so geschieht es nur in dem Sinne, in welchem ein David und Jesaias, ein Simeon und eine Hanna so genannt wurden — in einem geistlichen Sinne. Aber dieses verwischt den großen Gegensatz nicht, noch hebt es den Eid und Bund Gottes mit dem wirklichen Abraham und seinem natürlichen Samen auf. Aufgepfropfter fremder Zweig vernichtet nicht den Baum.

Im Gleichnis von dem Edlen, der über Land zog, daß Er ein Reich einnähme und dann wiederkäme, berichtigte der Herr den falschen Eindruck, den das Volk durch seinen Triumphzug von Jericho auf sich hatte machen lassen, als ob „das Reich Gottes alsobald geoffenbart werden sollte." Es sagt ihnen, es werde nicht kommen bis zur Rückkehr des Edlen. Verständlichere Worte konnten wir nicht erwarten. Israels Reich, Gottes Reich, das Himmelreich kann in seiner äußern herrlichen Gestalt nicht kommen, bis die gegenwärtige Abwesenheit des Herrn im Himmel sich abschließt (Apg. 3, 19—21; Röm. 11, 26. 27; Dan. 7, 13. 14; Matth. 26, 24). Und da die verheißene Herrlichkeit auf Erden das millennarische Zeitalter ist, so muß Christus vor demselben kommen. Man erwartete es bei seiner ersten Erscheinung; Er sagt ihnen, es könne erst bei der zweiten erfolgen.

Weiter sagt Er sehr deutlich: „Wahrlich, ich sage euch, daß in der Wiedergeburt, wenn des Menschen Sohn auf dem Thron seiner Herrlichkeit sitzen wird, dann werdet ihr auch sitzen auf zwölf Thronen und richten die zwölf Geschlechter Israels." Ja, noch mehr: „Wer mir nachfolgt — Jude oder Grieche — wird es hundertfältig empfangen mit Verfolgungen und in der zukünftigen Welt das ewige Leben" (Matth. 19, 28. 29; Mark. 10, 30; Luk. 18, 29). Und als die Mutter Jakobus' und Johannes' aus mütterlichem Ehrgeiz um Auszeichnung ihrer Söhne bat: „Laß meine beiden Söhne sitzen, einen zu Deiner Rechten und einen zu Deiner Linken in Deinem Reiche," da trat der Herr ihrer mütterlichen aber unverständigen Sorgsamkeit damit entgegen, daß Er sagte: 1. daß das Reich nicht kommen kann, außer nach Leiden, und die, welche solcher Ehre teilhaftig werden, müssen erst durch die Bluttaufe gehen. 2. Die Erteilung solcher Würden stehe nicht Ihm zu, denn Gott der Vater habe sie sich selbst vorbehalten; und 3. gehe es dabei anders als nach der Heiden Weise: wer der Erste sein wolle, müsse erst dienen wie der Herr selbst und der

Geringste von allen werden (Matth. 20, 20. 29). Seine Worte sind nicht gegen ihre Hoffnung auf das Reich selbst, sondern gegen ihre Ehrsucht und Unwissenheit hinsichtlich dessen gerichtet, was vorher geschehen muß. Nicht nur das: bei ihrem Disput, wer für den Größten gehalten werden solle, straft Er nicht nur ihren gegenwärtigen Ehrgeiz, sondern wendet auch ihren Blick auf die hoffnungsvolle Zukunft, indem Er sagt: „Ihr aber seid es, die ihr bei mir beharrt habt in meinen Anfechtungen, un ich will euch das Reich bescheiden, wie mir's der Vater beschieden hat, daß ihr essen und trinken sollt an meinem Tisch in meinem Reiche, und sitzen auf Thronen und richten die zwölf Geschlechter Israels" (Luk. 21, 30). Und Johannes ist es, der später, entzückt in heiligen Gesichten der Wiedergeburt, ausruft: „Ich sah Throne und die darauf saßen, und das Recht zu richten ward ihnen gegeben — — — und sie lebten und regierten mit Christo tausend Jahre" (Offb. 20, 4). Nicht im Himmel, sondern auf der Erde (Offb. 5, 10). Ein Reich erst nachdem ‚der Himmel sich öffnete' und der König selbst herabkam (Kap. 19, 11).

Der Herr verkündete noch gerade vor seinem Tode Israels Blindheit und ihre endliche Bekehrung: „Siehe, euer Haus (nicht mehr meines Vaters Haus) soll euch wüste gelassen werden — — wahrlich ich sage euch, ihr werdet mich hinfort nicht mehr sehen bis die Zeit kommt, daß ihr sagen werdet: Gelobt sei, der da kommt im Namen des Herrn!" (Matth. 23, 39; Luk. 13, 35). Ein Hoffnungsstrahl schimmert durch die schauerliche Finsternis des Fluchs. Drei Perioden werden hier deutlich erwähnt: 1. Die gegenwärtige, in der sie Jesum mit leiblichen Augen sahen, ein Schauen, das — ach! schnell vergeht; 2. ein Tag in der Zukunft, an dem sie ihren König schauen und begrüßen werden. 3. Eine Zwischenzeit geistlicher Blindheit und voller Elend für das Volk, in der sie Ihn nicht sehen. So gewiß wie sie Ihn zuerst sahen und verwarfen, so gewiß sehen sie Ihn noch einmal durch Buße und Glauben, und begrüßen Ihn mit Hosianna. Ebenso klar verkündete Er die gegenwärtige Zerstreuung der Juden, ihre künftige Erlösung und Wiedereinsetzung zu Jerusalem: „Sie werden fallen durch die Schärfe des Schwerts und gefangen geführt werden unter alle Völker, und Jerusalem wird zertreten werden von den Heiden, bis daß der Heiden Zeit voll ist. ——— — — Und alsdann werden sie den Menschen-Sohn sehen kommen in Gewölk mit großer Macht und Herrlichkeit. Wenn aber dieses anfängt zu geschehen, so richtet euch auf, und hebt euer Haupt; denn es naht eure Erlösung" (Luk. 21, 24 u. 28). Was im Millennium unmöglich der Fall sein kann, das soll mit den Juden doch geschehen: sie sollen als Volk zerstreut sein und unbekehrt bleiben bis der Herr kommt. Solange als das metallne Standbild, das der chaldäische Monarch sah — ein Bild der heidnischen Staatskunst und -Macht auf Israels Nacken; solange der Heiden Füße auf das zerstörte Jerusalem treten, solange als Israels letzter Feind — der endliche Antichrist unvernichtet wütet, solange kann das verheißene Reich nicht kommen. Die ‚Erlösung' der ‚Bekehrten von der Übertretung' geschieht zugleich mit der endlichen Rettung der heiligen Stadt vom Stampfen der heidnischen Hufe.

Israel wird wieder in sein Land versammelt werden. Jerusalem wird erlöst. Eine jüdisch christliche Gemeinde und Nation wird geboren. Das Reich kommt nach Israels Auferstehung.

Nachdem sechs Wochen besondern Unterricht über das zum Reiche Gehörige erteilt war — war die jüdische Hoffnung auf Israels Wiederherstellung wohl erloschen? So ferne davon, daß die Jünger Ihn fragten: „Herr, wirst Du in dieser Zeit das Reich Israel wieder aufrichten?" Pilatus' Frage: „Bist Du ein König?" hatte Er bejaht, aber sein Königreich als von himmlischer Herkunft bezeichnet. In drei verschiedenen Sprachen ward sein Titel ‚König der Juden' an sein Kreuz geschrieben. Und jetzt, nachdem Er in seiner Auferstehung

seine Majestät bewiesen, fragen sie Jhn: „Willst Du jetzt das
Reich herstellen?" von dem David und Jesaias, Daniel und
Hesekiel verkündigt haben? Willst Du jetzt? Hätte Er ‚ja'
gesagt, so würde Er ihre Erwartung getäuscht haben; hätte Er
‚nein' gesagt, so hätte Er ihre Hoffnung vernichtet. Er that
keins von beiden. Sie fragen nicht: soll es hergestellt werden?
Der Herr selbst und die Propheten hatten das festgestellt.
Die Frage bezieht sich nur auf die Zeit. Ist jetzt die Zeit der
Wiederherstellung und Neubelebung? Er zähmt ihre Neugierde
und verweist sie auf das Werk, das erst in Heidenländern
geschehen, die Predigt des Evangeliums, die in Jerusalem
anfangen muß (Apg. 1, 6—8; Luk. 24, 17). Was könnte
klärlicher daraus folgen, als daß, wenn diese Sendung —
nicht die Bekehrung der Welt, sondern die Sammlung eines
Volkes Gottes aus allen Völkern, das Zeugnis des Evange=
liums in aller Welt — bezweckt, dann das Ende dieses Zeital=
ters kommen und die Zeit Israels im Reiche anbrechen wird?
(Matth. 24, 14; Röm. 11, 25).

Und als der Heilige Geist schon gekommen war und nicht
erst kommen sollte, erhob Petrus am Pfingsttage seine Stimme
und ermahnte Israel als ein Ganzes, als ein Volk, zur Buße,
indem Er ihnen vorhielt, daß alle Propheten erklären, Israels
Buße werde den Messias wieder bringen und das Reich her=
stellen. Er wendet sich an sie mit jeder Bezeichnung, persön=
lich und als Volk, als Bundesgenossen und Gottes Unterthanen,
und sucht sie zu bewegen, 1. ihren Sinn zu ändern und hinsicht=
lich ihres getöteten Messias umzukehren und Vergebung zu
erlangen, damit ihr auferstandener König wieder aus dem Him=
mel zu ihnen zurückgesandt werden möchte; und 2. daß des
Messias Weilen droben nur zeitweilig sei, und nur solange
währe als Israels Unbußfertigkeit und Strafe. 3. daß die
zugesagte ‚Zeit der Erquickung' und ‚Zeit der Wiederaufrich=
tung', die von den Propheten vorhergesagt, mit seiner zweiten
Erscheinung einbreche, wie alle Propheten bezeugen. Wie zwei

große Uhren, die die Stunde fast zugleich schlagen, eine nur einen Augenblick früher wie die andre, so werden diese großen wunderbaren Ereignisse mit einander Zeit halten: Israels Bekehrung und die Wiederkunft des Messias in Herrlichkeit (Apg. 3, 19—21; Röm, 11, 26). Nur zehn kurze Tage lagen zwischen dem Abschied ihres Königs und der Ausgießung des Heiligen Geistes. Soll die Zeit zwischen den nächsten großen Pfingsten und seiner Rückkehr länger oder kürzer sein? Das geistliche Reich kam sogleich, als die Übrigen Israels von oben bekehrt worden waren; wird nicht das äußerliche, herrliche Reich kommen, wenn das Übrige von Israel, als ein Volk, Christo zugewandt ist? Die Offenbarung Jesu Christi an seinen Knecht Johannes stimmt vollkommen überein mit dem Gesagten.

Wir können jetzt nur wenig über dies wundervollste Buch sagen. Es ist ein „Buch der letzten Zeit", dessen Grundton (Kap. 1, 7) erklingt: „Siehe, Er kommt mit den Wolken und Ihn wird schauen jegliches Auge, auch die Ihn gestochen haben, und wehklagen werden über Ihn alle Geschlechter der Erde. Ja, Amen." Sein letzter Ton klingt ebenso: „Ja, komm, Herr Jesus!" (Offb. 22, 20). Es ist ein Buch, das auch dem allgemeinen Gesetz der Prophetie folgt und ist so nicht nur anwendbar auf die Zeit, in der es verfaßt wurde, und auf den allgemeinen Gang der Geschichte, sondern muß auch erklärt werden mit Bezugnahme auf die Scenen und Ereignisse bei der zweiten Erscheinung des Herrn, ein Buch für alle Zeiten: Vergangenheit, Gegenwart und Zukunft. Das Gesicht von der Versiegelung (Kap. 7) bezieht sich auf das Israel der Endzeit, das unbeschädigt erhalten bleibt durch die Stürme der Gerichtsposaunen hindurch, die bald anbrechen. Kap. 11, jenes „Kreuz der Auslegung", ist ein Gesicht von Jerusalem zur Endzeit, während der großen Trübsal unter dem letzten Antichrist. Die 144,000 sind die ‚unsre Brüder' im 12 Kap., dieselben wie ‚meine Brüder' in Matth. 25, 40 und die ‚eure

Brüder' in Jes. 64, 5, und werden auf dem irdischen Berg
Zion gesehen mit dem Lamm, in Offb. 14, 1—5, nachdem die
Posaunenstürme vorüber sind. Sie sind dieselbe Gesellschaft
wie das Sonnenweib oder die Tochter Zion in Kap. 12, 1—5,
die jüdisch christliche Gemeinde der letzten Zeit, und dieselben
wie die Lautenschläger am krystallnen Meer (Kap. 15, 1—4),
die dort ihren endlichen Sieg feiern und sich dabei ihrer ersten
Rettung erinnern, indem sie das Lied Moses, des Knechtes
Gottes, und das Lied des Lammes singen (5 Mose 32,
36—43; Jes. 26, 1 u. 21; Röm. 11, 26. 27). Nach dem 21
Kap. wird das ‚Tier,‘ der Antichrist, Israels letzter Unter=
drücker, vernichtet. Nach Kap. 21, 1—6 wird der Satan
gebunden, die Blutzeugen Jesu nehmen an der ersten Auferste=
hung Anteil, und das tausendjährige Reich, das Millennium,
bricht an. Genug! Die ganze alt= und neutestamentliche Pro=
phetie ist in diesem Buche zu einer Einheit organisiert. Was
wir sonstwo lesen, das lesen wir auch hier, nur in Bildersprache
gehüllt — die Zusammenziehung der Völker zum endlichen,
letzten großen Kampf; die Versammlung in Palästina, denn
Jerusalem und Zion sind der Mittelpunkt von Israels letztem
Leiden und Herrlichkeit; die Bergung in der Wüste, während
der letzten großen Trübsal; die Erscheinung des Herrn selber
zur Rettung Israels und zum Gericht über seine Feinde; die
genaue Verbindung zwischen Israels und der Völker Bekeh=
rung; die Rettung auf dem Berge Zion; die erste Auferste=
hung; die Heiligkeit Israels in den letzten Tagen; die Errich=
tung des herrlichen Königreiches Christi auf Erden mit der
‚geliebten Stadt‘ als Residenz; die große Zwischenzeit des
Millenniums, die mit der Erscheinung des Königs aus dem
geöffneten Himmel anbricht, und welcher dann das Feuergericht
über Gog folgt; die letzte Auferstehung und der neue Himmel
und die neue Erde. So vereinigt sich die ganze Prophetie, des
Alten und Neuen Testaments, zu einem Ergebnis, nämlich zu
der Behauptung, daß Israel mitten unter den Völkern als ein

besonderes Volk erhalten bleibt, damit es nach seiner Bekehrung zum Herrn und seiner Wiedereinsetzung in sein Land, wenn der Heiden Zeit erfüllt ist, eine göttliche Sendung in der Welt ausrichten und seinen Platz in dem herrlichen Reiche Gottes auf Erden einnehmen kann. Jerusalem — erstanden aus dem Staube, wird, um der geoffenbarten Gegenwart der ‚Herrlichkeit,‘ um der persönlichen Erscheinung des Herrn willen, die Hauptstadt des tausendjährigen Reiches unter dem ganzen Himmel, und ‚Jehovah Schammah,‘ der Herr ist hier!, genannt werden. So hoch der Himmel, so tief der Abgrund, so weit die Erde, so groß wie der Sinn Gottes; noch giebt es eine höhere, tiefere, breitere, größere Täuschung in der Welt, als daß das Millennium der zweiten Erscheinung Christi vorangehen werde, oder daß die Gemeinde aus den Heiden Israels Stelle im Reiche Gottes auf Erden einnehme! Die populäre Idee, daß die Welt vor der Erscheinung Christi bekehrt werde, ist Einbildung. Sie ist nicht im Worte Gottes gegründet, noch in den Bekenntnißschriften der Christenheit, was man auch davon in Reden andersgesinnter Brüder, in Beschlüssen, Erklärungen und Lehrbegriffen finden mag. Luther, Calvin, Knox — alle verwerfen diese Idee; der erstere nennt es „eine vom Satan geschmiedete Lüge, um die Menschen gegen die Wahrheit zu blenden;" der zweite sagt, es gäbe keinen Grund zu solcher Annahme; und der dritte erklärt: „Es wird nie geschehen, bis der gerechte König selbst erscheint." So steht die ganze alte und neue Prophetie wie ein Fundament unter Paulus' großer Beweisführung, daß Israels gewaltigste Aufgabe noch erst kommt, deren herrlichster Erfolg in der Bekehrung der Welt besteht, wenn der Herr zum zweitenmal erscheint.

7. Die vergeistigende Auslegung.

Gerechtigkeit gegen Gottes Wort und diejenigen, welche solche Erwartungen hegen, erheischt, daß ich noch einmal auf die vergeistigende Erklärung zurückkomme, auf die ich schon hingedeutet habe. Ist es wahrscheinlich, daß eine so allgemeine und alte Auslegung durchaus nichts als nur Irrtum geboren haben sollte? Sicherlich nicht. Extreme müssen vermieden werden. Wir können nicht an eine Verwirklichung glauben, welche die ‚bettelhaften Elemente' einer jüdischen Minderjährigkeit wieder herstellt, einen fleischlichen Kultus, der im Tode Christi unterging. Die prophetische Färbung, in welcher der Gottesdienst der Zukunft beschrieben ist, muß unter dem bessern Lichte des Kreuzes geordnet werden; während wir doch festhalten müssen, daß das ‚Verschwinden' derselben kein Aufheben der Bundesrechte Israels ist, oder das Volk von seinem Lande scheidet. Von der Wiederherstellung der Juden auf die der blutigen Opfer zu schließen, ist ebenso ungereimt, wie von der Abstellung der Opfer darauf zu schließen, daß auch Israel unwiederbringlich ‚abgestellt' sei. Die Prophetie ist keine ceremonielle Einrichtung. Israel ist mehr als vorbildlich; es ist ein stehender Faktor, der Mittel- und Stützpunkt der Entwicklung des Reiches in seinen Knospen. Es thut's deshalb nicht, die Verwirklichung soweit zu treiben, daß, während man Israels Hoffnung Gerechtigkeit widerfahren läßt, die ‚Gemeinde' darunter leide, und ihrer wahren Natur, Mission und Beziehung zur Welt beraubt wird. Nein. Es ist gewiß wahr, daß neben Israels Hoffnung auch dessen zeitweilige Verwerfung Thatsache ist, und daß, während dieser Zeit der Züchtigung und Erwartung, der Weinberg des Reiches in seiner geistlichen Macht auf die Heiden übergegangen ist. Dies dürfen wir nicht leugnen. Die Völker haben die Botschaft von der Versöhnung großenteils durch Israels nationales Siechtum erhalten und sind jetzt das große Feld, auf dem das Reich verhüllt wächst, doch ohne einen örtlichen Mittelpunkt. Gott hat in Gnaden die Heiden einzeln besucht, um sich „ein Volk für seinen Namen aus ihnen zu sammeln" (Apg. 15, 14). Es ist nicht weniger wahr, daß Israel durch unsre Barmherzigkeit ‚Gnade erlangt' (Röm. 11, 14. 30. 32).

Wir sind im tiefsten Sinne ‚Schuldner' dieses Volkes und thun wir unsre heilige Pflicht an ihnen, so beschleunigen wir die Erscheinung des Herrn. Gott hat beschlossen, daß Israel durch die Missionsthätigkeit der Gemeinde (Röm. 11, 30. 31) und durch irgend einen neuen Elias (Offb. 11, 5) in Verbindung mit der Erscheinung des Herrn bekehrt werden soll (Apg. 3, 19. 21), wenn der Erlöser nach Zion kommt (Röm. 11, 26), die Fülle der Heiden eingeht (Röm. 11, 25), die Vernichtung des Antichrists (2 Thess. 2, 8; Offb. 19, 11—15), eine gewaltige Ausgießung des Geistes Gottes (Sach. 12, 10—14), die Auferstehung der Gerechten vor sich gehen (1 Kor. 15, 23; Dan. 12, 1—3; Offb. 20, 5. 6; Jes. 26, 19—21). Alle diese großen Gottesthaten sind für uns so nahe und innig verbunden, daß sie für uns gleichzeitig in eine kurze Periode der Barmherzigkeit und des Gerichts gedrängt sind, gleichsam die Thür zu einem neuen bessern Zeitalter. Auch liegen sie uns nahe, wenn, wie einige große Gelehrte glauben, der Sturz des türkischen Reiches der Heiden Zeit abschließen und die Veranlassung werden wird, daß Israel sein verlornes Erbteil wieder erhält.

Unsre Pflicht ist klar. Wir sollen der ganzen Welt, Juden und Heiden, das Evangelium geben, und zwar mit unermüdlichem Eifer, damit wir auch Israel zum Eifer reizen mögen (Röm. 11, 25. 11). Eingepfropft auf Israels Wurzel sind wir ihres ‚Saftes' teilhaftig und genießen die Herrlichkeit der Frucht ihres Ölbaums. Israels geistliche Güter sind uns zugefallen. Noch giebt es in allen ihren Segnungen etwas Köstlicheres, als daß wir das lebendige, ihnen anvertraute Gotteswort und den Geist der Gnade haben, der ihnen so reichlich verheißen ist. Nichts kann sich mit der Erlösung, die in Christo Jesu ist, vergleichen — Erlösung von Sünde, Gesetz, Tod, Grab und Hölle, die zuerst für die Juden und dann für die Griechen erworben, für alle und über alle, die da glauben, gekommen, denn es ist hier kein Unterschied.

Der geistliche Sinn ist ebenso berechtigt wie der wörtliche, der innere Gehalt sowohl wie die äußere Gestalt; beide streiten nicht gegen einander. Erfüllung alttestamentlicher Weissagungen haben nicht nur zugleich die Wegnahme der „Scheidewand der Umzäunung" (Ephes. 2, 14), angekündigt, sondern auch die Gründung der Gemeinde des geistlichen Leibes, dessen Haupt Christus ist. Gewiß war es ein in allen Propheten verschleiertes ‚Geheimnis'; aber es war da, und ist nun in all seiner Köstlichkeit aufgedeckt (Röm. 16, 25; Ephes. 1, 10; 2, 12; 3, 4—9; Kol. 1, 26). Was wir, wenn wir gerecht gegen Gottes Wort sein wollen, zu thun haben, ist, daß wir klar unterscheiden zwischen ‚Israel nach dem Fleisch' und ‚Israel nach dem Geist', dem äußern Juden und dem innern Juden, beide Abrahams Same, der eine gläubig, der andre nicht, und zwischen den Gläubigen aus den Heiden. die durch ihren Glauben Abrahams geistlicher Same sind — kurz: zwischen dem ‚Israel Gottes,' die die eine Klasse sind, und der heidnischen ‚Vorhaut,' die die andre Klasse ausmachen und vom ‚Israel Gottes' ausdrücklich unterschieden werden, die Vielen, die ‚nach dieser Regel einhergehen' (Gal. 6, 16), welche beiden, Juden und Griechen, gemein ist, dürfen wir nicht vergessen. Was Israel, als einer Nation, eigentümlich ist, dürfen wir auch nicht übersehen. Während wir diesen höchst wichtigen Unterschied festhalten, mag geistliche Deutung unsre herzliche Zustimmung beanspruchen und erhalten. Sie ist die Essenz des Evangeliums, das Leben unsrer Seelen.

Wenn aber nun die Prophetie nicht einfach die innere Erlösung, die erneuert und heiligt und die Seele rettet und mit der Hoffnung des Himmels erfüllt, verkündigt, sondern feste

Thatsachen, die von Israels Mittlerschaft und Sendung für die Völker handeln, beschreibt; wenn sie im Lichte des Neuen Testaments zwischen ‚Israel', als solchem, und der ‚Gemeinde' und den ‚Heiden' und den Völkern unterscheidet, dann dürfen wir Israels auf immer verbürgte und durch unbedingten Bund versiegelte Rechte nicht nehmen und sie auf die ‚Gemeinde' beschränken, oder Israels Nationalität aufheben (Jer. 31, 36). Sie beruhen nicht auf der sinaitischen Gesetzgebung, sondern auf dem Bunde mit Abraham (Gal. 3, 17). Das Evangelium ist ein Teil dieses Bundes und kann nach seinem eignen Vertrag keine einzige Verheißung desselben, weder zeitliche noch geistliche, aufheben. Die Juden sind nicht Moses', sondern Abrahams Kinder, und „Christus ist Diener der Beschnittenen geworden um der Wahrhaftigkeit Gottes willen, um — nicht einige — sondern alle Verheißungen der Väter zu bestätigen" (Röm. 15, 8; Luk. 1, 72—75). Und dies schließt Israels frühere, gegenwärtige und zukünftige Mission an die ‚Heiden' ein (Röm. 15, 9—12; Jes. 11, 10—16; 9, 1. 22; 64, 5. 13), und Israels Erstgeburtsrecht, Berufung, Gaben und Thron (Jer. 3, 16; Matth. 19, 28). Dies erleichtert einerseits erklärende Anwendung und anderseits eine wahre, sprachlich richtige, geschichtliche Auslegung der Prophetie. Man halte geistliche und herrliche Predigten und mag das wahrlich thun über Hesekiels großes Totenfeld, über Sacharias großen Bußtag der Juden, über Jesaias' ‚Aufgang aus der Höhe' über Jerusalem, oder über Davids bestimmte Zeit, Zion gnädig zu sein! Man gebrauche die alttestamentliche als eine göttliche Kunstsprache, um geistliche Wahrheiten, die auf die Gemeinde anwendbar sind, auszumalen; aber man nenne das nicht Auslegung der Schrift, man sage nicht, daß Israels bestimmte Zukunft als Volk aufgehoben sei, weil die christliche ‚Gemeinde' da ist.

Wo der Prophet Jesaias in der erhabenen Ouverture vom Messias in einen Strom des Trostes ausbricht: „Tröstet, tröstet mein Volk! spricht euer Gott. Sprecht Jerusalem Mut ein! (Jes. 41, 1), und das Oratorium mit den Worten schließt: „Ich will euch tröſten, wie einen ſeine Mutter tröſtet" (Jeſ. 64, 13), und alles dieses in einem Geſicht über Juda und Jeruſalem (Jeſ. 1, 1); was meint er dann andres, als daß die trauernden Gefangenen durch Gottes Barmherzigkeit die Orte verlaſſen ſollen, wo ſie ihre Harfen an die Weiden hingen, und ſollen zurückkehren zu der Stadt, aus der ſie gefangen weggeführt worden ſind. Man vergeiſtliche, man wende auf ſich ſelbſt an, wenn man will, was Israel und uns gemeinſam angehört, nämlich Gottes tröſtliche Worte in Trübſalszeiten; man wende ſie auf die Gemeinde an, wenn man will; aber man betrübe uns nicht mit dem Fündlein, daß Gott nicht beab‍ſichtigte, ſein ſchmachtendes Volk aus dem wirklichen Babylon zu erretten, und dieſe Auswürflinge wirklich ins ſichtbare, wirkliche, irdiſche Jeruſalem zurückzuführen, aus dem ſie wirk‍lich gefangen weggeführt worden waren!

Und iſt für die Verheißung eine ſpätere, großartige Er‍füllung beabſichtigt und es durch nähere Beſtimmung und Zu‍ſage bekräftigt, daß der Herr in den Tagen des Meſſias zum andernmal ſeine Hand ausſtrecken wird, um loszukaufen den Reſt ſeines Volkes, der übrig iſt aus Aſſyrien und aus Ägyp‍ten und aus Pathros und aus Äthiopien und aus Elam und aus Sinear und aus Hamath und von den Inſeln des Meeres: dann wende man es an, wenn man ſich ſo beluſtigen will — auf Gottes Auserwählte in allen Teilen der Erde, die Heiden ſind, und nenne die ganze Welt Babylon, wenn man will; aber im Namen alles Guten, das außerhalb des Tollhauſes zu finden iſt, ſage man uns nicht, daß das ‚andre Mal' die Wieder‍kehr aus Babylon ſelbſt bedeute, und daß der erſte Zug nach Kanaan das erſte Mal, der Auszug aus Ägypten eine Verſamm‍lung von ‚Verjagten' und eine ‚Rückkehr' von ‚Auswürflingen' in ein Land ſei, das ſie nie geſehen hatten und aus dem ſie nie vertrieben worden waren! Man nenne Kanaan die ‚Gemeinde,' wenn man will, und Jerusalem die ‚Gemeinde‘, oder Zion, oder Jakob die ‚Gemeinde‘ oder die Christenheit; aber im Namen alles Rechten, man lasse uns unsre Sinne, man lasse uns glauben, daß Gott, der allmächtige, unermüdliche, nicht ermattende, ewige Gott, noch Macht der Rede genug hat, gerade das, was Er meint, zu sagen, und es so zu sagen, daß auch ein Kind es verstehen kann! „Anwendung ist nicht Auslegung!"

Wir müssen wissen, inwiefern die Lehre von Christo, und die vom Reiche zu unterscheiden sind, und inwiefern Israels Platz in der Geschichte im Ratschluß Gottes bestimmt ist. Der vergeistigende Heide kann dies ebensowenig in bloße ‚Innerlichkeit‘ drängen, wie der fleischlich gesinnte Jude es zu einer bloßen Äußerlichkeit versteinern darf. Es hat eine irdische, materielle sowohl wie eine geistliche, himmlische Seite. Es hat sowohl einen Leib wie eine Seele; und es wird einen festen Hauptsitz sowohl wie einen bleibenden Namen haben. Hierin stimmen wir mit dem tiefen Wort Ötingers überein: „Verkörperung ist das Ziel der Wege Gottes." Die Verklärung der Welt muß kommen; aber wir können weder die Gestaltungen der Katastrophe, noch die Entwicklung durch unsre Auslegung hindern oder stören, sondern müssen sie so lassen, wie Gott selbst sie vorher bestimmt hat. Die Zeit ist vorbei, in der wir, wie Origenes, lehren könnten, daß die göttliche Verheißung sich auf nichts Irdisches beziehe und daß nur geistliche Segnungen Wert hätten. Das Christentum hebt so wenig Nationalität, wie das Verhältnis von Weib und Mann, oder den Unterschied der Geschlechter, auf, außer im geistlichen ‚Ebenbilde‘ Gottes und in den „Kindern der Auferstehung." Durch die ganze heilige Schrift bleiben die Gegensätze ‚Israel‘ und ‚die Völker‘ ungetrübt und unverwechselt. Sie machen die Offenbarung gerade was sie ist, ein Leuchtfeuer; aber ohne diese Unterscheidung ist sie dunkel und unverständlich. Das Wort Lemischs, daß „die Offenbarung eine Hieroglyphe sei, deren Erklärer noch nicht erschienen", ist nicht mehr wahr. ‚Israel' ist der Ausleger. Was anderwärts in nackter, ungeschmückter Weissagung ins Ohr geflüstert ist, das wird hier dem Auge in schauerlichen und herrlichen Bildern vorgestellt. Israel voran in der endlichen Entfaltung und vollkommnen Offenbarung des Reiches Gottes!

8. Der letzte Kampf — Triumph!

Über der Notwendigkeit der zukünftigen geschichtlichen Mission braucht kein Dunkel zu schweben. Gott hat sie beschlossen und das genügt uns. Der vorher verkündigte Zustand der Christenheit am Schluß unsers Zeitalters rechtfertigt sie. Schon aus den Weissagungen und aus unsers Heilands Worten hinsichtlich des Ablaufs der Zeit der Heiden erhalten wir Licht darüber; ebenso aus Paulus' Wort von der „Fülle der Heiden." Eine gewisse Zeit ist zur Verkündigung des Evangeliums unter den Völkern zum Zeugnis über sie abgemessen; dann kommt Gericht. Die Völker werden nicht aus ihrem Besitz vertrieben; aber es wird unter dem Geist des Fortschritts der Zeit ein Abfall von der Wahrheit in Christo kommen, und ein ‚Mensch der Sünde,' ein Widerchrist, geoffenbart werden, in dem sich die ganze Macht und Wucht der Widergöttlichkeit der Endzeiten konzentrieren und einigen wird. Unser Herr selbst, die Apostel und Propheten haben uns das gesagt. In Worten, die nicht mißverstanden werden können, sind wir berichtet, daß, wenn diese beiden, gleichzeitigen und sich bestreitenden Ereignisse in der Geschichte eintreten — weite Ausdehnung der Missionen und zunehmende Gesetzlosigkeit und Unglaube in der Christenheit — daß dann das Ende dieses Zeitlaufs nahe ist. Kriege, Heimsuchungen und Erdbeben werden in diesen bösen Tagen kommen. Aus diesem ‚Abfall' entstehen schwere Zeiten.

Die wahre ‚Gemeinde' wird dann keine stille Ruhestätte unter den Völkern finden, und der Herr wird sich zu ihrer Rettung herablassen und sie zu sich hinaufheben. Aber das Reich Gottes auf Erden ist nicht durchs Gericht aufgehoben. Israel muß dann als letzte Reserve zum Kampf gerufen und, durch denselben geläutert, zum Siege geführt werden. Die ‚Gemeinde' wird daran teilnehmen. Dies ist Gottes souveräner und unergründlicher Weg, die Weisheit seines selbständigen, von niemand beratenen oder beeinflußten Sinnes und Ratschlusses (Röm. 11, 34; Jef. 40, 12—17), und die, welche Jehovah erwarten, sollen nicht getäuscht werden (Jef. 11, 31). In der verhängnisvollen Stunde, in welcher der letzte Feind Israels das Land wie eine Flut überschwemmen wird, dann wird der Geist des Herrn eine Standarte gegen ihn aufrichten, und der Erlöser wird gen Zion kommen, angethan mit dem „Kleid der Rache und mit Eifer, wie mit einem Rock" (Jef. 59, 16—21; Offb. 19, 11—16). Dann wird Er Könige am Tage seines Zornes zerschmeißen (Pf. 110, 5) ‚das Gericht wird sich setzen' (Dan. 7, 26), und der Koloß der Weltmacht wird stürzen, und wie der Staub auf der Sommertenne werden (Dan. 2, 36), und die Herrschaft wird dem König Israels und seinen Heiligen übergeben. „Und Königtum und Herrschaft und Gewalt aller Reiche unter dem ganzen Himmel wird dem Volke der Heiligen des Höchsten gegeben; sein Reich ist ein ewiges Reich und alle Herrschaften werden Ihm dienen und gehorchen" (Dan. 7, 27; Offb. 15, 4).

„Und der siebente Engel posaunte! Und es ließen sich laute Stimmen hören im Himmel, die sagten: das Reich der Welt ist unserm Herrn und seinem Gesalbten zugefallen und Er wird herrschen in alle Ewigkeiten!" (Offb. 11, 15). Der Herr eile, es auszurichten zu seiner Zeit!

6. Die notwendige Beziehung der Bünde auf das Uebernatürliche des Reiches.

Von dem Ehrw. G. H. N. Peters, Pastor der Evang. Luth. Kirche zu Springfield, O.

1. Ein fester Glaubensgrund.

In jeder Versammlung dieser Art, die zur Förderung biblischer Lehre dienen soll, ist es wünschenswert, den abrahamitischen und den davidischen Bund hervorzuheben. Mein Herz ist tief bewegt worden, als die Brüder in ihren Referaten diese Bünde berührten. Diese Fundamental-Offenbarungen des göttlichen Willens sind die Grundlage unsers Glaubens, stärken und befestigen unsre Hoffnung und verweisen uns auf unsern herrlichen Erbteil Sie sind beides, Pfänder und Wegweiser zu der Herrlichkeit, die geoffenbart werden soll. Sie sind Centralpunkte, um welche spätere Offenbarungen sich herumdrängen, die in ihren Lehren notwendig übereinstimmen müssen. Niemand kann eine klare Einsicht in die „Erlösung" haben, außer er versteht die Bünde, welche in kurzgefaßter, bestimmter Weise den ganzen Plan der Erlösung vom Fluch in sich fassen. Wird uns je das unaussprechliche Glück zu teil, selbst zu erfahren, was es heißt, Erben Gottes und Miterben Christi zu sein, dann ererben wir die Verheißungen, die Abraham, Isaak und Jakob gegeben, und in ‚den gewissen Gnaden Davids' bestätigt worden sind. Selig ist in der That, wer die verheißenen Segnungen durch die übernatürliche

Macht des verheißenen Samens und Sohnes Davids empfängt, denn sie schließen vollkommne Rettung und Seligkeit ein. Wenn man eine richtige Erkenntnis dieser Bünde hat und weiß, wie sie die Grundlage zur Einheit der Offenbarung und endlichen Verwirklichung der göttlichen Absichten bilden, so ist man gegründet und befestigt in der Wahrheit; überzeugt von ihrer Gewißheit, die uns die Erfüllung unsrer Hoffnung sichert, und also den nötigen Trost und die nötige Kraft verleiht.

Diese Bünde sind, um sie vor allen andern Ankündigungen auszuzeichnen, um allen verbreiteten Unglauben gegen sie zu strafen, und um den Gläubigen die möglichst feste Versicherung ihrer endlichen Erfüllung zu geben, eidlich bestätigt. Ihre Erfüllung ist gewiß, denn wie es auch immer bei den Menschen darauf ankomme, ob sie dieselben annehmen und also der Segnungen teilhaftig werden, von Gottes Seite sind sie unbedingt, wie der Eid beweist. Wie lange also auch die Ausführung von Gottes Ratschluß hinausgeschoben werden mag: wir haben die feste Versicherung, daß er endlich ausgeführt werden wird. Noch mehr: der Eid umfaßt auch alle Segnungen beider Bünde. Darum steht es uns nicht frei, einige anzunehmen und andre ungläubig zu verschmähen, wie der Unglaube heutigen Tages solches wagt. Viele bekennen jetzt diese Bünde anzunehmen, jedoch nur solche Teile derselben, die nach ihrer Meinung vernünftig scheinen. So wird z. B. der ganze Bund mit David praktisch verworfen, die Abstammung des Messias von ihm allein ausgenommen. Das Fortbestehen und die Bestätigung desselben, als eines Ganzen, wird gänzlich ignoriert. Ebenso mit dem abrahamitischen Bund. Während die Segnungen durch Abrahams Samen über die Familien der Erde teilweise anerkannt werden, wird das Persönliche der Verheißung für ihn und seinen Samen hinsichtlich des Erbteils, der Größe des Volkes, der Menge seiner Nachkommen, des ewigen Besitzes Kanaans, u. s. w., als bedingt oder unvernünftig gänzlich verworfen, oder werden vergeistigt, daß der grammatische Sinn der Worte verdunstet; und das trotz der bestätigenden Weissagungen der Propheten, trotz der Lehren Jesu und seiner Apostel, welche man, um konsequent zu sein, ebenfalls vergeistigt.

Wir bestehen darauf, daß der Eid nicht nur einen Teil, sondern das Ganze dieser Bünde einschließt. Der begeisterte Glaube der Propheten sagt uns, daß, ob die Sonne zu scheinen sich weigere, der Mond und die Sterne entfliehen, das Meer seine Wellen nicht mehr wallen lasse, Tag und Nacht nicht mehr abwechseln, die Ordnungen des Himmels aufgehoben werden (Jer. 33, 17—26; Jes. 54, 9; Jer. 31, 35. 36; Pf. 89, 36. 37. u. f. w.), doch Gottes Verheißungen nicht unerfüllt bleiben sollen. Ja, ein Größerer als alle Propheten hat erklärt (Matth. 5, 17. 18): „Wähnt nicht, daß ich gekommen sei, das Gesetz oder die Propheten aufzuheben; ich bin nicht gekommen, sie aufzuheben, sondern zu erfüllen. Denn wahrlich ich sage euch, bis daß Himmel und Erde vergeht, wird kein Buchstabe oder Strichlein vom Gesetze vergehen, bis daß alles geschehe." Viele meinen heutzutage, daß Christus nicht gesandt sei, das Gesetz und die Propheten absolut aufzuheben, sondern so zu verändern und zu beschränken, daß eine gewisse Art von Erfüllung übrig bleibe, damit sie noch in etwa glaubwürdig scheinen möchten. Man mag unsern Glauben belächeln, weil er all diese Verheißungen, als im eidlich verbundenen Ratschluß Gottes eingefaßt, annimmt, aber wir bestehen unwandelbar darauf, weil Gottes Wort und Ehre fest und feierlich für die Erfüllung nicht nur einer, sondern aller Verheißungen verpfändet ist. Wir protestieren ernstlich dagegen, daß Gottes Verheißungen hinsichtlich der Erlösung geleugnet oder wegdisputiert werden, die uns zur Annahme bestätigt und vorgehalten werden durch den Eid des Allmächtigen, durch seinen Unwandelbarkeit bezeichnenden Jehovahnamen, welches alles gewisse Erfüllung bedeutet, denn (Pf. 33, 11) „der Rat des Herrn besteht ewiglich."

2. Wie sind Gottes Verheißungen zu verstehen?

Eine Frage von praktischer Wichtigkeit muß zuerst beantwortet werden, denn das wird uns viel bei unsrer Annahme und unserm Verständnis der Bünde beeinflussen. Dies ist sie: Müssen wir ihre Verheißungen nach ihrem einfachen, grammatischen Sinne annehmen, oder dürfen wir, nachdem dieser Sinn festgestellt ist, unter dem Vorwande höhern geistlichen Verständnisses, ihnen eine andre Bedeutung beilegen? Prämillennarier, die auf der festen entschiedenen Annahme der klaren, unverkennbaren wörtlichen Auslegung der Schrift bestehen, nehmen die Bundesverheißungen gerade so an, wie sie geschrieben sind, wie auch ein Bruder in seinem tüchtigen Referat bereits gezeigt hat. Luther sagt davon: „Der Christ sollte sich bestreben, den wörtlichen Sinn der Schrift zu verstehen, der allein der Inhalt des Glaubens und der christlichen Gottesgelehrtheit ist; der allein ihn in der Stunde der Not und Versuchung stärken und erhalten kann, und der über Sünde, Tod und der Hölle Pforten zum Preise und zur Ehre Gottes triumphieren wird." Daß Luther recht hatte, und wir mit ihm, das werden die Antworten auf einige hierdurch angeregte Fragen beweisen. Wenn jemand einem andern ein wertvolles Versprechen giebt, so wird doch allgemein zugegeben, daß ein solches Versprechen, wenn es verstanden werden soll, nach der klaren grammatischen Meinung der Sprache ausgelegt werden muß. Machen die Bünde eine Ausnahme, sodaß erst eine bildliche, mystische oder geistliche Bedeutung gesucht werden muß, ehe sie verstanden werden können? Ist es vernünftig, anzunehmen, daß Gott eidlich einen Sinn bezeugen sollte, den alle als den rechten anerkennen, und daß dieser Sinn dann doch verworfen werden sollte und ein andrer angenommen, zu dem man nur durch Schlußfolgerungen gelangt? Ist es der Natur eines Bundes gemäß, der die Lebensinteressen des Messias, der Gläubigen, der Menschheit, der Welt, für Zeit und Ewigkeit betrifft, daß er statt einer bestimmten, entscheidenden, klar in seinen Worten ausgesprochenen Bedeutung eine andre figürliche, verborgene haben sollte, für deren Entdeckung und Entfaltung Umwälzungen durch Jahrhunderte und Männer wie Origenes, Augustinus, Swedenborg und andre erforderlich sein sollten? Sollte Gott, der (Matth. 7, 9) gesagt hat: „Welcher ist unter euch, der seinem Sohne, wenn er um Brot bittet, einen Stein biete?" — einen grammatischen Sinn geben, den alle verstehen können, der aber doch täuscht und irre leitet, der einen Glauben, eine Hoffnung nährt, die nie erfüllt werden können? Solcher Fragen könnten viele gestellt werden, die alle andeuten, daß Gott, um gerecht gegen sich selbst und gnädig gegen die Menschen zu sein, nur Bünde verkünden wird, deren grammatischer Sinn nicht täuscht. Menschen, und sogar gelehrte Männer, sagen uns, daß, wenn wir dem offenbaren Sinne der Worte nach den Sprachgesetzen glauben, wir uns täuschen, gröblich irren, uns mit Trebern begnügen und ketzerisch seien.

Das Wort Gottes spricht für sich selbst und hängt nicht ab von menschlichen Diktaten. Es warnt uns ausdrücklich vor Veränderungen und falscher Deutung seines Sinnes und sagt es uns voraus, es werde so gedeutet werden, daß bei der zweiten Erscheinung Christi nur wenig Glaube an Gottes aufgezeichnete Verheißungen vorhanden sein werde — ein Mangel an Glauben, der durch gang und gäbe vergeistigende und figürliche Theorien und deren zahlreiche Auslegungen bewirkt worden ist. Drei Thatsachen genügen, alle solche Gottes Wort verunehrenden Grübeleien umzustoßen und die Richtigkeit unsrer Auffassung zu beweisen. Eine ist, daß unsre Gegner nicht diese ganzen Bünde vergeistigen oder als bildlich bezeichnen können, noch das versuchen; denn sie erkennen teilweise die buchstäbliche Bedeutung des Samens und wenden sie auf Jesum an. Warum sollte nun dieser Teil so, und das übrige anders aufgefaßt werden? Weil die zur Erfüllung nötigen Thatsachen des ersten Kommens von Abrahams

Samen und Davids Sohn sie zu solcher Auffassung zwingen; das übrige verwerfen sie, weil bis jetzt noch keine buchstäbliche Erfüllung ihre Vernunft oder ihren Glauben befriedigt. Bewußter oder unbewußter Weise maßen sie sich an, zu entscheiden, was ihres Glaubens würdig sei.

Eine weitere Thatsache ist, daß Gott die wörtliche Auffassung der Bünde als die wahre bezeichnete, indem Er einen Teil derselben buchstäblich erfüllt hat. Dies ist in der Geschichte des Messias, durch seine Erscheinung und durch sein Werk, zur Genüge erwiesen, woran wir sehen, daß die Bünde eine wörtlich erfüllte Bedeutung haben. Daher erachten wir, daß es Unglauben beweisen würde, wollten wir sie für eine andre vertauschen. Die dritte Thatsache ist, daß Gott sich auf diese Bünde, als auf leicht verständliche Verheißungen, beruft. Dies könnte Er nicht thun, wenn ihre Sprache verschieden vom klaren buchstäblichen Sinn der Worte verstanden werden sollte, und sie also nicht leicht zu verstehen, sondern schwierig, verwickelt, rätselhaft und geheimnisvoll wären.

Vorausgesetzt, daß jeder Prophetenforscher mit den Verbindlichkeiten der beiden Bünde bekannt ist (dem abrahamitischen, 1 Mos. 12, 1—3—7; 13, 14—17; 15, 4. 2¹; 17, 4. 16; 27, 15—18; und dem davidischen, 2 Sam. 7, 10—16; 1 Chron. 17, 1—14) und deren Beziehungen zum jüdischen Volke, zu den Gläubigen, zu Jesu und den Aposteln, so machen wir sie auf die Anforderungen aufmerksam, welche durch sie an unsern Glauben gestellt werden. Wir geben gern zu, daß wir sie, weil vieles noch unerfüllt ist, einfach auf Glauben annehmen, weil Gott sie gegeben und aufs feierlichste eidlich bestätigt hat. Die Schwierigkeit der Erfüllung, welche viele bewegt, den Verheißungen andre Bedeutungen unterzuschieben, hindert uns nicht. Der sie gegeben hat, der hat bereits durch die Schöpfung und durch Vorbereitungen auf ihre Einlösung sich mächtig genug für alle auftauchenden Zwischenfälle, zur Vernichtung alles Widerstandes erwiesen.

Siehe Pf. 89, 35: „Ich will nicht verletzen meinen Bund und meiner Lippen Ausspruch nicht ändern." Während es jetzt wie vor alters wahr ist, daß „der Gerechte seines Glaubens lebt," ist es ebenso wahr, daß solcher Glaube sehr genährt wird durch die Betrachtung der bestätigenden Aussprüche inspirierter Schreiber, welche uns zeigen, wie richtig es ist, die einfache wörtliche Bedeutung als die wahre anzunehmen, und ebenso auch die bezeugte Vorbereitung für ihre Erfüllung.

Dies ist um so nötiger, da unser Glaube als fleischlich, schwülstig und fanatisch verschrieen wird von vielen, die diese Bünde nur als fortdauernd bezeichnen, nachdem sie deren grammatische Bedeutung verändert und ihnen eine andre, ihnen passende, beigelegt haben. Sie thun damit, was Gott nach seinem Worte nie thun will, indem sie nämlich, ‚seiner Lippen Ausspruch ändern.' Wir danken Gott, daß Er in einer Zeit, wo Unglaube im Schwange ist, uns reichlich Zeugnis giebt, wodurch nicht nur unser Glaube gestärkt, sondern wir auch befähigt werden, „allezeit jedermann Grund zu geben der Hoffnung, die in uns ist" (1 Petr. 3, 15). Zu zeigen, daß wir kein unverständiges Vertrauen fassen, mag man die Einnahme des Landes durch die Patriarchen betrachten, denen es persönlich für sich und ihre Nachkommen zugesagt war. In Anbetracht dessen, daß wir Miterben der Verheißung mit Abraham, Isaak und Jakob sind, giebt uns der Heilige Geist eine Reihe von verschiedenen Bestätigungen, daß unsre Auffassung des Wortes vollkommen mit Gottes Absichten übereinstimmt. Erstens werden wir göttlich versichert, daß Abraham, Isaak und Jakob das Land nicht selbst ererbten (Apg. 7, 5) und daß sie als Pilgrime und Fremdlinge starben, die die Verheißung nicht erlangten (Hebr. 9, 8. 9; 11, 13. 14). Sodann sehen wir, wie dieses nach Gottes Treue die Auferstehung erheischt. Jesus selbst lehrt uns, daß das verheißene Gedächtnis seines Namens die Auferstehung der Toten einschließt, denn es beruht auf den majestätischen Eigenschaften Gottes (Luk. 20, 37; Matth. 22,

31 und Mark. 12, 26): „Daß aber die Toten auferstehen, hat auch Moses angedeutet in der Geschichte vom Dornbusche, wie er den Herrn nennt den Gott Abrahams, Isaaks und Jakobs; Gott aber ist nicht ein Gott der Toten, sondern der Lebendigen; denn alle leben für Ihn." Gott ist unveränderlich; Er ist nicht ein Mensch, daß Er lüge, noch ein Menschenkind, daß Ihn etwas gereue (Matth. 3, 6; 4 Mos. 23, 19); Er läßt sich nicht durch Unglauben beschränken (Jer. 32, 17; Matth. 19, 26; Luk. 1, 37 und '8, 27; Dan. 4, 35). „Er ist einzig, wer hält Ihn zurück? seine Seele begehrt und Er thut's." „Jehovah der Heerscharen hat's beschlossen, und wer mag es vereiteln? und seine Hand ist ausgestreckt, und wer mag sie zurückwenden?" (Jes. 14, 27).

3. Die Wichtigkeit festen Glaubens.

Wollte Gott, die Gläubigen wären besser ausgezeichnet durch einen Glauben wie der Abrahams? Er hielt hinsichtlich Isaaks fest, daß Gott seine Zusagen erfüllen werde, wenn es auch eine Auferstehung von den Toten erfordern sollte (Hebr. 11, 17—19). — Sodann beachte man, wie alle Gläubigen durch den Glauben eingepfropft und also Kinder Abrahams werden. Als solche haben sie ein persönliches Interesse an den Bundesverheißungen. Von diesen bestätigen die heiligen Schriften die unbestrittene Bedeutung des Bundes, daß diese Erde, befreit vom Fluche und erneuert durch die alles vorsehende schöpferische Hand dessen, der alles neu macht (Offb. 21, 5), das ewige Besitztum der Erlösten sein wird. So wird auch das Wort des Herrn erfüllt: „Selig sind die Sanftmütigen, denn sie werden das Erdreich besitzen" (Matth. 5, 5 und Pf. 37). Mit Jrenäus (Ag. Hor. Kap. 37) verlassen wir uns auf den Bund und Gottes Treue und sagen: „Es ist schicklich, daß die Gerechten, die bei der Erscheinung Gottes auferstehen, in ihrem erneuerten Zustande die Verheißung des Erbteils empfangen, welchen Gott den Vätern im Bunde zugesagt, und darin regieren." Dieses allein macht die Bibel zu einem einstimmigen, vollendeten Ganzen hinsichtlich der Verheißungen: sie fängt mit dem verlornen irdischen Paradies an und endigt mit dem wiedergewonnenen. So erheischt sie als unerläßlich eine vollkommne Befreiung vom Fluch; erstattet das Verlorne mit größerer Schönheit, Herrlichkeit und erhabenen Segnungen wieder. Das Bewußtsein, daß der lebendige Gott, der der Heilige ist, sich selbst verbunden hat, mußte natürlich bei den Patriarchen, und muß bei uns, Glauben erwecken, daß auch weit in die Zukunft reichende Verheißungen erfüllt werden. Abrahams Glaube war größer als der unsre, so ernstlich wir auch nach dem Tage Christi ausschauen, denn die Verheißungen wurden absichtlich berechnet auf Prüfung seines auf Gottes Macht und Treue gegründeten Vertrauens, welches jedoch durch Eid und Gegenwart des Erhabenen, der's verhieß, kräftig belebt wurde. Auch unser Glaube wird dadurch geprüft, daß wir durchaus nicht erklären können, w i e diese und jene Verheißung erfüllt werden kann. Auch wir müssen das ‚Wie' dem Übernatürlichen anheimstellen; aber Unglaube kann bei uns nicht entschuldigt werden. Zum Worte Gottes, wie es den Patriarchen gegeben ist, sind uns noch Verheißungen und Haushaltungen, mit ihren erlösenden Entwicklungen und Gnadenmitteln, beigefügt, die endlich in der Person des Messias gipfeln, und die alle bestimmt sind zur Erfüllung der Verheißungen. Frühere Nichterfüllung hat nichts zu thun mit der Gültigkeit und Festigkeit der Bundesverheißung. Mag das ein Stein des Anstoßes für die Menge sein, mag sie deshalb die Verheißungen beschränken oder gar verwerfen, das hindert den verständigen Gläubigen nicht; denn dieselbige Schrift verkündet nicht nur den Verzug, sondern auch dessen Ursachen und ermahnt zu geduldigem Warten. So könnten wir auch den ‚Samen' (Gal. 3, 18), womit ausdrücklich der

Christus bezeichnet ist, anführen, dessen teilweise Erfüllung, ihrer Entfaltung der Verheißungen nachspüren, die alle eine Allmacht der Vorsehung bekunden, welche unwiderstehlich ist. Wir sehen hier eine verheißene Erfüllung, die nach den vorgesehenen Mitteln sich nach dem Abraham und David geoffenbarten Willen ausweisen muß. Auch sehen wir hier das liebende, persönliche Interesse Gottes in der Entfaltung seines Ratschlusses, so daß die Erben seiner wunderbaren Gnade Ihm für immer Ehre, Preis und Herrlichkeit zuschreiben möchten. Kurz, die ganze Analogie der Schrift und des Glaubens beweist durch ein fortschreitendes, durch Einstimmigkeit des Zweckes verbundenes Zeugnis solch einen harmonierenden, auf die ewigen Bünde gegründeten Plan, daß wir treulos wären, wenn wir die Verheißungen nicht als unveränderlich und unwiderruflich annehmen wollten, als „festgestellt und bewahrt in allem" (2 Sam. 23, 5). Laßt mich, Brüder, mich auf eure eigne Erfahrung berufen. Wenn ihr bei euren persönlichen Forschungen in der Schrift sie im Lichte der Bundesverheißungen gelesen habt, hat sich da nicht eure Erkenntnis der erlösenden Barmherzigkeit und Gnade erweitert, euer Glaube und eure Hoffnung gestärkt, euer Herz erwärmt, im Blick auf die erwartete Errettung?

Endlich wird unser Glaube an diese Bünde gestärkt, wenn wir die Mittel betrachten, die schon zu deren endlicher Durchführung vorgesehen sind. Was unsre Gegner als einen ernstlichen und fatalen Einwand gegen unsre Auffassung vorbringen, das gestehen wir gern zu, daß nämlich zur Erfüllung unsers Glaubens und unsrer Hoffnung ein direktes und besonderes Eingreifen einer übernatürlichen Macht nötig ist. Warum sollten wir auch davor zurückschrecken, wenn doch das Natürliche, wie Paulus lehrt, ohne übernatürliche Hilfe für immer in seiner Gefangenschaft seufzen muß? Und warum treten diejenigen besonders gegen unser Vertrauen auf die Erfüllung durch Übernatürliches auf, die doch vorgeben, die Bünde gläubig anzunehmen, da diese doch durch die heiligsten besondern Ausdrücke des Übernatürlichen und durch übernatürliche Thaten eingefaßt sind, die in der übernatürlichen Geburt des Samens, des Sohnes und des Herrn Davids gipfeln? Vom Tage ihrer Ankündigung an bis heute hat der Herr, der Gott der Väter, uns ermahnt, daß wir unser Vertrauen bezüglich der Ausführung dieser Bünde nur allein auf Ihn setzen sollten. Man betrachte diese Bünde, ihre Größe, was sie alles in sich fassen, und es muß zugestanden werden, daß sie weder von den Patriarchen, noch von den Gläubigen je erfahren werden könnten, außer Gott komme direkt mit seiner Allmacht zu Hilfe. Die ersten Verheißungskeime, wie sie von den Propheten und Aposteln erklärt, erweitert und bekräftigt worden sind, bestätigen unsre Auffassung vollkommen.

Sie schließen z. B, wie das Zeugnis inspirierter Männer zeigt, das persönliche Kommen in sich, von Abrahams und Davids Samen als Erben; die Auferstehung von den Toten, daß wir eine neue Erde ererben sollen, daß bei ‚der Wiederherstellung aller Dinge' der Fluch durchaus weggenommen werde, daß eine herrliche Gottesherrschaft durch den ‚Samen' und seine Miterben errichtet und geführt werden wird; daß Leiden, Krankheit, Kummer, Thränen und Tod aufhören sollen, daß Druck und Gefangenschaft, unter denen die ganze Natur seufzt, aufgehoben und die verlornen Segnungen in erhöhtem Maße und herrlicher wiederkehren werden. Alle diese und viele andre unerfüllte Verheißungen schließen so radikale und großartige Veränderungen ein, daß die Bibel durchaus, vom Anfang bis zum Ende, eines lehrt: das persönliche Eingreifen dessen, dem alle Gewalt im Himmel und auf Erden gegeben ist, kann allein solch weit- und durchgreifende, erhabene und wunderherrliche Resultate erzielen. Der Messias ist das friedensreiche, vorgesehene Werkzeug, solch bewundernswürdige Erweisungen zu bewirken im Himmel und auf Erden, in der Natur und Kreatur, in den Heiligen und in der Menschheit, im Heiligen Geist und in Christo. Wenn unser Glaube die von Ihm geschriebenen und auf Ihn, als den allmächtigen Wiederhersteller aller Dinge bezüglichen Worte ergreift, so macht Ihn das vorzugsweise "unsre Hoffnung" (1 Tim. 1, 1), und seine Wiederkunft "die gesegnete Hoffnung" (Tit. 2, 13).

4. Betrachtung besonderer Punkte.

Laßt uns in Kürze einige Einzelheiten hinsichtlich unsers Messias betrachten, die für Bundeszwecke nötig sind. Das wird unsre Herzen ermuntern und unsre Sehnsucht nach seiner Erscheinung erhöhen. Das Alte und das Neue Testament vereinen sich zu der Erklärung, daß die Sendung Jesu die Erfüllung der Bünde und Verheißungen bezweckt. Für uns ist nur die Frage: Da das Übernatürliche unerläßlich nötig ist zur Vollziehung der Bünde — besitzt dieser Jesus diese übernatürliche Macht? Überschwenglich! ist die Antwort. So bleibt dem Unglauben keine Entschuldigung. Die auf übernatürliche Weise verabreichten Bünde beweisen in der vorbereitenden Erfüllung mit einer Bestimmtheit und Kraft, der man nicht ohne den gröbsten Unglauben widerstehen kann, daß diesem Samen alle Macht innewohnt. Man kann unmöglich an die Bünde und an den Messias, als ihren verordneten Vollzieher, glauben, ohne dies zuzugeben. Die Empfängnis, Leben und Thaten, Tod, Auferstehung und Himmelfahrt — alles war übernatürlich. Man ent'leibe Jesum von diesem und es bleibt kein rettungsfähiger Heiland, kein wiederherstellungsfähiger Wiederhersteller mehr übrig und alle Hoffnung erstirbt unter dem Druck und der Gefangenschaft des Fluchs. Als der Christus zum erstenmal kam, da mußte Er notwendig zeigen, daß Er wirklich die zur Vollziehung der Bünde nötige Macht hatte. Und, Gott sei Dank, Er that das, was dem Unglauben Thorheit schien, den Weisen aber Weisheit war, that es und berief sich beständig darauf als klaren Beweis, daß Er der verordnete Same, der zur Vollziehung autorisierte und ausgerüstete Messias sei.

Die Vereinigung des Natürlichen und Übernatürlichen in Ihm ist seine auszeichnende Excellenz, und ist die Krone in seinen Ansprüchen auf Glauben. Man betrachte seine Thaten! Muß der Tod überwunden werden, um die Ererbung zu ermöglichen? Er hat genügend gezeigt, daß Er Macht hat über Tod und Grab! Muß die Natur umgewandelt werden, um Rettung zu ermöglichen? Er hat genugsam bewiesen, daß Er die Natur beherrscht. Ist wunderbare Verherrlichung zum Antritt des Erbteils erforderlich — Er hat seine wunderbare Macht zur Verherrlichung hinlänglich erwiesen. Muß der Satan, der Gott dieser Welt, endlich ausgestoßen und gebunden werden? — Er hat einstweilen seine Macht über ihn teilweise gezeigt. Sollen Krankheit, Kummer und Thränen verbannt werden, soll es keine Blinde, Lahme, Taube, Stumme mehr geben, sollen Hunger, Durst und Teurung aufhören, sollen alle Übel, die infolge des Fluches die leblose und lebendige Schöpfung so schwer bedrücken, aufhören: Er hat durch zahlreiche, wohlbezeugte Thaten der Heilung, durch Wegnahme Schmerz verursachender Dinge, durch Speisung der Hungrigen, Beherrschung der Naturkräfte, u. s. w., seine Macht, alle verheißene Erlösung vollkommen zu bewirken, überschwenglich erwiesen. Diese außerordentlichen Erweisungen des Übernatürlichen in Jesu sind für uns Quellen des Trostes und der Freude, denn sie verweisen uns auf eine Zukunft, in der dieser selbe Jesus von übernatürlicher Herkunft und in übernatürlicher Verherrlichung zur Erlösung wiederkommt, und dann, wie tausend Verheißungen ankündigen, seine Allmacht erzeigen wird, zur Vollziehung, Verwirklichung und Erfüllung der Bünde, die durch Veranstaltung eines treuen Bundesgottes gegeben sind. Dies ist der vernünftigste und Gott am meisten ehrende Glaube, da er das Übernatürliche und Wunderbare als unerläßlich zur beabsichtigten Erreichung der großartigen Vollen= dung macht. Darum werden, wie verschiedene Schreiber richtig angedeutet haben, die Wunder Jesu ‚Zeichen' genannt — Zeichen von Ihm innewohnender göttlicher Macht, die Er zur Erreichung des bestimmten Zwecks gebraucht; Zeichen von der zukünftigen Anwendung seiner Macht, durch die Er die im Bunde zugesagte Erlösung bewerkstelligen werde; Zeichen der mächtigen Kraft, die zur Wiedererschaffung angewendet wird; Zeichen der Herrschaft, die zum höchsten Glück und Wohl= ergehen der Menschen und der Menschheit errichtet werden soll; Zeichen des allmächtigen Willens, durch den Er alle Dinge sich unterthänig macht (Phil. 3, 21); Zeichen, daß „durch Ihn alles erschaffen ist im Himmel und auf Erden, das Sichtbare und das Unsichtbare, seien es Throne oder Herrschaften, oder Obrigkeiten oder Gewalten; alles ist durch Ihn und für Ihn geschaffen; und Er ist vor allem und es besteht alles in Ihm" (Kol. 1, 16).

Wahrlich, wenn solch ein Mächtiger uns zur Anerkennung solcher Zeichen der beabsichtigten treuen Erfüllung auffordert, so würde es vorsätzlichen, wenn nicht sündlichen Glaubens= mangel bekunden, wenn wir die beabsichtigte Anwendung verweigern wollten. In dieser Zeit des Unglaubens und der Entehrung Jesu sind seine Worte (Joh. 10, 25) sehr bedeutsam: „Die Werke, die ich thue in meines Vaters Namen, die zeugen von mic." „Glaubst du nicht, daß ich im Vater bin, und der Vater in mir ist? Die Worte, die ich zu euch rede, die rede ich nicht von mir selbst; sondern der Vater, der in mir wohnt, derselbe thut die Werke. Glaubt mir, daß ich im Vater bin, und der Vater in mir ist; wo nicht, so glaubt mir doch um der Werke willen" (Joh 14, 10. 11). Ja, hochgelobter Jesus, unsre Herzen sagen: Amen! wir glauben an Dich, wir glauben an Deine Werke der Gnade und Barm= herzigkeit, die Dich als den Gesalbten, als den treuen und wahrhaftigen Gott, den Gott= mit= uns legitimieren, der zur vollkommnen Erlösung wiederkommen wird, von der Du uns reichlich versichert hast, um uns Vertrauen und Geduld einzuflößen. Den Erlösungsplan mitzuteilen, die Mittel zur Ausführung zu beschaffen, die Gewißheit seines Bestehens und seiner Interessen zu geben, und endlich ihn zur herrlichen Ausführung und Vollendung zu bringen, zu all diesem ist das Übernatürliche erforderlich.

---

5. Der Erfüller der Bundesverheißungen.

Die herrliche Aussicht, die uns die vom Übernatürlichen geleitete und überwachte Zukunft enthüllt, kann durch Bezugnahme auf die Person des Erlösers erklärt werden. Um es recht zu verstehen, muß man den abrahamitischen und den davidischen Bund verbinden. Wir sehen (da der ursprüngliche Zweig so folgerichtig festgehalten wird), daß der letztere das königliche Werkzeug enthält, durch welches der erstere ausgeführt, verwirklicht und vollendet wird. Diese Verbindung giebt uns zugleich einen so majestätischen, übernatürlichen König, daß Er der König aller Könige ist. Der gottesherrschaftliche Gedanke ist dem Keime nach schon im Bunde mit Abraham dadurch ausgedrückt, daß Gott sich als der Gott Abrahams, Isaaks und Jakobs bezeichnet. Er wurde entwickelt in der Errichtung einer Gottesherrschaft, von der Gott selbst das Haupt war. Da aber Gott voraussah, daß das gottesherrliche Regiment, um der Juden Sünden willen, zurückgezogen werden würde, gab Er absichtlich den davidischen Bund, damit wir gewisse und feste Zuversicht auf seine gottesherrschaftlichen Absichten haben sollten. Darum werden dieselben auch eidlich bezeugt (Pf. 130, 11; 89, 35; Apg. 2, 30). David hat durch göttliche Eingebung den Umsturz der Gottesherrschaft vorausgesagt, aber auch seinen unwandelbaren Glauben an die zukünftige Ausführung des Bundes erklärt. Er beschreibt den verheißenen Samen, der den gottesherrlichen Thron einnehmen wird, als höher denn die Könige der Erde, unermeßlich erhabener als Salomo, schreibt Ihm zu Erhöhung, Autorität, Macht, Herrschaft und Unsterblichkeit, und ein ewiges Regiment, das nur Thoren sterblichen Menschen zuschreiben können. In Davids letzten Worten, in denen er so vertrauensvoll in der Zukunft die große Erlösung durch das Regiment dieses Samens schaut, sagt er nachdrucksvoll (2 Sam. 23, 5): „Denn einen ewigen Bund hat Er mir errichtet, festgestellt und bewahrt. Ja, alles, mein Heil und mein Begehr, wird Er es nicht wachsen lassen?"

Da wir diesen König schon in Kürze betrachtet und gesehen haben, daß das Übernatürliche in Ihm bleibt, so teilen wir Davids Glauben und Hoffnung. Wir erkennen die zur Erlösung nötigen und durch Pfänder besiegelten Ansprüche dieses Bundessamens ohne Zögern an. Wir sind überzeugt, daß das Menschliche zur Erlösung und Erhöhung der Menschheit erforderlich, und das Göttliche in Jesu ebenso nötig ist. Die Verbindung von beidem in seiner Person macht den vollkommnen Heiland, der für Sünde und Fluch, für Sünder und Heilige, für die Toten und Lebenden, für die Menschheit und die Erde nötig ist. Er erfüllt uns mit der köstlichsten Hoffnung, daß Gott wieder bei den Menschen wohnen und ihr gottesherrlicher Gott sein wird (Offb. 21, 3), der seinem Wort die nötige Gültigkeit, Kraft und Erfüllung verleiht. Wir können nicht einsehen, wie jemand, der die Schrift in demütigem Glauben annimmt, der durch persönliche Aufnahme Christi ihre Kraft geschmeckt hat, etwas gegen eine solche, durchaus nötige Verbindung des Menschlichen und Übernatürlichen in Jesu einwenden kann. Wie kann jemand sein Einssein mit dem Vater (Joh. 15, 30), seine Beanspruchung gleicher Macht mit Ihm (Joh. 5, 23), die Erklärung, daß die Fülle der Gottheit leibhaftig in Ihm wohnt (Kol. 2, 9), Er also Gott gleich ist (Joh. 5, 18; 10, 36; 19, 7) — ich sage, wie

10

kann jemand sich von all diesem wegwenden? Dies, dies ist der Heiland, dessen der Mensch, die Menschheit, die Erde bedarf, die unter einem alles durchdringenden, jammervollen Fluch seufzt. Seine Befähigung erglänzt in dem Wort: „Alles, was der Vater hat, ist mein" (Joh. 16, 15). Seine Haupt=Majestät und Macht zur Rettung strahlt uns aus dem Wort entgegen, daß Er ist „der Abglanz der Herrlichkeit des Vaters und das Ebenbild seines Wesens" (Hebr. 1, 3), sodaß es sich bewahrheitet, daß Er ist „das A und das O, der Anfang und das Ende" (Offb. 1, 8), und daß Er gewiß der ist, von dem Jesaias (54, 5) verkündigt: „Dein Erlöser ist der Heilige Israels, der ganzen Welt Gott heißt Er."

6. Das Blut des Bundes.

Solche Ansicht von dem „Kommenden" genügt voll= kommen, seine Erhabenheit, Macht, Reichtum, Ehre, Seligkeit und Herrlichkeit und Ihn als den „Alles in allem" zu bezeich= nen und jede Entschuldigung abzuschneiden, wenn wir seine Bundesverheißungen schwächen oder verschmähen wollten. Wie können wir zweifeln, nachdem dieser göttliche, menschliche, dieser Gottmensch, sein eignes kostbares Blut vergossen hat zur Besieglung dieses Bundes, wodurch Er es ermöglicht hat, daß uns unsre Sünden durch sein Blut vergeben und die des Erb= teils würdig Erfundenen die Erfüllung der Verheißungen erlan= gen? Van Oosterzee spricht eine inhaltsschwere Wahrheit aus, wenn er so treffend sagt: „Wir haben den Bund Gottes mit Abraham als die Grundlage der ganzen Offenbarung zur Erlösung erkennen gelernt". Laßt uns beten, daß jeder Gläubige zu solcher Erkenntnis gelange, denn dann (Eph. 1, 18) bekommen wir erleuchtete Augen unsers Verständnisses, auf daß wir einsehen, welches die Hoffnung unsers Berufes, und welches der Reichtum des Erbes an seinen Heiligen ist.

Irregeleitet durch das Wort „neu", welches erneuert bedeutet, wie in neuer Mond, neues Herz, neue Kreatur, neuer Himmel und Erde, u. s. w., begreifen manche nicht die Wichtigkeit und tiefe Bedeutung des Wortes in Matth. 26, 28: „Dies ist das neue Testament in meinem Blut, das vergossen wird zur Vergebung der Sünden für viele." Was ist denn, nach Hebr 13, 20, dieser ewige Bund, der durch sein Blut bestätigt ist? Die Antwort aus Hunderten von Stellen, die Beweisführungen in Gal. 3, Eph. 2 und in der Epistel an die Hebräer, die Einheit und Einstimmigkeit der ganzen Schrift lehren so deutlich, daß es nicht mißverstanden werden kann, daß es der abrahamitische Bund ist; denn der enthält die Verheißungen, die wir mit Ihm ererben, so wir anders durch sein Blut Abrahams Kinder geworden und in Bundesverwandtschaft gebracht, wodurch wir Erben mit den Patriarchen und Miterben mit dem Samen sind.

Wenn dieser Bund aufgehoben würde, so gäbe es keine Rettung; würde er je gebrochen, so verlöre das Blut Jesu seine versiegelnde Gültigkeit; ist dieser Bund nicht durch sein Blut bestätigt, so können die Segnungen Abrahams nicht über uns Heiden kommen durch Jesum, den Christus, damit wir Abrahams Same und Erben würden nach der Verheißung (Gal. 3), und wir könnten niemals mit den Patriarchen den verheißenen Erbteil des Bundes erlangen. Wir glauben jedoch an dies köstliche Blut! Wir erfahren seine unübertreffliche Köstlichkeit in dem vom Heiligen Geiste gewirkten Bewußtsein der Vergebung unsrer Sünden; wir haben das Pfand, daß die im Bunde gefaßten Verheißungen Gottes, welche wir durch Vereinigung mit Christo und durch Annahme als Abrahams Kinder erlangen, nicht widerrufen, unmöglich unerfüllt bleiben können, sondern von Gott in Christo bestätigt sind, der also Bürge der Verheißung des ewigen Erbteils geworden ist (Gal. 3, 17; 3, 15). Welch ein Pfand der Treue, der verheißenen Liebe, Barmherzigkeit und Gnade ist uns in dem vergoſſenen Blute deſſen gegeben, der zur Ausführung der göttlichen Ratſchlüſſe verordnet iſt; wenn wir noch dazu ſehen, daß ſein eigner Erbteil und ſeine Verherrlichung darin ein= geſchloſſen, damit verbunden iſt! Daher auch Paulus, der in Hinſicht der Bünde wohl gegründet war, und der an die Wiederkunft des Herrn, als die verheißene Zeit ihrer Erfüllung, glaubte (1 Kor. 11, 20), in direkter Verbindung mit der Be= ſtätigung des Teſtaments oder Bundes durch Jeſu Blut ſagt: „Denn ſo oft ihr von dieſem Brot eßt und den Kelch des Herrn trinkt, ſollt ihr des Herrn Tod verkündigen, bis daß Er kommt." Nach Gottes Weiſe iſt dieſer Tod nötig zu unſrer Wiedereinſetzung in die einſt verlornen, aber nun wiederver= heißenen Segnungen des paradieſiſchen Standes. Die damit verbundene Auferſtehung iſt ebenfalls nötig, nicht nur uns zu zeigen, daß Er die Schlüſſel des Todes an ſeinem Gürtel trägt, ſondern auch um Ihn als den unſterblichen, verherr= lichten Sohn Davids einzuſetzen und ſo alle Bedingungen des Bundes zu erfüllen. Seine Himmelfahrt und Erhöhung ver= ſichern uns nicht nur der Annahme und Gültigkeit ſeines Er= löſungswerks, als nach dem göttlichen Willen vollbracht, ſon= dern ſie beſtätigen im voraus das beabſichtigte Werk der Zukunft. Wie können wir uns denn im Hinblick auf all dieſes weigern, alle Verheißungen Gottes, wie ſie geſchrieben ſind, gläubig anzunehmen?

Einen Teil des Bundes als nicht glaubwürdig zu ver= werfen, einen Teil dem geprieſenen Fortſchritt gemäß zu be= ſchränken, den klaren grammatiſchen Sinn zu modulieren und anzupaſſen an unſre Ideen von Vernunft und Schicklichkeit — das alles iſt treulos; denn Gott hat verheißen und Gott erfüllt. Brüder, iſt es nicht heute ebenſo wahr, wie es in den Tagen Chriſti und der Apoſtel war, daß „das Heil von den Juden kommt," und iſt darum Paulus' Ermahnung (Röm. 11, 20) an die Heiden, ſich „nicht zu rühmen" ebenſo anwendbar gegen den allgemeinen Unglauben an jüdiſche Bundesverheißungen?

Laßt es uns zur Warnung und Stärkung beständig vor Augen behalten, daß kein Teil der vorbereitenden Erfüllungen je nach der natürlichen Weisheit der Menschen verwirklicht wurde, noch nach den vorgefaßten Plänen und Erwartungen der Menge, und dieses wird, wie vorausgesagt, so wiederholt werden.

7. Resultat.

Wir wollen nun die Bünde und dazu gehörigen Verheißungen mit diesem göttlich-menschlichen, übernatürlichen König verbinden, und was sehen wir? Die unaussprechlichen, Ihm zugesagten Reichtümer, die prachtvolle Bestimmung der Heiligen, die Erhöhung des jüdischen Volkes, die über die Menschheit ergossenen Segnungen und die Befreiung der Kreatur aus ihrer Gefangenschaft! Wir haben den wahren gottesherrlichen König, Gott selbst, der sich herabläßt, ein irdischer Regent zu sein, und so ein vollkommnes, unfehlbares Haupt uns zu geben und so Festigkeit und Fortbauer seines Regiments zu sichern. Gott, geoffenbart in der Person eines mit der Menschheit Verwandten, sitzend auf dem gottesherrlichen Thron, der mit der Herrlichkeit, die einer so hoch erhabenen Persönlichkeit gebührt, wiederhergestellt und aufgerichtet ist; das Menschliche und das Göttliche in einem identischen Regiment vereinigt, sichert e i n e n bestimmenden, entscheidenden Willen, ein Bollwerk der Oberherrschaft und vollziehenden Macht, Einheit in Absicht und Zweck, die endlose, majestätische Oberhoheit des Hauptes über die Menschen als Nachkommenschaft des zweiten Adams, die herrliche Erhellung des Dämmerlichts über dem Abgrund zwischen dem Zeitlichen, Ermeßlichen und dem Unendlichen, Unermeßlichen; weltweite Herrschaft, die höchstmöglichste geistliche Gesinnung und Gestaltung, und freier Zutritt, sodaß wir den König in seiner

Herrlichkeit und erhabenen Majestät sehen. Wir sehen das Göttliche und das Politische, das Bürgerliche und das Religiöse, die Gemeinde und den Staat, das Natürliche und das Geistliche so harmonierend verbunden, wie sie unter einem solchen gottesherrlichen Regiment sein müssen, das Gottes eignes Urteil über die bestmöglichste Regierungsform ausführt und so uns zeigt, daß Gottes lehrreicher Begriff vom Staatswesen kein verfehlter ist, und so beweist, daß alles ohne Ausnahme geheiligt ist zum Preise Gottes, und so Ihn als ewigen Priester sowohl als König — König-Priester, darstellt, der über ein erlöstes und williges Volk regiert, für das Er für immer jedes Übel, widerstreitende Interessen, Eifersucht und Kriege heidnischer Herrschaft aufhebt. Durch den Glauben sehen wir die theokratische Verwandtschaft und Segen der erwählten jüdischen Nation durch die Wiedergeburt und Zeit der Erquickung, wenn sie in ihren eignen Ölbaum eingepfropft ist durch diesen „König der Juden", wodurch sie zu einem heiligen Volk und zum Kern der Größe des Reichs unter dem Himmel wird, die durch den Königwechsel eingeführt zur herzlichsten Ergebenheit der Nationen hinausbringt. Durch den Glauben sehen wir die Hochzeit des Lammes mit Feierkleidern und Abendmahl, den Sieg über Sünde und Tod, die Erlösung des Lebens, die Offenbarung der Kinder Gottes, den herrlichen Sinn der Annahme in der Christo gleichen Verwandlung und Verklärung, das König- und Priestertum der Heiligen, die Überwindung aller Feinde, die Zerstörung der Werke des Teufels, die Rechtfertigung von Gerechtigkeit und Barmherzigkeit, Heiligkeit im großen und im kleinen, den Heiligen Geist so wunderbar ausgegossen, daß das Übernatürliche mit Macht immer gegenwärtig bleibt; der Spiegel hinweggethan, durch den wir den neuen Himmel und die neue Erde, in denen Gerechtigkeit wohnt, nur stückweise erkennen; das Abwischen aller Thränen durch die mitfühlende allmächtige Hand; die Wonne in Herrlichkeit: die Pracht und Gemeinschaft der Engel; der mächtige Zuwachs des Reiches, die Schöpfung unter der bildenden Hand dieses Regenten, triefend von Gaben und Fett, sodaß selbst die Kreatur sich labt im Sonnenschein der Erneuerung; und das neue Jerusalem mit Gott und dem Lamm als seiner höchsten Herrlichkeit, austeilend den überaus herrlichen Erbteil ewiger Gemeinschaft mit dem Vater, dem Sohne und dem Heiligen Geist.

Ist es denn nicht wahr, daß „Christus die Hoffnung der Herrlichkeit ist?" (Kol. 1, 27). Ist es denn nicht eine erhabene Wahrheit, daß die zweite Erscheinung Jesu zur Erlösung eine ‚gesegnete Hoffnung' ist? Und ist es darum nicht vorzugsweise wahr, daß unsre Hoffnung auch die Hoffnung Israels ist? (Jer. 17, 13; Apg. 28, 20), „die Hoffnung der Verheißung, den Vätern von Gott gegeben, zu welcher die zwölf Geschlechter Israels mit Gottesdienst Tag und Nacht zu kommen trachten," sodaß, wenn der lang verzogene und ersehnte Tag des Herrn Jesu, des Christus, kommt (Jes. 25, 9), gesagt wird: „Siehe, unser Gott ist's, auf den wir harrten, daß Er uns rette; Jehovah ist's, auf den wir harrten: laßt uns frohlocken und seiner Hilfe uns freuen!" O komm, komm bald, Du Bund und Treue haltender Gott!

Gesegnet seien die Bünde, gesegnet die Eide, die sie bestätigen! Gesegnet seien die, ihre Erfüllung vorbereitenden, Mittel und Wege! Gesegnet seien die Beweise von Gottes Treue und Macht, sie zu erfüllen! Gesegnet sei das besiegelnde Blut! Gepriesen sei der Allmächtige, der das erhabene Werk auszuführen verordnet ist! Und gesegnet ist jeder, der das unaussprechliche Glück hat, an seiner eignen Person zu erfahren die umwandelnde, verherrlichende Hand des den Bund ausführenden Gottes! Und es sagen alle wahren und erleuchteten Gläubige: Amen!

7. „Der Heiden Zeit."

Vom Ehrw. George S. Bishop, D. D., Pastor der Ersten „Dutch Reformed" Kirche zu Orange, N. J.

‚Der Heiden Zeit' ist ein umfassender Ausdruck. Er kann nur verstanden werden, wenn ihm der entgegengesetzte Ausdruck: ‚Zeit der Juden' gegenüber gestellt wird.

‚Zeit,' eigentlich ‚Zeiten der Heiden,' des Verhältnisses von aufeinander folgenden fremden Nationen wegen, dem einen bleibenden Israel gegenüber. Sie repräsentieren den Lauf der Zeitalter, welche mit Gottes Verstoßung seines alten Bundesvolkes und der Übertragung der irdischen, königlichen Herrschaft von Davids Thron auf Nebukadnezar anfangen. Von da an schließen sie das ganze Zwischenregiment oder die Periode der heidnischen Oberherrschaft von Nebukadnezar bis zur Wiederzurückgabe der königlichen Herrlichkeit an den letzten lebenden Fürsten, Nachkommen und Nachfolger aus dem Hause Davids, d. h. an Christum bei seiner Wiederkunft, in sich.

‚Der Heiden Zeit' umfaßt zwar Gottes Verkehr mit der Welt durch die Gemeinde, aber nicht die Idee von dieser selbst, da sie, als himmlisch betrachtet, ganz außerhalb der Scene inkognito auf ihre Verherrlichung wartet.

Zusammengefaßt lehrt die Schrift, daß alle Züge von Gottes ewigen Ratschlüssen hinsichtlich der zukünftigen Segnungen für die Welt erfüllt werden, nicht auf mystische Weise durchs Christentum, noch bildlich durch die Gemeinde, sondern wirklich, nachdem die Gemeinde dem Herrn entgegen gen Himmel entrückt sein wird, in der Wiedereinsetzung der Juden, als des erwählten irdischen Volkes Gottes, in ihr ursprüngliches und verheißenes Land, und in der Herrschaft und Herrlichkeit des Messias als des zweiten Adams. Mittlerweile werden die Zeiten der Heiden erfüllt — sie marschieren in Dekaden — sie reifen den Antichrist.

Es hat Gott gefallen, uns unser Leben und unsre Lebensaufgabe in diesen „Zeiten der Heiden" zu geben. Darum wünschen wir sie zu verstehen. Wir wünschen, unsre Umgebung zu begreifen, die Ziele und Lagen der Zeitalter zu erkennen, und den Ruin, der kommt, damit wir nicht getäuscht werden, uns nicht schmeicheln und durch trügerische Erscheinungen verleiten lassen, sondern gegen Strom und Flut gewaltiger Gottlosigkeit fest bei der Wahrheit stehen und Seelen retten. Einen Abriß dieses gradweisen Verfalls, dieser Entfaltung, dieser wahren Entwicklung — Entwicklung hat man's genannt, aber eine Entwicklung nach unten ist's — unsrer menschlichen Natur finden wir im Buche Daniel und dessen Fortsetzung, der Offenbarung Johannes. Jenes ist die Blüte und Vollendung des Alten Testaments und diese die des Neuen.

Denn, so wie das Alte Testament mit Gotteserscheinungen beginnt, denen Prophezeiungen und gegenständliche Mitteilungen folgen, bis die Offenbarung es schließt, wo der Schleier weggerissen wird und der Gegenstand selbst, wie Daniel, sich erhebt bis in die Scenen und Wirklichkeiten der himmlischen Welt: so ist's auch im Neuen Testament. Da haben wir zuerst die Offenbarung Gottes im Fleisch im Evangelium; dann die neutestamentlichen Weissagungen in der Apostelgeschichte und den Episteln und endlich den begeisterten Seher von Patmos, begleitet von den Engeln, dem irdischen Gesichtskreis entrückt.

Daniel, am Schlusse des Alten Testaments, enthält die Zusammenstellung aller Weissagungen desselben. Der hervortretende Stern aus Jakob, das sich erhebende Scepter aus Israel, die Bileam im Gesichte sah, welche „Moab nach allen

Seiten zerschmettern und alle Söhne des Getümmels vertilgen," welcher über Assur — das Morgenland — und über Kittim — das Abendland — herrschen soll, erscheint im Daniel. Er zeigt wie dessen Herrlichkeiten sich erheben über alle Weiten späterer Weissagungen bis zu den geheimnisvollen Pferden im Myrtengrunde und zu den vier Schmieden und Hörnern in Sacharia (Sach. 6). In Daniel bekommen wir, wie durch ein Fernrohr, einen Überblick, so weit hinaus und so genau, wie durch ein Vergrößerungsglas, und er strömt und schwillt an zu amazonenhafter Größe, ja bis zu einem Ocean in seiner Fülle und Tiefe der mannigfaltigen Weisheit Gottes.

Noch mehr. Daniel, der erhabene und Hauptseher des Alten Bundes, ‚der Prophet' wie ihn der Heiland nennt, der ein Jude und doch außer den Grenzen Palästinas, ungehindert durch Rassenunterschiede war, geht bis nach Eden, bis zum ersten Strahl des Evangeliums zurück. „Im Antichrist Daniels," sagt Auberlen, „haben wir die letzte und vollkommne Realisierung des Grundsatzes der Sünde, wie sie durch den Fall in die Welt gekommen ist, gleichwie der Menschensohn Daniels dem Weibessamen in 1 Mose 3 entspricht." Das letzte Tier, welches im Antichrist gipfelt und welches aufsteigt aus dem Meer (Offb. 13), hat den Drachen, die alte ursprüngliche Schlange, hinter sich, gerade wie Gott hinter dem Sohne des Menschen ist, der vom Himmel herabkommt. Und diese Prophezeiungen werden durch die Offenbarung vollendet, indem sie uns sowohl das Weib als das Tier zeigt, und den Ort, dahin die wahre Gemeinde entrückt wird, und das Werk der falschen Kirche, der Hure.

Dies sind unsre Quellen des Lichtes über den Ausdruck ‚der Heiden Zeit' — die Schrift, besonders die prophetischen, und ganz besonders die apokalyptischen Schriften: Daniel und die Offenbarung Johannes.

An ihrer Hand wollen wir denn nun betrachten:

I. Einen Abriß der „Zeit der Heiden."

II. Ihren Charakter.

III. Die sie beendigende Macht, den Stein ohne Hände.

IV. In welcher Beziehung dieses alles zu uns, den Leuten dieser Zeit, und besonders zu jungen Männern steht, für die Daniel ein eigentümliches Vorbild ist.

I. Also erstens, den Abriß der „Zeit der Heiden." Wir erhalten ihn zweimal.

1) In den aufeinander folgenden Teilen und Gliedern eines statuenartigen, kolossalen Bildes.

2) In der Aufeinanderfolge von vier Tieren, welche wieder diese Teile oder Perioden vorstellen, aber von einem andern Standpunkt aus. Das erste ist der Mensch, das Geschlecht. wie es von Nebukadnezar im Gesichtskreis der Natur gesehen wird. Das zweite ist dasselbe, wie es Daniel und, von einem himmlischen Standpunkte aus, Gott ansieht.

Laßt uns denn mit dem kolossalen Bilde anfangen.

Es hat vier, und nur vier, große Weltreiche gegeben: Babylon, Persien, Griechenland und Rom. Das kolossale Bild und die Tiere stellen diese Reiche vor.

Das Haupt des Bildes zeigt uns Babylon (Dan. 2, 38): „Du bist das goldne Haupt." Die Brust und Arme von Silber repräsentieren das Doppelreich der Meder und Perser (Dan. 5, 28): „Geteilt wird dein Reich und gegeben den Medern und Persern." „Sein Bauch und seine Lenden von Erz" bezeichnen die mit Erz bekleideten Griechen (Dan. 8, 20). „Der Widder, den du gesehen, mit den zwei Hörnern, das sind die Könige der Meder und Perser und der Ziegenbock, welcher den Widder schlug, und seine Hörner zerbrach und ihn zertrat, das ist der König von Griechenland." Die Beine von Eisen und die Füße von Eisen und Thon gemengt, die sind das große römische Reich, in das östliche und westliche zerteilt und in den zehn europäischen Königreichen des neuern Europas fortgesetzt. „Da ging ein Gebot aus, vom Kaiser Augustus, daß alle Welt geschätzt würde," und dies Gebot ist bis heute noch nicht widerrufen.

Die gegenwärtige Welt ist römisch. Ihr ganzes gesellschaftliches Gewebe ist römisch. Die Gesetze der Welt sind alle römischen Ursprungs. Ihre Natur ist wie Eisen mit Thon gemengt; ihr Wille, einmal willkürlich, dann lose; justinianisch im Staat, traditionell in der Kirche, das Gegenteil von reiner Gottesherrschaft, der Regel der Schrift und Christi.

Eisen ist charakteristisch für Rom. Die Krone Karls des Großen war von Eisen; ebenso die Karls V. Napoleon wurde mit Eisen gekrönt. Die Krone Deutschlands ist von Eisen. Die Krone Italiens, die König Humbert trägt, ist von Eisen und stammt aus dem Jahre 590.

Eisen stellt Härte und Strenge vor. Es ist vergänglicher, leichter vom Rost zerfressen als Messing, Silber oder Gold; aber als Stahl ist es härter als irgend eins und durchschneidet jedes andre Metall. Solcher Natur ist Rom immer gewesen — unerbittlich, überall mit eiserner Strenge durchfahrend, einmal Eisen und dann doch wieder unstet, je nachdem Revolten, Volksführer oder Kommunismus die Oberhand bekommen.

Der Abriß, meine Brüder, von der Heiden Zeit ist der Abriß der Bibel. Diese Dinge sind die Entdeckungen und deutlichen Versicherungen, nicht der Menschen, sondern der Bibel. Verwerfen wir sie, so sehe ich keinen Ausweg als die Verwerfung des göttlichen Wortes. Und eben hier müssen wir darauf bestehen, daß wir mit Philosophie dabei nichts zu thun haben. Es handelt sich hier ums Festhalten oder Fallenlassen der klaren, unwidersprechlichen Angaben der heiligen Schrift. Die Frage ist, ob unfehlbare Schrift nebeneinander gestellt und durch unfehlbare Schrift ausgelegt werden soll, und ob wir uns an die Schrift halten wollen, trotz aller Gegenbehauptungen der Menschen?

Aber unsre Auslegung, soweit, ist sowohl von Ungläubigen als von Gläubigen zugegeben worden. „Die vier Reiche," sagt der ungläubige Geschichtschreiber Gibbon, „werden in den Weissagungen Daniels so klar dargestellt, wie in den Schriften von Justin und Diodorus."

Derselbe Abriß der Reiche kommt wieder zum Vorschein in den aufeinander folgenden Gleichnissen von den Tieren. Hier haben wir Gottes Ansicht von den sich entrollenden Zeitaltern, als derjenigen der Menschen entgegengesetzt. Für Nebukadnezar, der die Dinge nur nach ihrer äußern Erscheinung sieht, hat alles den Glanz des Goldes, den Schein des Silbers, die Pracht des Messings, die Unwiderstehlichkeit des Eisens.

Das Aufleuchten des kolossalen Bildes im Traume des Monarchen ist einfach der Ausdruck der allgemeinen Eitelkeit, hoch wie an den Portalen von Versailles angeschrieben: „A Toutes les Gloires Francaises," aller Herrlichkeit der gefallenen Natur.

Das Tier dagegen stellt uns Gottes Ansicht des gleichen Gegenstandes vor. Das Bild zeigt uns Nebukadnezar und seine Nachfolger auf der Zinne des Palastes, das Tier ist das gleiche Bild drunten, der Verrückte, der mit den Ochsen weidet.

„Der Mensch in Herrlichkeit ohne Verstand, er gleicht den Tieren, die man würgt." Dies ist wahr von der gefallenen Natur im einzelnen Menschen, in Adam, in Nebukadnezar und im ganzen.

Das Bild ist ohne Gottvertrauen, es schaut abwärts, es geht abwärts, seine ganze Richtung ist abwärts, nicht aufwärts.

Die Herrlichkeit des Menschen besteht in seiner Abhängigkeit von Gott, seinem Vertrauen auf Ihn. Wahre Männlichkeit beruht in der Erkenntnis Gottes, in Gemeinschaft mit Ihm, in seinem Anteil an den Ehren eines erhabenen und herablas=

senden Gnadenbundes. Der wahre Mensch, der wahre Sohn des Menschen, kommt also sowohl in seiner Person, als in seinen Gliedern von oben herab, ist von oben geboren und wandelt hier unten, inmitten der Ruinen des Falles, ist aber mit Gott verbunden.

Im andern Fall ist der Mensch überall, in jeder Stellung und Lage, zu jedem Zweck, nur ein Tier. Sich selbst überlassen, wirft er seine Krone vom Haupte, verdunkelt das feine Gold in Thon und Staub, und dreht und windet seine Löwennatur in die Gestalt einer Schlange. Der Mensch ist von Natur nur zu einem fähig und hat nur eine Macht: sich selbst zu verderben. Wenn ein Mensch verdammt wird, so hat er's so gewollt; wenn ein Mensch gerettet wird — o Wunder der Gnade! so geschieht's nur, weil Gott ihn retten wollte. Die ganze Geschichte, alle Erfahrung und alle Theologie stimmen hierin überein.

Ein Tier hat Kraft, auch wohl Verstand, aber keine höhere Natur. Seine Augen sehen abwärts, seine Begierden sind irdisch, sein Instinkt ist Selbstsucht. Als Sklave seiner Sinne, ist der Mensch ohne richtige Selbst- und Gottes-Erkenntnis. Das Tier ist also das Fleisch. Beide Worte bezeichnen den aus seinem ursprünglichen Zustande gefallenen Menschen, der, von seinen Lüsten gefangen geführt, seine Heimat und alle seine Interessen in der materiellen Welt hat.

Die Tiere Daniels, der geflügelte Löwe auf babylonischen Tafeln, wie man ihn heute noch sieht; der Bär des Kaukasus, als der unersättliche Hunger Persiens; der gefleckte, vierköpfige Leopard, der die Schnelligkeit des Marsches und die bunten zusammengewürfelten Elemente der großen Armee Alexanders vorstellt, wie sie sich unter vier Häuptern zerteilt, unter Kassander, Lysimachus, Seleucus und Ptolemäus. Und endlich das namenlose, schreckliche Tier, das auf den sieben Hügeln sitzt — Rom, das Geschöpf, Ebenbild und fleischgewordene Wesen des Drachen in seiner vollendeten Gestalt, das kleine Horn oder der

Antichrist, rein satanisch: alle diese stellen wiederum die vier Reiche dar, das Regiment und den Ruin unsrer sich in ihrem Blute wälzenden und verlornen Menschheit, die Zeit der Heiden, der Zeit der Juden gegenübergestellt, und so drückend für diese, als Zeit der Züchtigung, so bedeutsam vorbildend die große Trübsal, welche so lebendig von Hosea (Kap. 13, 7—9) geschildert wird: „Und so bin ich ihnen wie ein Löwe, wie ein Parder lauere ich am Wege; ich begegne ihnen wie ein Bär, der Jungen beraubt, und zerreiße das Schloß ihres Herzens, und verzehre sie daselbst wie eine Löwin; die Tiere des Feldes sollen sie zerfleischen. Dich verderbet, o Israel, daß du gegen mich, gegen deine Hilfe, bist!"

Nachdem wir so einen Abriß von der Zeit der Heiden gemacht, wenden wir uns

II. Zu ihrem Charakter.

Derselbe ist gradweise Abnahme, fortschreitende Verschlechterung. Die Erscheinungen selbst, das Bild und die Tiere deuten dies an. Die Schrift bezeugt und bestätigt es. Dem metallischen Werte nach geht's mit den Bestandteilen des Bildes abwärts. Silber ist von geringerm Werte als Gold, Messing als Silber, Eisen als Messing, Thon als Eisen. Auch dem Gewichte nach geht es abwärts. Das specifische Gewicht des Goldes ist 19.5, des Silbers 10.47, des Messings 8, des Eisens 5, des Thones 1.930. So schwer oben, so lose steht das Bild, oben 19 und unten 1, daß die leichteste Berührung an den Zehen es umstürzen und in tausend Stückchen zerschmettern muß.

So auch mit den Tieren. Anfangend mit dem Löwen, dem König der Tiere, und zwar mit einem geflügelten Löwen, als aus höhern Regionen, geht's hinab bis zu einem Ungeheuer, das im Schlamm watet, halb Flußpferd, das auf eine Schlange ausläuft.

Die Schrift lehrt uns, daß die Welt, die Natur um uns,

abwärts geht, schlimmer und schlimmer wird. Zwei schauerliche Dinge, die sich aus dem Grunde der Schrift wie Vulkane erheben, beweisen das. Eins ist das bevorstehende Gericht, das andre der Antichrist. Das Gericht — wenn die Welt dem Gericht entgegengeht, wenn das Gericht nächstens zu erwarten ist, dann wird die Welt nicht besser und besser, sondern schlechter.

Das andre ist der Antichrist. Das römische Reich schwemmt wie ein großer Mälstrom alles Böse und Gift früherer Reiche in sich hinein, und das kleine Horn, das dem „Horn des Heils" opponiert, sammelt in sich das Gift vom römischen Reiche. So findet das Tier, das „war" und „nicht ist", das heißt, das jetzt unter den Trümmern der europäischen Reiche der Beachtung entzogen liegt, und „doch ist", seinen letzten Ausdruck, Auferstehung und wieder organisierten höchsten Stand in dem Menschen der Sünde und dem Kinde des Verderbens.

In ihm vollendet sich der Abfall. „Es ist Pharao", sagt Henry Better, „der ausruft: ‚Wer ist der Herr?'" Es ist Nebukadnezar, der dem Volke befiehlt, vor einem Bilde niederzufallen; es ist Darius, der jedermann verbietet, irgend etwas von einem Gott außer ihm zu bitten. Es ist Alexander, der als Jupiter geehrt sein wollte; es ist der „göttliche" Augustus, dessen Genius jede römische Legion bei Todesstrafe opfern mußte. Es sind all diese, meine Brüder, und all die Cäsare und Napoleone zusammengerollt in einen — einen großen satanischen, kirchlich politischen Führer, der die verdammungswürdige Empörung der Natur in offnem Kampf gegen Gott sammelt und anführt.

Ist das Papsttum dieser kommende Mensch der Sünde? Mit nichten. Aber dem Anfang nach bin ich ja! zu sagen gezwungen. Es giebt ein falsches System auf Erden, eine abgefallene, mit der Welt vermischte Kirche. Wo ist sie? In den Weißen Bergen sahen wir eine nur sechs Zoll lange Klapperschlange. Der Blitz ihrer Augen, das Fächeln ihrer geschmeidigen Zunge, ihre blitzschnellen Bewegungen — alles zeigte, was sie war, woher sie kam, was aus ihr werden würde. Ich sage nicht, daß eine kleine junge Klapperschlange so schlimm wie eine alte ausgewachsene ist, aber es ist leicht einzusehen, was aus der kleinen werden wird, wenn man sie gewähren läßt. Wir tändeln mit keiner Schlange, noch weniger mit einer Klapperschlange, und am wenigsten mit dieser, deren Klappern durch alle Zeitalter her bis auf uns gehört wurde, wenn sie auch klein ist. Sobald wir dies zugeben, sobald wir eine Tendenz nach dem Antichrist zu eingestehen, sobald leugnen wir auch den Fortschritt der Welt im Guten. Äußern Fortschritt giebt es, und thörichte Menschen und sogar Prediger, thöricht in dieser Hinsicht, soviel sie auch unsre Weisheit in andrer Hinsicht belächeln mögen, können von fortschreitender Vervollkommnung reden. Sie mögen uns auf den Fernsprecher und die Schnellzüge hinweisen und sagen, der eine sei beinahe schneller als der Gedanke und die andern als die Bewegung selbst. Wir sehen all das und erkennen es sowohl wie der natürliche Mensch es sehen kann und sieht; aber wir verweisen dagegen, trotz allem Schein, auf das Gericht und den Antichrist.

Die Welt wird schlimmer und schlimmer. Während Thubalkain an seinen neuen Maschinerien hämmerte und Jubal seine großen Orgeln baute, ward die Welt schlechter und schlimmer und reifte für die Sündflut. Und so ist's jetzt.

Die Natur wird schlimmer und schlimmer. Der natürliche Mensch wird schlechter und schlechter. Er mag sich dem Fleische nach verbessern, mag schönere Kleider tragen, eine hübschere Gestalt bekommen, höhere Plätze und Stellungen erklimmen, geschmeichelt bekommen, Gunst erwerben — aber bei all dem sinkt er tiefer, wird innerlich schlimmer und schlechter, mehr ein Raub des Teufels, wie ein wurmstichiger Apfel, der reifer und prächtiger wie die andern scheint, weil ihm die Fäulnis das Herz ausfrißt.

Verschlechterung ist die Regel der Zeit der Heiden. In

welcher Hinsicht? Nicht in jeder, nicht in äußerer Hinsicht. Nicht, daß Griechenland mit dem Glanz seiner messingnen Prätensionen, mit seinem Genius, welcher, wie durch einen zerbrochenen Spiegel ihres prächtigen Ägäischen Meeres das Licht des Morgenlandes zurückstrahlt; mit seinen Trauerspielen, deren tiefe Intensivität aus hebräischen Propheten gestimmt ist; mit seinen mystischen Sagen, deren Ursprung und Eingebung auf die asiatischen Küsten zurückzuführen ist — nicht daß Griechenland nicht weiter fortgeschritten wäre als Babylon und Persien, nicht daß das Bild nicht breiter und die Tiere nicht beweglicher würden bei dem Fortschritt nach unten; aber eins: Der Schein trügt! Nicht nur steht das Haupt höher als Brust, Schenkel und Füße, sondern auch, das Haupt ist einig, ist eins; das zweite umfaßt zwei Reiche, Medien und Persien; das dritte vier: Macedonien, Thracien, Syrien und Ägypten; das vierte zehn, und so immer weniger konstitutionelle Einheit und mehr Teilbares und Geteiltes, wie die Zeitalter dahinrollen. Und dabei die stetige Abnahme des Bewußtseins ihrer Verantwortlichkeit gegen Gott als seine Haushalter, des Bewußtseins, daß alle Macht von Gott übertragen und für Ihn zu gebrauchen sei. Gott machte Adam im Paradies zum Haupt der Schöpfung. „Wie ist so etwas, wie ein Königreich auf Erden, entstanden?" fragt der Volksführer. Hier ist die Antwort: In Adam hatten alle Reiche, das Mineral-, Pflanzen- und Tierreich ihr Haupt, gerade wie in Nebukadnezar das Eisen, Messing und Silber ihr Haupt hatten. Königliches und konstitutionelles Regiment ist göttliches Regiment. „Wäre ich nicht Christ," sagt Bismarck, „so wäre ich Kommunist; nun aber glaube ich an Obrigkeit, die nach ewigen Grundsätzen der Gerechtigkeit von Gott eingesetzt und in die Hände von von Gott verordneten Menschen gelegt ist, die Ihm verantwortlich sind."

Königliches Regiment ist haushälterlich, gegründet auf Gesetz, und hat Gerechtigkeit zu seiner Stütze. Und alle Macht, die irgend eine Regierung heutzutage hat, ist eine königliche Macht.

Damit meine ich, daß Obrigkeit auf Gesetz gegründet ist; Gesetz aber auf Strafe, und Strafe endlich auf die Hölle.

Gesetze ohne Strafe sind bloße Ratschläge. Du sagst mir, etwas zu thun; aber wenn du nicht berechtigt bist, mich im Weigerungsfalle zu strafen und mir nicht damit drohst, so ist, was du sagst, nur ein Ratschlag, nicht ein Gesetz. Ich kann thun oder lassen, wie ich will, und weder Schaden noch Reue darüber haben. Daran geknüpfte Strafe macht etwas zum Gesetz, und die Gewißheit der Strafe schärft das Gesetz ein. Dies beweist die entschiedene Notwendigkeit der Hölle. Man lasse die Hölle hinter Gottes Gesetz, und ernste, unvermeidliche Strafe bekräftigt jedes Gesetz. Man rüttle an der endlosen Hölle und man erschüttert die tiefsten Grundlagen der Gerechtigkeit, an der Überführung und Macht aller Strafe überall, und lähmt so alles Gesetz und alle Obrigkeit.

Königliche Macht ist deshalb die Kraft von irgend einer Obrigkeit, wo nur auf Erden solche Kraft ist. Man nenne es Republik oder wie man will, je erhabener die Idee von der Haushalterschaft, je höher die Überzeugung von Gottes Verordnung dazu; je gottesherrschaftlicher es ist, desto reiner und edler ist die Macht.

Gott machte Adam zum Haupte der Schöpfung, zu seinem Haushalter; aber Adams Regiment schlug fehl. Dem Noah übergeben, bestand es wieder nicht. Auf David gekommen — sein Haus verlor es. Auf Nebukadnezar übertragen, geht es vom goldnen Haupt hinab bis in den socialistischen Thon.

Die erste Idee von Gott, die Grund-Idee, schließt das Gefühl der Abhängigkeit und der Verantwortlichkeit in sich. Diese beiden — Abhängigkeit und Verantwortlichkeit — sind die beiden Faktoren der Haushalterschaft. Adam, als das Haupt der niedern Schöpfung, war sich seiner Abhängigkeit von Gott für seine Stellung bewußt und seiner Verantwortlichkeit, wenn er sie behalten wollte. Aber von Adam an bis herab zum Antichrist nimmt man wahr, wie das Bewußtsein und Licht dieser

Haushalterschaft abnimmt und dichtere Finsternis eintritt. „Ein Wort sprach Gott," sagt David, „zwei die ich vernahm, daß Macht bei Gott sei." Nebukadnezar wußte das, er mußte es fühlen und bekennen. Die neuere gotteslästerliche Idee von der Volkssouveränität war zu seiner Zeit noch nicht ausgebrütet. Man sieht Nebukadnezar auf seinen Knien vor Gott. Man liest seine herrliche Proklamation von der Oberherrlichkeit Gottes. Man sieht den König von Ninive, mit seinem Hof und Volk und Sklaven und Vieh, im Sack und in der Asche vor Gott, wie sie sich in den Staub beugen. Man liest die Befehle von Darius und Ahasverus und Cyrus, hinsichtlich des Tempels und der Anbetung des wahren Jehovahs, und man findet sich zurückversetzt in die Zeit, wo Menschen ihrer Abhängigkeit von Gott sich bewußt waren, ihre Verantwortlichkeit gegen Ihn bekannten. Sie waren darin so hoch erhaben über die populären Ausdrücke in unsern Tagen, wie Gold über Thon und Schlamm erhaben ist.

Ich will mich jetzt nicht damit aufhalten, zu zeigen, wie sich selbstverständlich die Regierung von der Selbstherrschaft Nebukadnezars durch das Parlament Persiens und die Oligarchien Griechenlands herab verlief bis zur Mischung des kommunistischen Thones und Geschreis, welches Imperatoren schuf und absetzte, und endlich sie alle stürzte durch die barbarischen Horden, die, wie ein ungestümes Meer, das alte Rom überfluteten und ersäuften. Der Verfall, der durch die Zeitalter geht, ist ein Übergang von Gottes Willen zu der Menschen Willen. Civilisation ändert dies nicht. Ein civilisierter Mensch steht Gott nicht näher, wie ein Wilder. Ein amerikanischer Bürger, der unter dem Lichte des Evangeliums frech lästert, ist nicht besser wie der fromme Abimelech zur Zeit Isaaks und Hiobs. Der Umstand, daß er in einem Hause mit den neusten Verbesserungen wohnt und sein Blatt bei elektrischem Licht liest, ändert nichts an der Sache. Gott sagt, daß die Natur und der natürliche Mensch sich immer verschlechtern, daß, wie die Zeiten dahin rollen, er immer sorgloser und eigenwilliger wird. Er sagt, daß, „was vom Fleisch geboren, Fleisch ist". Laß es aus der Natur durch die Kultur hindurchgehen und es ist immer noch unwiedergeboren, natürlich, verloren! Noch mehr. „Die ganze Geschichte", sagt Delitzsch, wo er von der Kultur der Alten Welt, die unter den Söhnen Kains geboren ist, spricht, „die ganze Geschichte hat gezeigt, daß die Verfeinerung der Civilisation immer Hand in Hand ging mit Gottesvergessenheit." Und Nitzsch sagt in seinem Lehrsystem, „daß aller Fortschritt, der aus den natürlichen Fähigkeiten und Kräften der Menschen erwächst, nur das Verderben vergrößert und den wahren Ruin der Rasse beschleunigt." In frühern Zeiten, in Nebukadnezars Tagen, glaubten die Menschen im ganzen an Jehovah, empfingen Mitteilungen von Ihm. Ihre Augen waren aufwärts gerichtet, sie beobachteten die Sterne; heutzutage sind die Menschen im ganzen ungläubig, leugnen die göttliche Eingebung und forschen im Schlamm, statt unter den Sternen. Ein Mensch ist gerade, was er denkt; wenn er Schlamm denkt, so ist er Schlamm. Daher kommt es, daß unter dem Regiment Hurleys, Darwins und der Entwicklungsschule alle Ehrfurcht, die Reinheit des Weibes, ausstirbt, daß Majestäten, Titel, Selbstachtung verschwinden und daß London wie Sodom, und Paris wie Gomorrha wird.

Diesen Ruin haben wir vor Augen. Seine Wellen rollen heran. Die Gegenwart der Gemeinde, die bald entrückt werden wird, hält ihn für jetzt noch auf. Wird sie entrückt, so ist das Kommen des Antichrists, des Gesetzlosen, gewiß. Seine Vorreiter sind schon da. Eigenwillen, das Laster der menschlichen Natur, zu einer Revolte herangereift, wird in einem blühen, der in seinem eignen Namen kommt, seinen eignen Willen thut und aller materiellen Macht trotzt und sich selbst als Gott zeigt, und alle Erfindungen und Verbesserungen, die mehr ans Materielle binden, werden an dem Tage ihm helfen. Die Menschheit wird selbsterhöht und selbstvergöttert dastehen, wie im Thal Dura, bewundert und angebetet von aller Welt, und dann wird der Stein kommen.

III. **Unser dritter Teil bringt uns zur Betrachtung, wie der Antichrist umgebracht werden wird und das Ende der Zeit der Heiden herbeigeführt durch den geheimnisvollen Stein ohne Hände.**

Dieser Stein, losgerissen ohne Menschenhände, ist Christus; nicht in seiner ersten Erscheinung, sondern in seiner Wiederkunft. Dies geht zuerst hervor aus der Wirkung des Steines. Christus der Gekreuzigte und sein Evangelium ist Gnade; aber dieser Stein ist Gericht. Ferner, das Evangelium bekehrt langsam; dieser Stein thut sein Werk schnell, auf einmal. Ferner: Dieser Stein zerschmettert den Antichrist, aber dieser ist noch nicht erschienen. Ferner, das zu errichtende Regiment wird herrlich sein; aber jetzt heißt es: „Ihr habt Trübsal." Wiederum: wenn dieser Stein fällt, wird das Reich Israel wieder errichtet werden; das sichtbare Königreich wieder hergestellt und übergeben und das Volk der Heiligen des Allerhöchsten wird es empfangen, welches alles bei der Menschwerdung Christi nicht geschah. Endlich scheint es, als ob der Stein selbst seine Bedeutung andeutete.

Ein Stein besteht aus vielen kleinen Teilchen, die durch Gottes Macht verbunden sind. Niemand kann das Geheimnis ihrer Verbindung entdecken oder offenbaren. Es ist also etwas in dem Stein, das in keinem dieser Metalle, noch im Thon ist. Metall hat auch Zusammenhang, aber es ertötet das einzelne Teilchen. Es hat nur eine Masse und einen Willen. Thon, die Erde, besteht aus vielen kleinen körnigen Teilchen, aber er zerfällt. Man betrachte einen Klumpen Erde, wie er zerbröckelt, kein Zusammenhang und keine Möglichkeit dazu.

Man nehme dagegen Stein, sei es Quarz, oder Granit,

oder ein gewöhnlicher Feldstein. Stücke, Teilchen, sind da so deutlich wie nur möglich zu sehen; aber sie sind, wie in Quarz und Granit, innig verbunden in eins. Der Hammer kann diese Teilchen nicht trennen. Teilchen sind's, aber sie sind fest verbunden, eine untrennbar verbundene Einheit. So ist Christus und seine Gemeinde — Christus das Göttliche, und sie das Menschliche, so verschieden wie das Endliche vom Unendlichen und doch innig und fest verbunden, daß keine Schneide eines metaphysischen Meißels sie zu trennen vermag.

Und die Gemeinde, 10,000 menschliche Willen in einem vereinigt, können eins werden; denn Feuer, das innere Feuer der Wiedergeburt, der unwiderstehliche Zug der Gnade hat dies Wunder gewirkt, dies Wunder aller Wunder, dieses Hauptwunder der Natur, welches über die Natur erhaben ist, welches die Prophetie erhoben hat, welches nun herabkommt und mit Christo zum Gericht erscheint.

„Und Er trägt auf seinem Gewand und auf seiner Hüfte einen Namen geschrieben: König der Könige und Herr der Herren." „Und die himmlischen Heere folgten Ihm nach auf weißen Rossen, bekleidet mit weißem und reinem Byssus." „Und Königtum und Herrschaft und Gewalt aller (sieben) Reiche unter dem ganzen Himmel wird dem Volke der Heiligen des Allerhöchsten gegeben." „Und wer auf diesen Stein fällt, der wird zerschmettert, zerschmolzen, (erweicht, gebrochenen Herzens) werden, und auf wen er irgend fällt, den wird er zermalmen."

IV. **Wir kommen jetzt zum vierten und letzten Punkt**: in welcher Beziehung dieses alles zu uns, den Leuten dieser Zeit, und besonders zu jungen Männern steht, für die Daniel ein ganz besonderes Vorbild ist.

1. Es soll uns zuerst den Wert der Weissagungen zeigen. Der am meisten himmlische Mensch des Alten Testaments war Daniel, der des Neuen Testaments der geheiligte Johannes.

Wie sind sie das geworden? Sie haben in der Prophetie gelebt. Man sehe wie Daniel anfing. Zuerst hat Nebukadnezar Träume, und Daniel legt sie so im allgemeinen aus; noch ist die Sache außer ihm. Danach hat Daniel selbst einen Traum, danach ein bestimmtes Gesicht, seine Augen sind geöffnet wie am hellen Tage; er sieht klar, was Paulus nur in einer Entzückung sah. Endlich überschreitet er den Bereich der Sinne und bedarf weder der Gesichte noch der Bilder. Er ist so gut wie im Himmel, denn in seinen letzten drei Kapiteln, und besonders im letzten, redet er mit den Engeln und ist so frei mit ihnen wie mit Verwandten nach Fleisch und Blut.

Laßt uns nicht fürchten, Brüder, vor dem Traum, dem Gesicht, der Zukunft! Wenn die Bibel die ganze Offenbarung ist, so muß sie Licht auf die Zukunft werfen. Sie wird irgendwo mit einer Leuchte verglichen. Die trägt man aber in dunkler Nacht nicht so, daß sie den Pfad hinter uns, sondern daß sie ihn vor uns beleuchtet. Irgend jemand, der einen geraden Weg vor sich hat und weiß wohin er geht, ist besser dran als der, welcher bekennt, in Dunkelheit und Verwirrung zu wandeln. Die Weissagung ist wertvoll, weil sie uns eine Richtung, ein Ziel angiebt. Wir müssen für die Zukunft leben. Wofür leben wir sonst? „Hier," sagt jemand, „ist gerade die Schwierigkeit mit der Masse der sogenannten Christen. Ein Mensch wird in seiner Weltliebe und Sünde zum Stillstand gebracht. Er wird ängstlich, fängt an zu beten, die Schrift zu lesen, und versucht alles, um Frieden zu bekommen. Endlich erkennt und glaubt er das Evangelium, nämlich daß Christus, als Er sein Blut am Holze vergoß, ein für allemal und für immer für ihn gethan, was er selbst vergeblich zu thun versucht hat. Was nach diesem allen folgt, das wissen wir. Angst und Furcht sind am Ende. Die Seele hat durch den Glauben Frieden und Freude, ist selig und frei. Aber wie widerlich und traurig ist es, das Bild zu vollenden. Nach und nach fällt die Seele, die mit Blut von aller Sünde erkauft ist, zurück in Weltsinn,

Selbstsucht, Modesucht, Gleichgültigkeit und Gewinnsucht. Wo fehlt's? Was kann es sein, als daß die Leute zwar gelernt haben, woraus sie gerettet sind, aber nicht wozu: sie haben keinen Zweck vor Augen."

Die Prophetie hält uns ein Ziel vor. Die Thessalonicher waren von den toten Götzen zu dem lebendigen Gott bekehrt worden, Ihm zu dienen und auf die Erscheinung seines Sohnes vom Himmel zu warten. Sie hatten ihr Auge auf den hingegangenen Herrn gerichtet, der jeden Augenblick wiederkommen könnte. Das verlieh ihnen Ernst und erhob sie über das Irdische. Es verlieh ihnen Ernst. Jemand, den ich innig liebe, sagte neulich abends zu mir: „Ist nicht jeder eifrige, erfolgreiche Evangelist, der in der Liebe Christi brennt, meine ich, von Spurgeon an, auch von der sichtbaren Wiederkunft des Herrn überzeugt?" „Gewiß," sagte ich, „es ist wahr. Moody, Bonar, all die eifrigen Schweizer, Deutsche, Engländer sind Millennarier."

Die Prophetie verleiht den Leuten Ernst und himmlischen Sinn. Die Welt lacht über solche Leute; aber sie mag zusehen. Gottes Offenbarungen erscheinen zuerst alle wie Gesichte, nicht ganz klar, verhüllt; man sieht erst „Menschen gehen als wären es Bäume." Abraham sah das Opfer erst wie ein Gesicht, dann sah er eine Flamme zwischen den Stücken durchfahren; dann noch deutlicher, und er sah Christum.

Es steht kein Mann verzeichnet auf den Blättern der ganzen Geschichte, der je etwas für Gott gethan, und der nicht von den Menschen als Träumer, Schwärmer und Fanatiker verschrieen worden wäre. Abraham sah Gesichte; ebenso Moses, Josua, Samuel und David. Lot sah keine, Korah, Dothan und Abiram sahen keine, die zehn Kundschafter auch nicht; Eli sah keine und Saul sah keine, außer seiner eignen Verwerfung.

Was wäre aus der Welt geworden, wenn niemand aus der Tiefe und dem Schlamm bloß nomineller Gottseligkeit herausgehoben worden wäre? Was? wenn es keine Luther gegeben hätte, keine Männer, die Christum und den Teufel so deutlich sahen, wie andre Leute Fleisch und Blut? Was wäre aus der Welt geworden ohne Leute wie Rutherford, Bunyan, Whitfield, Wesley, Zinzendorf und Jonathan Edwards? Von diesem sagte man: „Er ist ein Träumer. Er lebt nicht auf der Erde. Er geht im Walde, halb im Himmel, herum." Ja, dies sind die Leute, die die Welt vor dem Untergang bewahrt haben und noch bewahren. Junger Mann, wenn du kein Feuer für Gott in dir hast, so bist du kein junger Mann. Du magst nur 20 sein, aber du bist ein Fossil, ohne Saft und Kraft. Wenn in dir nur ein Gedanke erzeugt ist, nur eine Inspiration, welche in die Zukunft flammt, welche aus den Maschen des Beamtenstolzes, aus dem Mahlen, Mahlen, Mahlen endlosen Rundlaufs herausbricht, aus der geschäftigen Parade des „Wie man's nicht machen soll;" wenn du von einem Gedanken durch und durch und ehrlich begeistert bist, und vorwärts siehst und strebst, und strebst mit aller Macht, und dabei bleibst und den Gedanken ausführst bis er sich selbst verwirklicht, das ist Prophetie, das ist Daniel.

2. Die zweite Beziehung, in der dies alles zu uns steht, zeigt uns den Einfluß eines prophetischen Mannes auf die Welt. Man denke an Daniel. Die Geschichte berichtet uns, wie Confucius nach Babylon kam; wie Zoroaster von Daniel entlehnt hat; wie all die höhern und reinern Lehren der Vedas, von der Sünde, von der Versöhnung, von Daniels Licht herkamen bis auf die Jetztzeit. Ich kann mich jetzt nicht dabei aufhalten; aber das einzige, was die jetzigen Bewohner von Babylons Ruinen wissen, ist die Geschichte von Daniel. Ihre einzige Überlieferung handelt vom Löwengraben und sie zeigen ihn noch. Daniel hat die Religion der Weisen von Kleinasien bis nach Japan gereinigt. Zu Daniel kamen Thales, Solon, Pythagoras. Alles Licht, das es von Solon an bis auf Christum gab, strahlte hauptsächlich von einem Manne aus. Kein

Wunder darum, daß, als Konstantin seine große Stadt Konstantinopel am 10. Mai 330 nach Christo erbaute, 1000 Jahre nach dem Tode des Propheten, daß da auch mit der feierlichsten Pracht ein ungeheures messingnes Standbild des Propheten Daniel, „weil er seinem Gott geglaubt," dem Gott der Märtyrer geweiht wurde.

„Die Weissagung verachtet nicht", sagt Paulus. Sie zu verstehen, giebt Macht. Wie aber kann ihr Verständnis und sie erlangt werden? Es giebt nur einen Weg: Absonderung, Duldung und Gebet.

Absonderung: Man kann nicht bleiben in was „Gesellschaft" genannt wird, und dies Verständnis haben. Seht Daniel an. Er war abgesondert. Der Drang der Gesellschaft ist von Gott weg; die Weissagung drängt zu Ihm hin.

Ferner Duldung und Leiden. Es bedarf mehr als Verstand und Studium, um die Weissagungen zu verstehen. Ein weltlich gesinntes und ungezüchtigtes Herz kann sie nie begreifen. Nebukadnezar sah das Bild besser als Daniel. Er sah es auch eher; er sah es zweimal und vergaß es jedesmal. Es machte keinen Eindruck auf ihn, wohl aber auf Daniel. Der vergaß es nicht, und warum nicht? Weil er ein von der Welt entwöhnter Dulder war. Der arme Kämmerer, der selbstverleugnende Mann von Zugemüse und Wasser, der Mann des Löwengrabens, der Genosse und Mitdulder der Männer des Feuerofens, der nahm alles in sich auf; denn sein Herz war zubereitet.

Absonderung, Duldung, Gebet. Nichts ohne Gebet! Nichts! Kein Anblick des Kreuzes; keine freudige Versicherung; keine Kraft; keine Freude; keine innere, reifende, zunehmende Herrlichkeit! Herr, lehre uns beten!

8. Der Zustand der Welt und der Kirche zur Zeit der zweiten Erscheinung Christi.

Vom Ehrw. A. J. Frost, D. D., Pastor der Baptistengemeinde zu Sacramento, Cal.

Der Zustand der Welt und der Kirche bei der zweiten Erscheinung Christi — wird er ein besserer oder schlimmerer sein? Über diese Frage gehen die Ansichten in der Christenheit weit auseinander. Derjenige Teil, welcher den Herrn nach der Errichtung des tausendjährigen Reiches erwartet (Postmillennarier) behauptet, daß alles werde herrlich sein. Dagegen glauben diejenigen, welche Ihn zur und vor Errichtung des Friedensreiches erwarten (Prämillennarier), daß es mit Welt und Kirche schlimm stehen und bis zum Ende immer schlechter werden werde. Während die erstern glauben, daß Welt und Kirche bei der Erscheinung Christi die höchste Stufe der Vollendung und Herrlichkeit erreicht haben werden, sind die letztern ebenso fest überzeugt, daß die gegenwärtige Haushaltung mit teuflischer Bosheit, mit fast gänzlichem Abfall, unter den Donnerschlägen, welche die Offenbarung Johannes ankündigt und mit unvergleichbaren Gerichten Gottes enden wird. Die erstern erwarten ein Friedensreich, ohne einen persönlichen, sichtbaren Christum; die letztern erwarten seine Erscheinung, damit Er dies goldne Zeitalter einführe. Nachgeben, Vereinbarung ist hier unmöglich. Wenn die einen recht haben, so irren die andern. Wir wenden uns an das unfehlbare Wort Gottes. Zeigt uns dasselbe, daß Welt und Kirche bei der zweiten Erscheinung Christi in unbeschreiblich jämmerlichem Zustand sind, dann müssen sie auch immer schlechter werden bis Er kommt.

Ich weiß wohl, daß eine bloße Andeutung dieser Frage schon hinreicht, entschiedenen Widerspruch von seiten der Welt und Kirche zu erregen. Man ist so gewohnt, vom Fortschritt unsrer Zeit und der Wissenschaften, der Ausbreitung des Evangeliums unter allen Nationen, zu rühmen, daß von einem gänzlichen Verfall zu reden, den entschiedensten Protest sowohl seitens der politischen als der kirchlichen Welt hervorruft. Es liegt darin eine so ernste Strafpredigt, daß die heutige stolze, sich spreizende Welt, dies gottesleugnerische, Gott trotzende Geschlecht es nicht dulden will. Wir wollen zu zeigen suchen, daß die geheiligten Verfasser der alt- und neutestamentlichen Schriften diesen Zustand moralischen Rückgangs und religiösen Abfalls vorhergesagt haben. Sie haben mit unfehlbarer Weisheit durch göttliche Eingebung geweissagt, daß diese Haushaltung, wie jede vorhergegangene, endigen werde mit dem Fehlschlagen aller menschlichen Hoffnung auf Erlösung der Welt durch die Predigt des Evangeliums und daß die bevorstehenden Gerichte Gottes eine treulose Kirche und eine schuldige Welt überfallen und so die gegenwärtige Haushaltung abschließen werden. So dunkel und trübe dies scheinen mag, so geziemt es uns doch, stillzustehen und die größte Zeitfrage ernstlich zu erwägen. Es ist so viel von optimistischen (immer alles im besten Lichte sehenden) Schreibern gesagt worden über die Herrlichkeit des 19. Jahrhunderts und der kommenden Ära — ist es nicht Zeit, daß man die andre Seite auch anhöre?

I. Was lehren uns die vergangenen Haushaltungen von der menschlichen Treue und Verantwortlichkeit? Da die göttliche Natur und die Grundsätze seiner Weltregierung, sowohl als die menschliche Natur zu allen Zeiten sich gleich bleiben, so geben uns die vergangenen Haushaltungen Licht über die gegenwärtige, und über die Zukunft. Gott ist in jeder Haushaltung unabhängig, selbständig, und der Mensch ist frei. Daher ist Erfolg oder Fehlschlag jeder Haushaltung mehr oder weniger abhängig von menschlicher Treue und Verantwortlichkeit, und daher können wir viel über die Richtung und das Ende der gegenwärtigen lernen, wenn wir die frühern kurz betrachten. Wir werden finden, daß sie ihren Grundsätzen nach nicht nur analog, sondern identisch sind.

a) Die paradiesische Haushaltung fing gewiß mit den höchsten Vorrechten und günstigsten Aussichten an. Das Paradies, der Garten Gottes, der bevorzugte Ort; Adam und Eva, Gottes Bild und Meisterwerk, die begünstigten Bewohner; Engel als Gesellschafter; der dreieinige Gott als Berater und Führer; der Baum des Lebens als Symbol und Pfand der Unsterblichkeit; mit unbefleckter, wenn nicht heiliger Natur; mit möglichst wenig Versuchung; mit der größten nur denkbaren Belohnung: wie endigte die paradiesische Haushaltung? — Mit ruinierten, verlornen Menschen, die von ihrem Schöpfer aus dem Paradies vertrieben sind, „östlich vor dem Garten" Eden die Cherubim mit der Flamme des zuckenden Schwertes, zu bewahren den Weg zum Baum des Lebens." Trotz der unbefleckten moralischen Schönheit, der Majestät und Herrlichkeit, mit der diese Haushaltung anfing — sie endigte in allgemeinem Abfall und infolgedessen mit dem Gericht des allmächtigen Gottes.

b) Die vorsündflutliche Haushaltung beginnt mit Adam und Eva, die in ihren von Gott gemachten Kleidern aus Fellen von Opfertieren als die Häupter der neuen Haushaltung außerhalb des Paradieses stehen. Kain und Abel vertreten die bösen und guten Grundsätze der neuen Ära. 1. Gute und böse Gottesdienstformen: Abel bringt ein Sünd-, Kain ein Dankopfer; das eine ein Opfer, das andre ein Fluch; eins aus Glauben, das andre durch Werke; jenes findet Gnade bei Gott, dies ist Ihm zuwider. 2) Gute und schlimme Folgen solchen Gottesdienstes: Mißgunst, Haß, Mord, ewiger Tod. 3) Gute und böse Verbindungen: Die Söhne Gottes verbinden sich mit den Töchtern der Menschen. Sethiten und Kainiten im Ehestand. „Das Dichten und Trachten des Menschenherzens nur böse allezeit." „Es verderbte alles Fleisch seinen Wandel auf Erden" und „die Erde ist voll Frevels von ihnen." 4) Gutes und Böses, von Gottes Heiligen, Abel, Seth, Enoch und Noah gerichtet, die die Welt durch Absonderung verurteilten. Vielleicht wurden sie Schwarzseher, Bigotte und Fanatiker genannt. Enoch, ein Prämillennarier, der verkündigte, daß der Herr mit 10,000 Heiligen zum Gericht über die schuldige Welt kommen werde, wandelte so nahe an der Himmelspforte, daß Gott herausreichte und ihn hineinnahm, als Erstling der zu verwandelnden Heiligen. Noah, als der Vertreter der Auferstehungsheiligen wird in seiner Hütte geborgen, bis der Zornessturm des Allmächtigen vorüber ist. Jesus Christus verkündigt's uns: „Und so wie es in den Tagen Noahs geschah, also wird es auch sein in den Tagen des Menschensohnes: Sie aßen, tranken, heirateten, wurden verheiratet, bis zu dem Tage, da Noah in den Kasten ging; und sie achteten es nicht, und es kam die Flut und verderbte alle. Also wird auch die Zukunft des Menschensohnes sein." Hier ist nicht nur Ähnliches, sondern Gleiches: eine Haushaltung endigt wie die andre.

c) So auch mit der patriarchalischen Haushaltung. Noah und die Seinen stehen an Gottes Altar als die Häupter einer neuen Haushaltung. Alle Wellen und Wogen Gottes waren über ihn gegangen und hatten ihn nicht beschädigt. Gutes und Böses soll wieder auf die Probe gestellt werden. Zeit und Raum fehlt uns, um die Grundlagen auch nur allgemein zu berühren: wir beachten nur Erfolg und Ergebnis der Haushaltungen, die Zustände und Lage der Dinge am Ende dieses Zeitalters. Zwei Stücke müssen wir beachten: 1) die patriarchalische Haushaltung schloß damit ab, daß die Welt in der

Bosheit und Gottes Volk in Gefangenschaft lag. 2) Der Herr Jesus stellt die Zustände von Welt und Kirche dar als schlimmer wie die ägyptische Knechtschaft: „Gleicherweise wie es auch geschah zur Zeit Lots: sie aßen, tranken, kauften, verkauften, pflanzten, bauten; an dem Tage aber, da Lot aus Sodom fortging, da regnete es Feuer und Schwefel vom Himmel und verderbte alle. Demgemäß wird es sein an dem Tage, da der Menschen-Sohn geoffenbart wird." Keine Auslegung kann die Thatsache umstoßen, daß der Herr die dunkelsten Zeiten der patriarchalischen und der vorsündflutlichen Haushaltungen wählte, um uns den Zustand der Welt bei seiner zweiten Erscheinung, den Abfall und die gerechten Gerichte Gottes vorzustellen. Würde die Welt besser werden, würde die Herrlichkeit des tausendjährigen Reiches sie umstrahlen vor seiner Erscheinung, dann würde Er gesagt haben: Wie es in den Tagen des Paradieses vor dem Eintritt der Sünde war, so wird auch sein die Erscheinung des Menschensohnes." „Oder wie es in der Zeit Salomos war, wo die Friedensfahne über dem ganzen Reiche wehte; oder wie zu Josuas Zeit, wo alle feindlichen Könige unterworfen waren, so wird's sein, wenn des Menschen Sohn kommen wird." Aber Er sagt nicht so!

d) Der Verlauf der mosaischen Haushaltung ist ebenso klar hinsichtlich der menschlichen Treue und Verantwortlichkeit. Ein inspirierter Apostel soll uns die hohen Vorrechte des hebräischen Volkes vorführen: „Welche ja Israeliten sind, denen die Kindschaft und die Herrlichkeit (Gottes) und die Bünde und die Gesetzgebung und der Gottesdienst und die Verheißungen, denen die Väter angehören; und aus welchen Christus stammt nach dem Fleische, der über alle ist. Gott sei gepriesen in Ewigkeit! Amen." — Welch gewaltige Errettung aus der Knechtschaft! Welche Offenbarungen vom Sinai! Welch wunderherrliche Gottesdienstordnung! Welche göttlich verordneten Opfer! Welch überirdische Herrlichkeit in Stiftshütte und Tempel! Was für Propheten, Priester und Könige!

Welch ein Volk, so erhaben in Vorrechten bis zum Himmel! — Und doch, welch abgöttische, geistliche Hurerei, welche Empörung und Herzenshärtigkeit! Welcher Jammer in Babylon! Welche Blindheit gegen alles Recht für Jahrhunderte! Welch ein Bethlehem, Gethsemane, Golgatha! Was für ein Ruf: „Sein Blut komme über uns und unsre Kinder!" Wie ist er beantwortet worden? „Ohne König und ohne Obersten und ohne Opfer und ohne Bildsäule und ohne Schulterkleid und ohne Theraphim." So endete die mosaische Haushaltung in Abfall und Gericht!

Es mag erwidert werden, daß die christliche, als die des Geistes, nicht so enden wird. Jede Haushaltung ist mit dem Heiligen Geiste gesegnet gewesen. Achtundachtzigmal wird Er im Alten Testament genannt, so „daß man sieht, wie Gott die Person nicht ansieht, sondern unter allerlei Volk, wer Ihn fürchtet und recht thut, der ist Ihm annehmlich." Vorrechte, Verantwortlichkeit, Abfall, Gericht sind die charakteristischen Merkmale aller Haushaltungen.

II. Was lehren uns die großen Weltmächte über den Zustand der Dinge beim Kommen des Herrn? Daniels Erklärung über das Gesicht des Königs stellt zwei Punkte für immer fest: 1) Daß vier Universalmonarchien in zerteilter Form nicht das Ende erreichen würden, ehe Christus sie zermalmen und das Reich des Steines auf dem ewigen Felsen errichten werde, welches die ganze Erde erfüllen soll (Dan. 2, 44). 2) Daß diese Königreiche sich bis zum Ende verschlechtern werden. (Um Wiederholungen zu vermeiden, verweisen wir den lieben Leser auf Dr. Bishops und auf Prof. Moreheads Referate in diesem Buche, wo dieses wunderbare Gesicht ausführlich und gründlich in ähnlichem Sinne, wie hier, erklärt ist. Übersetzer.)

III. Was lehren die reichsgeschichtlichen Gleichnisse Christi, hinsichtlich der Welt und Kirche am Ende dieses Zeitalters? Das vom Sämann lehrt nicht, daß der Weg und das

Steinichte und das Dornige guter Boden werden und dreißig=, sechzig= und hundertfältig tragen werden, wenn der Herr kommt; im Gegenteil wird nach dem nächsten Gleichnis der gute Boden ganz vom Unkraut überwuchert sein, und beides, Weizen und Unkraut, miteinander wachsen bis zum Ende. Aber dann wird's noch schlimmer sein; es scheint das Naturgesetz des Unkrauts zu sein, den Weizen gar zu überwuchern und auszutilgen. Es möge jemand Weizen und Unkraut und Disteln auf ein Feld säen und der Weizen wird bald ganz verschwinden. Dornen und Disteln wachsen ungepflegt, Weizen nicht. Das Gleichnis von den Schafen und Böcken lehrt uns, daß beim Kommen Christi ganze Völker auf Erden sein werden, die Ihm und seinen Brüdern nicht gedient haben. Die Parabel vom Schatz im Acker lehrt, daß der Schatz, und nicht der ganze Acker, aus der Welt gesammelt wird. Das Gleichnis von der köstlichen Perle zeigt, daß nicht die Welt, sondern eine einzige Perle aus der Welt, angenommen wird, wenn Christus kommt. Die Gleichnisrede vom Netz lehrt uns, daß es zwar Fische allerlei Art zusammenfaßt, daß man aber die guten in Gefäße liest und die schlechten wegwirft. „So wird's am Ende der Welt gehen, die Engel werden die Bösen von den Gerechten aussondern." So zeigen die reichsgeschichtlichen Gleichnisse, daß die gegenwärtige Haushaltung in ungeheurer, überwältigender Bosheit endigen wird.

IV. Was lehren die reichsgeschichtlichen Weissagungen Christi und der Apostel hinsichtlich des Zustandes der Welt und Kirche am Ende? Es giebt keine Stelle der Bibel, die eine allgemeine Annahme des Evangeliums in der letzten Zeit prophezeit; aber viele Stellen verkünden eine fast allgemeine Verwerfung desselben. „Doch wenn der Menschen=Sohn kommt, wird Er auch Glauben finden auf Erden?" Wenn Er bei seiner Erscheinung das tausendjährige Reich vorfinden könnte, so würde Er gefragt haben: „Wird Er auch Unglauben finden auf Erden?" Keine mögliche richtige Auslegung kann wegleugnen, daß Christus fast allgemeinen Unglauben bei seiner zweiten Erscheinung prophezeit. „Der Geist aber sagt ausdrücklich, daß in den letzten Zeiten etliche vom Glauben abfallen werden, achtend auf Begeisterte und Lehren böser Geister, wegen Heuchelei lügnerischer Lehrer, die gebrandmarkt sind am eignen Gewissen." „Das wisse aber, daß in den letzten Tagen schlimme Zeiten eintreten werden; denn die Menschen werden selbstsüchtig, habsüchtig, prahlerisch, übermütig, schmähsüchtig, den Eltern ungehorsam, undankbar, ruchlos, lieblos, unversöhnlich, verleumberisch, unmäßig, grausam, dem Guten feind, verräterisch, unbesonnen, aufgeblasen sein, mehr die Wollust liebend als Gott; den Schein der Gottseligkeit habend, aber ihre Kraft verleugnend." Solcher Art ist die inspirierte Beschreibung vom Zustand der Welt und der Kirche, zur Zeit wenn der Herr kommen wird, sein sichtbares Reich auf Erden zu errichten.

Gerade zu der Zeit wird nicht ein einziges ganzes Volk der Erde zu Gott bekehrt sein. „Siehe, Er kommt mit den Wolken, und Ihn wird schauen jegliches Auge, auch die Ihn gestochen haben, und wehklagen werden über Ihn alle Geschlechter der Erde!" Wenn die Welt in voller Herrlichkeit des Millenniums bei seinem Kommen strahlen würde, warum sollten Ihn alle Geschlechter beweinen? Er sagt auch: „Alsdann wird das Zeichen des Menschensohnes erscheinen am Himmel, und alsdann werden alle Geschlechter der Erde wehklagen, und den Menschen-Sohn kommen sehen auf den Wolken des Himmels mit großer Kraft und Herrlichkeit." Warum sollten alle Stämme auf Erden wehklagen, wenn sie schon tausend Jahre vor seiner Erscheinung zu Ihm bekehrt worden sind? Wenn die Juden vor seiner Zukunft schon alle aus dem Geiste geboren sind, warum sagt Sacharia (12, 10—14): „Und sie blicken hin auf mich, den sie durchbohrt haben, und beklagen Ihn, wie man den einzigen Sohn beklagt, und weinen bitterlich über Ihn, wie man bitterlich weint über den Erstgebornen." Warum sollten die Juden trauern, jede Familie besonders, und ihre Weiber besonders, wenn sie doch alle Ihn als ihren Messias angenommen hätten? Diese Weissagungen zeigen, daß der Zustand der Welt und der Kirche, bei der Erscheinung des Herrn, ein Zustand des Weinens und Klagens sein wird.

Angenommen, daß die Welt zum Bessern fortschreitet, wie das gewiß in Bezug auf Wissenschaft, Kunst, Erziehung und Bildung, Entdeckungen und Erfindungen, Verkehr, Handel und Wandel und in gewissen äußern Verbesserungen geschieht: so ist der gewiß sehr kurzsichtig, der nicht einsieht, wie oberflächlich und täuschend solcher Fortschritt ist, wie er den menschlichen Stolz nährt, und darum menschliche Weisheit erhöht, wo es doch Gottes Weisheit ist, daß die Welt Gott nicht durch ihre Weisheit erkennen soll. Und es ist Thatsache, daß religiöser Rückgang Fortschritt nationalen Ruins ist. Wissenschaft, Kunst, Litteratur und Gerechtigkeitspflege sind nicht fähig, einen Staat stark zu machen, wenn seine Religion verdorben, der Stand seiner Sittlichkeit niedrig ist und Gott ignoriert wird. Wenn Christus kommt, dann wird eine Zeit großen Abfalls und Unglaubens, eine Zeit der Empörung und politischer Bewegung und großer Trübsal sein; eine Zeit, in der der Wächterruf seine Nähe verkünden und in der doch auch in der Namenchristenheit viel Zweifel und Unglaube und Gleichgültigkeit hinsichtlich seines Kommens sein wird. Während Belsazar mit tausend seiner Herren praßte und Wein soff aus den Gefäßen von Gottes Heiligtum, während Musik und Schwelgerei im höchsten Schwange waren, waren die Meder und Perser heimlich und still in Babylon eingedrungen. In der Nacht sah Belsazar die Schrift an der Wand und wurde getötet. Auch jetzt geht's hoch her mit Vergnügungen und Schwelgereien in der Welt; die Knechtschaft des göttlichen Volkes vergißt man und die Gefäße seines Tempels werden geschändet. Schon schreibt Gottes Hand an die Wände der Tempel irdischer Herrlichkeit: „Gezählt, gezählt, gewogen und Teilende!" (Dan. 5, 25).

So wird es, nach den reichsgeschichtlichen Weissagungen Christi und der Apostel, mit Welt und Kirche stehen, wenn Christus wiederkommt. Die Menschen werden das Evangelium nicht nur nicht annehmen und sich bessern, sondern sie werden uns als so aufgeblasen, so selbstzufrieden mit ihrer Bequemlichkeit, mit ihren Genüssen, dargestellt, daß das Verderben sie plötzlich ergreifen wird, wenn sie sagen: „Es ist Friede, es hat keine Gefahr!" Giebt es ein Millennium vor dem Kommen des Herrn, so stimmen die Schriften der Propheten nicht mit den Thatsachen, denn sie verkünden das Gegenteil von einem Millennium. Haben aber die Apostel und der Herr selbst Abfall und unvergleichliche Bosheit als Merkmale der letzten Zeit geweissagt, und das haben sie, so haben wir nichts andres zu erwarten.

V. Was lehren die Briefe an die sieben Gemeinden über die Lage der Dinge am Ende der gegenwärtigen Haushaltung? Wir haben die höchste Autorität der Ausleger für uns, wenn wir sagen, daß die sieben Gemeinden sieben Buchseiten der Reichsgeschichte enthalten, und daß der Zustand der Gemeinde zu Laodicea ganz genau demjenigen der Namenchristenheit zur letzten Zeit entspricht. Ich weiß, daß ich das Zartgefühl andersdenkender Brüder verletze, aber ich muß sagen, daß endlicher und fast allgemeiner Abfall in der Schrift wiederholt verkündet wird. Diese Haushaltung wird, wie alle vorhergehenden, endigen in schrecklichstem Abfall und sogleich darauf folgenden Gerichten Gottes.

Paulus spricht vom Abfall: „Es sei denn, daß zuvor komme der Abfall und geoffenbart werde der Mensch der Sünde und das Kind des Verderbens." „Denn es wird eine Zeit sein, wo sie die gesunde Lehre nicht vertragen, sondern nach ihren eignen Lüsten sich Lehrer zusammenhäufen werden, weil ihnen die Ohren jücken, und von der Wahrheit werden sie die Ohren wegwenden und sich zu Fabeln hinkehren." "Vor allen Dingen wißt, daß in den letzten Tagen Spötter mit Spott kommen werden, die nach ihren eignen Lüsten wandeln, und sagen: Wo ist die Verheißung seiner Zukunft? Denn seitdem die Väter entschlafen sind, bleibt alles so von Anfang der Schöpfung an."

Christus bedeutet uns, daß viele falsche Propheten aufstehen werden und viele irre führen; und weil die Gottlosigkeit überhand genommen, wird die Liebe vieler erkalten. „Im laodicäischen Zeitalter der Kirche sehen wir Gleichgültigkeit und Lauigkeit, einen widerlichen Zustand. Christus klopft vergeblich an der Thür der scheinbar Ihm angehörigen Kirche, denn sie spricht: „Ich bin reich und habe Reichtum und bedarf nichts" und sie weiß nicht, daß sie der Elende und Jämmerliche und Arme und Blinde und Nackte ist. Zu der Zeit wird die ganze Christenheit von falscher Lehre durchsäuert sein, die jetzt schon schnell und stark gärt. Die Namenchristenheit wird eine große Masse von getauften Bekennern, „ein verderbter, geheimnisvoller Mischmasch, eine geistliche Mißgestalt, ein Meisterwerk Satans, die Verkehrung der Wahrheit Gottes, Verderber der Menschenseelen, Fallstrick und Schlinge, Stein des Anstoßes, die finsterste Verschwörung im Universum Gottes sein. Es ist Verkehrung und Verderbung des Allerbesten und deshalb das schlimmste Verderben. Es ist das, was der Teufel aus dem bekennenden Christentum gemacht hat. Es ist schlimmer als Judaismus, schlimmer als die schwärzesten Gestaltungen des Heidentums, weil es das hellste Licht und die höchsten Vorrechte hatte, das herrlichste Bekenntnis ablegte, und auf der erhabensten Grundlage stand. Schließlich, es ist der schauerliche Abfall, für den die schwersten Gerichte Gottes, die bittersten Hefen im Kelche seines gerechten Zornes aufbehalten sind."

Am ersten Pfingsttage war die Gemeinde das Christentum und dieses die Gemeinde. Ist sie in der Güte Gottes geblieben?

Hat nicht jede Haushaltung, soweit es dabei auf menschliche Treue und Verantwortlichkeit ankam, ihren Zweck verfehlt? Und sollte die nicht in der Güte Gebliebene nicht auch abgehauen werden? In der christlichen Haushaltung waren des Menschen Vorrechte und Verantwortlichkeiten so hoch wie der Himmel; aber er selbst wird in die Hölle hinuntergestoßen werden. Lauigkeit umgiebt uns und der Richter, Christus, steht vor der Thür, während Gleichgültigkeit und geistliches Absterben groß sind und zunehmen.

VI. Was deutet der kommende Widerchrist oder Antichrist an, über die Lage der Dinge am Schlusse dieser Haushaltung? Johannes sagt uns schon, daß der Geist des Widerchrists bereits in der Welt sei, ja, daß schon viele Widerchristen geworden, woran wir erkennen, es sei die letzte Zeit. Aber ein Antichrist wird noch kommen, der „der Mensch der Sünde" ist. Ein kurzer Blick auf seinen Charakter und sein Thun wird uns den Zustand von Welt und Kirche am Abschluß dieser Haushaltung zeigen.

1) Sein Charakter wird hinlänglich durch seinen Namen angedeutet. Er wird genannt: ‚das Tier', der ‚König mit frechem Angesicht', ‚das kleine Horn', ‚der Fürst, der kommen soll', ‚Lucifer', ‚der Mensch der Sünde', ‚das Kind des Verderbens'. Der Drache ist Wider-Gott, das Tier ist Wider-Christ, der falsche Prophet ist Wider-Heiliger Geist. Das ist sein Charakter.

2) Sein Thun ist im Worte Gottes deutlich vorhergesagt. „Er führt freche Rede gegen den Allerhöchsten"; „er thut sein Maul auf zu Lästerungen gegen Gott, zu lästern seinen Namen und seine Wohnung und die im Himmel wohnen"; „er führt Krieg gegen die Heiligen und überwindet sie"; „er stellt das Schlachtopfer und Speisopfer ein."

3) Des Antichrists Reich wird seine höchste Macht erlangt haben, wenn Christus kommt in Macht und Herrlichkeit; darum kann ja das Evangelium nicht allgemein angenommen

sein, noch alles herrlich und friedlich stehen. Er — der Böse — wird ja siegen bis daß „der Betagte kommt, und den Heiligen des Allerhöchsten Recht geschafft wird" und die Zeit eintritt, wo „die Heiligen das Reich besitzen sollen." „Dann wird der Gottlose sich offenbaren, welchen der Herr Jesus vertilgen wird mit dem Hauche seines Mundes und vernichten durch die herrliche Erscheinung seiner Zukunft." Eins ist gewiß: Wenn Christus den Antichrist nicht vernichtet bis am Ende des Millenniums, dann müßte ja das Regiment des Drachen, des Antichrists und des falschen Propheten in die Zeit dieses Friedensreiches fallen! Welch ein Friedensreich wäre das!

Aber während dieses Reiches wird der Satan gebunden, der Antichrist und der falsche Prophet in den Feuerpfuhl geworfen sein, darum könnte ja Christus den Antichrist nicht mehr vernichten durch die herrliche Erscheinung seiner Zukunft nach dem Millennium! Es bleibt nur das übrig, daß die ganze Welt sich über das Tier wundern und unter seiner Gewalt sein wird, wenn Christus mit seinen Heiligen erscheint. So werden die Dinge stehen, wenn Er kommt!

VII. Was lehren uns die in der Offenbarung Johannes verkündeten Gerichte über die Zustände in Welt und Kirche bei Christi zweiter Erscheinung? Ehe die Posaunen erschallen, die Siegel erbrochen und die Zornesschalen ausgeschüttet werden, wird die wahre Gemeinde von der Erde weggerückt werden. Von der laodicäischen Zeit an (Offb. 3) wird die Gemeinde nicht mehr genannt, bis zum letzten Kapitel der Offenbarung. Die Namenchristenheit mit ihren getauften Anhängern und ihrem Schein der Gottseligkeit wird in, wenn nicht durch die Zeit der großen Trübsal kommen und wird mit der ganzen Welt vom Kelch des Weines des grimmigen Zornes des Allmächtigen trinken. Will jemand den Zustand der bloßen Namenskirche, wenn Christus erscheint, wissen, so lese er mit bleicher Wange und angehaltenem Atem vom 5. bis zum 20. Kap. der

Offenbarung. Gott hat das Bild mit eigner Hand gemalt. Die Hand, die ans Kreuz genagelt war, bricht die sieben Siegel, die ganze Natur erbebt, die Berge stürzen von ihren Grundfesten, alle Inseln entfliehen, die Meere brausen, die Sonne ist schwarz, der Mond wie Blut, die Völker in der Kelter des Zornes Gottes. Die sieben Gerichtsposaunen erschallen und es folgt „Hagel und Feuer mit Blut gemengt," brennende Berge stürzen ins Meer, die Wasser werden Wermut, die Himmel verfinstert, bodenloser Abgrund gähnt, die sieben Donner rollen im allgemeinen Krieg der Elemente, „der große Tag seines Zornes ist gekommen, und wer kann bestehen?" Die sieben Zornesschalen werden ausgegossen auf die Erde, die ganze Natur taumelt in Wehen, die Erde erbebt in ihren Grundfesten, die Städte der Völker fallen — Rom fällt, Chicago fällt, Gott hat sich erhoben, die Erde schrecklich zu erschüttern. Satan hat großen Zorn, weil er wenig Zeit hat, die Völker lästern, die Heere sammeln sich im Thale Harmageddon. Gott und Anti-Gott, Christus und Antichrist sind gekommen, es ist der große Schlachttag des allmächtigen Gottes. Das Tier und der falsche Prophet werden in den Feuerpfuhl geworfen, Satan für tausend Jahre gebunden, und das Millennium fängt an!

VIII. Was lehren uns die Zeichen der Zeit, bezüglich dieses wichtigen, ernsten Gegenstands? „Die Gestalt der Erde und des Himmels wißt ihr zu schätzen: diese Zeit aber, warum schätzt ihr sie nicht?" Sieben verschiedene Beweisführungen haben wir bisher verfolgt. Irgend eine derselben hätte zu zeigen genügt, daß die Lage der Dinge in Welt und Kirche bei Christi zweiter Erscheinung unbeschreiblich jämmerlich sein werde. Alle sieben zusammen, sind sie überzeugend, überwältigend. Steht es aber beim Kommen Christi so überaus jämmerlich, so muß sich ja alles verschlechtern und verschlimmern. Was lehren die Zeichen der Zeit in dieser Hinsicht?

1) Wie siehts, in Bezug auf Religion aus, nachdem das

Evangelium 1800 Jahre gepredigt worden ist? Es giebt jetzt 850,000,000 Heiden in der Welt, 170,000,000 Mohammedaner, 190,000,000 römische und 84,000,000 griechische Katholiken, 8,000,000 Juden und 116,000,000 Protestanten. Von den 390,000,000 christlicher Bevölkerung, etwa die Hälfte ist römisch= und ein Viertel griechisch=katholisch und ein Viertel protestantisch. Es giebt nur 30,000,000 protestantische Kirchenglieder in der Welt und etwa 80,000,000 protestantische Nichtglieder. Ungefähr 1,000,000 von den 30,000,000 protestantischer Abendmahlsgenossen sind in unevangelischen Kirchen; so bleiben also noch 29,000,000 in evangelischen Gemeinschaften. So sieht's heutzutage in der Welt aus. Protestanten betrachten die 1,300,000,000 außerhalb ihrer Kirchen, vielleicht mit Ausnahme weniger Katholiken, als ohne Gott und Hoffnung in der Welt. Wie aber mit den 116,000,000 Protestanten? Dies ist die protestantische Bevölkerung im ganzen, nicht die Mitglieder nur, noch weniger die wiedergeborne Mitgliederschaft. Glaubt jemand, daß mehr als die Hälfte der protestantischen Kirchenglieder je aus Gott geboren sind? Hat man Gewißheit darüber, daß eins aus tausend Gliedern der römischen und griechischen Kirchen etwas von liebethätigem, wahrem Glauben weiß? Giebt es heutzutage 15,000,000 Personen in der Welt, die es mit ihren Früchten beweisen, daß sie gerettet sind? Gott allein weiß es. Aber Christus hat uns gelehrt, sie an ihren Früchten zu erkennen. Teure Amtsbrüder! hat es euch nie geschmerzt, ja überwältigt, zu bedenken, wie viele in unsern protestantischen sowohl wie in römischen Kirchen ins Verderben gehen? Wie viele Prediger werden einst sagen: „Haben wir nicht in Deinem Namen geprophezeit, und in Deinem Namen Teufel ausgetrieben, und in Deinem Namen viele Wunder gethan?" Und Er wird ihnen antworten müssen: „Ich habe euch nie gekannt, weicht von mir, ihr Übelthäter." Es giebt jetzt mehr unbekehrte Leute in der Welt, als je zuvor. Wer will uns sagen, wie lange es nehmen wird, die Welt zu bekehren, solange die Menschen sich schneller mehren als die Bekehrten? Nach Maßgabe des Fortschritts in 1800 Jahren würde es endlose Kreisläufe von Ewigkeiten erfordern, die Welt zu bekehren, was doch in wenigen Jahren geschehen könnte! Wenn Christus nicht kommen soll, bis die Welt bekehrt ist und dies Werk nicht schneller fortschreitet wie bisher, so wird Er nicht erscheinen bis Ewigkeiten dahin gerollt sind. „Ein schauerliches Bild!" sagt man. Ja, aber man hat mir eine traurige Aufgabe gestellt. „Mit den bösen und verführerischen Menschen wird es je länger, je ärger, sie verführen und werden verführt." Jeder unbekehrte Mensch ist ein böser Verführer, und solange sie in der Mehrzahl sind und sich viel schneller vermehren als die Frommen, solange ist leicht einzusehen, daß die Welt in religiöser Beziehung immer schlechter wird.

Blicken wir auf unser eignes schönes Land, wo das Christentum die höchste Freiheit, die beste Gelegenheit zur Entfaltung, Entwicklung und Erfolg hat, und was deuten die ‚Zeichen der Zeit' hier an? Es giebt Millionen auf Millionen mehr von unbekehrten Leuten hier, und sie vermehren sich schneller als Protestanten und Katholiken zusammen. In 1800 gab es hier 4,836,000 nicht an Kirchen angeschlossene Leute; 1850 gab es deren 19,047,012; bis 1870 schwoll die Zahl zu 27,284,704, und in 1880 gab es 34,000,000 solcher und nur 10,000,000 Protestanten und 6,000,000 Katholiken. Der Unkirchlichen sind mehr als zweimal soviel, als der Protestanten und Katholiken zusammen, und sie mehren sich viel schneller und stärker als alle religiösen Gemeinschaften zusammengenommen. Beschränkt man sich mit der Berechnung nur auf die Wiedergebornen, so ist das Verhältnis ein noch viel traurigeres. Wenn wir erwägen, daß vier Fünftel unsrer Bevölkerung selten, wenn je, den sonntäglichen Gottesdienst besuchen, daß über 95 Prozent der jungen Männer unsers Landes gar keiner religiösen Verbindung angehören, daß also weniger als fünf Prozent derselben auch nur Christentum bekennen; wenn wir bedenken, daß der größte aller Flüche, die Summa aller Schelmerei, welche jährlich 50,000 Menschen in Trunkenbolds=Gräber und in die Trunkenbolds=Hölle versenkt, durch die Macht der protestantischen sowohl als der römischen Kirche gestützt wird; wenn wir beachten, daß die Lasterhaften christlich geboren sind, daß die Christenheit diese Pest durch Staat und Gesetz berechtigt und sanktioniert hat, ja ins Leben gerufen, daß sie nicht gegen, sondern nach ihrem Willen besteht, daß dies Übel durch förmliche und wohlbedachte Gesetzgebung als Wahlergebnis in allen Dörfern und Städten Schlachthäuser für Männer, Frauen, Kinder, Tugend und alle Sitte errichtet hat, und eine Million Helfershelfer zu diesem schrecklichen Werk bestellt; daß dies alles geschehen ist und geschieht mit offnen Augen und vollem Bewußtsein des Zweckes; daß man in obrigkeitlichen Hallen wohlüberlegt geplant und gesorgt hat für diese „Klassen'; wenn wir solches mitten im Herzen der Christenheit wahrnehmen, dann sind wir gezwungen, nicht nur zu glauben, daß der Satan der Gott dieser Welt ist, sondern auch, daß sie immer schlimmer, schlechter und reifer zum Gericht wird.

Kürzlich fuhr ein Schiff von Boston ab nach dem Kongo in Afrika. Es hatte an Bord **einen** Missionar und **hunderttausend Gallonen Rum**. Man sagt, es sei mehr Gott geweihter Reichtum in den Kirchen als je. Ja, aber noch viel mehr ungeweihter; mehr Mäßigkeit drinnen, und mehr Unmäßigkeit draußen; allgemeine Verurteilung des Schnapshandels und doch wird mehr gemacht und verkauft als je; mehr Christentum und mehr Teufelstum; mehr Theismus und mehr Atheismus; mehr Religion und mehr Religionslosigkeit, mehr Frömmigkeit und mehr Gottlosigkeit, mehr Gottseligkeit und mehr bloßer Schein ohne die Kraft derselben; mehr unverständiger Eifer und mehr eifriger Unverstand; niemals so viele, die dem Christennamen Ehre machen, und nie so viele, die ihn schänden; niemals gab es so viel Missionseifer und niemals zeigte das Geheimniß der Bosheit solch erstaunliche Energie; niemals so viel Geist Christi und niemals so viel Geist des Widerchrists!

Wie sieht's in gesellschaftlichen und geschäftlichen Kreisen der Welt aus? Was bedeuten diese großartigen und gewaltigen Erhebungen, die wie ungeheure Wogen hin= und hergepeitscht werden? Diese gärenden, schäumenden Massen der arbeitenden Klassen? Diese Auf= und Umzüge, dieses Hin= und Hermarschieren mit blutroten Fahnen, mit Inschriften von Dynamit, Anarchismus, Kommunismus, Nihilismus? Was bedeutet das tiefe, dunkle Murren, das wie schauerliches Donnerrollen die tiefe Stille durchgrollt? Was bedeuten die dunklen Wolken, die sich ringsum am Horizont herabsenken? Was bedeuten die Erdbeben hin und wieder?

Das Ende naht. Die Welt wird schlimmer, schlechter, reifer zum Gericht, das Kirchentum nicht minder. Der Tag der Entscheidung naht. Alles spitzt sich zu. Mögen Kinder Gottes aufwachen!

Wer giebt sein Pfund auf Wucher hin,
Und nützet seinen Tag,
Daß er mit seligem Gewinn
Vor Jesum treten mag?
Weckt ihr einander aus der Ruh',
Daß niemand sicher sei?
Ruft ihr einander fleißig zu:
„Sei wacker, fromm und treu?"
So wache denn, mein Herz und Sinn,
Und schlummre ja nicht mehr!
Blick' täglich auf sein Kommen hin
— Wie? wenn's noch heute wär'?

9. Spiritismus oder Geisterklopferei.

Frei bearbeitet nach dem Ehrw. A. J. Gordon, D. D., Pastor der Clarenstraße Baptistengemeinde in Boston, Mass.

Im 16. Kapitel der Offenbarung Johannes, nach dem Ausguß der aufeinanderfolgenden Schalen, ertönt auf einmal der Wächterruf: „Siehe, ich komme wie ein Dieb! Selig ist, der da wacht und seine Kleider bewahrt, daß er nicht nackend wandle und man seine Schande sehe." Und was wird gerade vor diesem Wächterruf berichtet? Von den „Geistern von Teufeln, die Wunder thun, welche ausgehen zu den Königen der Erde und der ganzen Welt, um sie zu versammeln zum Streit jenes großen Tages Gottes, des Allmächtigen." „Verführerische Geister, Lehren der Teufel, satanische Wunder" — sind die Erscheinungen, welche die Schrift für die letzten Tage ankündigt, und sie sind die abschreckendsten Charakterzüge unsrer Zeit. Drei Quellen, aus denen die unreinen Geister kommen, sind angegeben: „Aus dem Munde des Drachen, aus dem Munde des Tieres und aus dem Munde der falschen Propheten." Ich will nur sagen, daß der gegenwärtige Strom des Aberglaubens sich in drei Arten teilt, und eine davon, der Spiritismus, kommt aus dem Abgrund.

Er ist ohne Zweifel die Zauberei der Vorzeiten, die unter einem verschiedenen Namen, sonst aber unverändert, auftritt. Und wenn ich sage, daß es jetzt in Boston einen prachtvollen Tempel für spiritistische Erbauung, verdolmetscht: **Ausübung der Dämonologie**, giebt; wenn ich daran erinnere, daß dies finstere System von zehn bis zwanzig Millionen Anhänger zählt, welche während weniger als den letzten fünfzig Jahren seiner neuern Auflebung angeworben worden sind; wenn ich sein stolzes Prahlen wiederhole, daß es zu den Königen der Erde ausgegangen ist und königliche Apostel auf vielen der Throne und in Palästen der Alten Welt hat, so kann man ersehen, daß es kein unbedeutender Aberglaube ist, der unsre Beachtung nicht verdient.

Die Theorie, daß Spiritismus nur ein System bloßer Spiegelfechterei sei, wird jetzt von den meisten ehrlichen christlichen Forschern nicht mehr anerkannt; noch stimmt sie am besten mit den Thatsachen und der Schrift. Diese verbietet ja den Umgang mit Geistern aus der andern Welt ausdrücklich, und Unmögliches würde sie doch nicht verbieten. „Es soll nicht unter dir gefunden werden, der seinen Sohn und seine Tochter durchs Feuer weiht, der Wahrsagerei treibt, kein Zeichendeuter, noch Beschwörer, noch Bannsprecher, noch Totenbeschwörer, noch Wahrsager, noch der die Toten befragt" (5 Mos. 18, 10—12). Solche Dinge sind nicht nur ein Greuel, sondern todeswürdige Verbrechen. „Ein Mann oder ein Weib, in denen ein Totenbeschwörer- oder ein Wahrsagergeist ist, die sollen getötet werden; man soll sie steinigen; ihr Blut sei über sie! spricht der Herr" (3 Mos. 20, 27).

Auch berichtet die heilige Schrift deutlich und klar, wie gottlose Menschen solche Dinge verübt haben. So z. B. von Saul (1 Sam. 28), daß er den toten Samuel zu fragen ging. Ohne uns auf eine kritische Erklärung dieser in mehr als einer Hinsicht dunklen Geschichte einzulassen, wollen wir nur auf einige Punkte aufmerksam machen. 1) Sowohl die Zauberin als Saul waren von Gott verworfene Menschen; sie nach den oben angeführten Schriftworten, und er nach diesen und andern, die uns bezeugen, daß Gott der Herr Saul nicht mehr erhörte. Also ein bezeichnendes Merkmal des Totenbefragens ist, daß es von Menschen betrieben und zu benutzen getrachtet wird, die von Gott verworfen sind. 2) Beide wurden sogleich gestraft: das Weib sah, was sie nicht erwartet hatte, eine erhabene edle, Samuel ähnliche Gestalt, daß sie erschrak und laut schrie. Sie glaubte also selbst nicht, daß sie Samuel herzaubern könnte, sonst würde sie ihn erwartet und nicht vor seiner Gestalt erschrocken sein. Saul ward gestraft, indem er aus dem Munde dieser Gestalt sein Todesurteil hören mußte. 3) Ob es Samuel selbst, oder ein dämonisches, wie Samuel gestaltetes Trugbild war, wollen wir nicht für den Leser entscheiden, glauben aber unserseits das letztere. Unter göttlicher Zulassung erschien es zur Strafe der verworfenen Menschen, die es hervorzauberten und hervorzaubern ließen; zu ihrer Strafe täuschte sie der Feind mit diesem Trugbilde und mit Reden, nach denen es sich für Samuel ausgab, ob dieselben auch nach Gottes alles überwachendem und regierendem oder zulassendem Willen etwas Wahrheit enthielten, wie die Lüge immer unter dem Aushängeschild der Wahrheit durch die Welt schleicht. Daß diese Erscheinung in der Schrift Samuel genannt wird, darf uns nicht befremden; sie nennt sie, wie die Betreffenden sie ansahen.

Doch, diese kurze Erwähnung und Beurteilung nur so nebenbei. Sie zeigt uns, daß Spiritismus, Geisterklopferei, Totenfragen nichts Neues, sondern in den finstern Regionen der bösen Geisterwelt je und je gang und gäbe waren. Unser „vernünftiges" Zeitalter beglückwünscht sich zwar, daß es solchem kleinlichen Aberglauben entwachsen sei. Aber Ungläubigkeit wohnt oft neben Unverstand, und wer sich zu weise dünkt, an das Dasein böser Geister zu glauben, mag ihren Verführungen am leichtesten zum Raube werden. Gott und der Teufel, das Reich des Lichts und das der Finsternis, beide sind Wirklichkeiten. Gerade so stark, wie unser Glaube Erfassung und Erfahrung des Göttlichen ist, gerade so groß wird unsre Scheu und Furcht vor dem Höllischen sein.

Aber nicht nur das wirkliche Vorhandensein böser Geister lehrt die Schrift, sondern auch, daß sie auffallende Wunder verrichten können. In 2 Thess. 2 wird uns berichtet, daß

„vermöge der Wirksamkeit des Satans allerlei mächtige Thaten, Zeichen und Wunder der Lüge" geschehen; und in der Offenbarung heißt es, „daß die Geister der Teufel Wunder wirken." Wer da glaubt, daß der Teufel den Glauben an Übernatürliches nur zu unterminieren trachte, der ist unbekannt mit seiner List. Dies thut er zweifelsohne vielfach; aber wo das nicht mehr geht, da sucht er durch den Glauben an Übernatürliches die Wahrheit durch Lüge zu verdrängen. Er hat ein Lehrsystem zu verkünden und eine höllische Sittenlehre zu verbreiten, und er benutzt Wunder, sie zu beglaubigen. Laßt uns bedenken, daß Satan auftritt, wenn es gilt, den modernen Spiritismus in der Not zu verteidigen. „Das gegenwärtige Geschlecht fängt an der Unsterblichkeit der Seele zu zweifeln an," so sagt ein Teufelsdiener, ein Zauberer, oder ein Medium; „wohlan, wir wollen die Unsterblichkeit beweisen, indem wir eure Toten heraufrufen und zu euch reden lassen. Tausende von frühern Christusbekennern, die jetzt in den Krallen dieses Betruges gefangen sind, wurden zuerst durch Versprechungen größerer Kenntnis und festern Glaubens ans Unsichtbare verführt. Nachdem so das Ohr für die vorgeblichen Mitteilungen der Abgeschiedenen gewonnen war, ging die Belehrung weiter. Keine grobe Verleugnung der Wahrheit zuerst, sondern nichtssagende, einschläfernde Phrasen und die feinsten Verfälschungen, bis nach und nach das ganze System der christlichen Wahrheit durch die seelenverderblichen „Lehren der Teufel" verdrängt ist. Ich sage „der Teufel", denn mir ist's nicht fraglich, daß die vorgeblichen abgeschiedenen Freunde, die hinter dem Vorhang reden, in Wahrheit gefallene Geister sind, trügerisch, boshaft und verführerisch, gesandt, um Menschen zu Unterthanen und Dienern des Satans zu machen. Gleichwie wir oben bei Sauls Fall gesehen haben.

Und hierin befolgt der Teufel, wie auch sonstwo, genau die göttliche Methode: zuerst Anklopfen, Planchette und Mediumschreiben, dann Wunder leiblicher Heilung und Verkörperung, um solche Lehren zu beglaubigen, dann in heiligem Schein Lügenreden und Bestätigung des Wortes durch satanische Zeichen und Wunder.

Und ich muß noch weiter gehen und vortragen, was viele Ausleger halten, daß nämlich böse Geister Macht haben, sich in Fleisch und Blut einzukleiden, d. h. menschliche Leiber anzu= nehmen — — — — und damit kommen wir zu den neusten Ansprüchen des Spiritismus, daß die Geister der Abgeschie= denen jetzt wirklich wiedererscheinen, und zwar in Fleisch und Blut eingekleidet, und sich mit den Ihrigen unterhalten. Man höre, was einige der tüchtigsten christlichen Männer, die die Sache untersucht haben, gestehen, daß sie bei Vorstellungen der Geisterklopfer sich durch eigne Anschauung und Betastung und mit vorsichtigster Wahrung gegen Betrug überzeugt haben, daß sie die augenscheinliche Realität der Erscheinung zugeben mußten.

Welch eine schreckliche Andeutung, ich will nicht sagen Beweis, von dem Triumph der verführerischen Geister in ihrem letzten Ausbruch über ein gefallenes Geschlecht! „Wie es war in den Tagen Noahs, wie in den Tagen Lots, so wird es sein, wenn des Menschen Sohn soll geoffenbart werden." Man merke die feine Ausbildung in der freien Liebe und fleischlichen Unreinigkeit, welche der Spiritismus getrieben hat und welche endlich auf eine vergötterte Sodomiterei hinausläuft; und seine fleißige Eintrichterung der Teufelslehren, die endlich in der Anbetung Beelzebubs, des Obersten der Teufel, gipfeln wird!

Habe ich etwa einen unbegreiflichen Übergang angedeutet? Ich erinnere daran, daß das Senkblei des heutigen Naturalis= mus solche Satanstiefen zu erreichen zu kurz sein mag; aber man strecke die Leine durch fleißiges Studium der Dämonologie der Schrift, und man mag genug sehen, um erschreckt zurück= zuprallen mit dem Ausruf: „O, der Tiefen!" Ein hervor= ragender Schreiber erinnert uns daran, daß jede Haushaltung mit einem Ausbruch von teuflischen Offenbarungen bezeichnet gewesen ist. Wird das frühere Muster auch in dieser gelten, so haben wir im modernen Spiritismus ein schreckliches Zeichen vom herannahenden Ende.

10. Der Antichrist.

Von Professor W. G. Morehead, D. D., U. B. Theol. Seminar, Dayton, O.

Es kann nicht bezweifelt werden, daß die Schrift die Erscheinung eines gewaltigen Feindes des Volkes und der Sache Gottes prophezeit. Feinde, groß an Macht und Zahl, hat's gegeben und giebt's noch, denn es ist der Wahrheit Los, immer auf den entschiedensten Widerstand zu stoßen. Aber, daß eine böse Macht erstehen werde, welche vorzugsweise der Widerpart des Herrn Jesu Christi sein, und die durch schauerliche Thaten der Bosheit und großartiger Lästerung alle andern übertreffen wird, das weiß jeder gläubige Bibelleser recht wohl.

Propheten und Apostel verkünden das einstimmig. Daniel führt eine Sprache darüber, die das tiefe Interesse des Geistes der Weissagung über diesen Gegenstand bezeugt: „Nach diesem schaute ich in den nächtlichen Gesichten, und siehe, ein viertes Tier, fürchterlich und schrecklich und ausnehmend stark, und große eiserne Zähne hatte es, fraß und zermalmte, und das übrige zertrat es mit seinen Füßen, und es war verschieden von allen Tieren vor ihm und es hatte zehn Hörner. Ich gab acht auf die Hörner, und siehe, ein andres kleines Horn stieg auf zwischen ihnen, und drei von den vorigen Hörnern wurden ausgerissen vor ihm, und siehe, Augen, wie Menschenaugen, waren an diesem Horne und ein Mund, der Vermessenes redete. Ich schaute bis daß Stühle aufgestellt wurden und ein Betagter sich setzte, sein Gewand weiß wie Schnee und seines Hauptes Haar wie reine Wolle, sein Stuhl Feuerflammen, und dessen Räder lodernd Feuer. Ein Feuerstrom floß und ging von Ihm aus, tausendmal Tausende dienten Ihm, und myriadenmal Myriaden standen vor Ihm; das Gericht setzte sich, und Bücher wurden geöffnet. Ich schaute: sodann wegen der vermessenen Reden, welche das Horn redete, schaute ich, bis daß das Tier getötet und sein Leib umgebracht und in den Brand des Feuers geworfen ward" (Dan. 7, 7—11).

In ebenso treffenden und bedeutsamen Worten beschreibt der Apostel Paulus einen gleichen Widersacher: „Laßt euch von niemand täuschen auf keine Weise; denn wenn nicht zuvor der Abfall kommt, und sich offenbart der Mensch der Sünde, der Sohn des Verderbens, der sich auflehnt und erhebt wider alles, was Gott oder anbetungswürdig heißt, sodaß er sich selber — als Gott — in den Tempel Gottes setzt und sich ausweisen will, daß er Gott sei. — — Erinnert ihr euch nicht, daß ich, da ich noch bei euch war, solches euch sagte? Und nun, was ihn aufhält, wißt ihr, daß er sich offenbare zu seiner Zeit. Denn schon wirkt die geheime Gottlosigkeit, bis nur erst der, so es noch aufhält, aus dem Wege ist; und dann wird der Gottlose sich offenbaren, welchen der Herr Jesus vertilgen wird mit dem Hauche seines Mundes und vernichten durch die herrliche Erscheinung seiner Zukunft; ihn, dessen Zukunft vermöge der Wirksamkeit des Satans geschieht mit allerlei mächtigen Thaten und Zeichen und Wundern der Lüge, und mit allerlei Trug und Ruchlosigkeit unter den Verlornen" (2 Thess. 2, 3—10).

Noch umständlicher wird dieser selbe Feind in der Offenbarung beschrieben. Hier wird alles zusammengefaßt, was im Worte Gottes über diesen finstern Gegenstand mitgeteilt ist (Offb. Kap. 13. 17 und 19). Was von Daniel, Paulus und Johannes so genau beschrieben ist, wurde schon von andern Propheten und Aposteln angedeutet. Neben den Weissagungen und Verheißungen vom „Weibessamen" und vom Messias des erwählten Volkes, laufen auch Vorandeutungen von der großen bösen Macht her. In jedem mörderischen

Tyrannen, in jedem Beliassohn, der mit Widerstand gegen die Kinder Gottes auf dem Gebiet der Geschichte erschien oder erscheinen sollte, in jedem solchen sahen inspirierte Männer einen Vorläufer des endlichen Feindes, der Jehovahs Erbteil plagen und verwüsten werde. Dies ist ein der Prophetie eigner Zug, der in ihren organischen Bau verwoben ist. Wie die Propheten in Moses und Josua, in David und Salomo Vor= bilder von dem großen, endlich kommenden Erretter und Sieger Jesus Christus sahen und in Israel das Vorbild des vollkomm= nen Reiches Gottes, so sahen sie auch in hervorragend bösen Menschen, wie Kain und Nimrod, Pharao und Bileam, und in den verfolgenden Reichen Ägypten, Assyrien und Babylon Vorbilder von dem endlichen Feinde, von der letzten verfolgen= den Weltmacht. Dinge werfen ihren Schatten voraus. „Die Prophetie gehört", sagt Delitzsch, „zur Erfüllung, zur Verwirk= lichung des Prophezeiten". Sie richtet den Blick auf das Ende; sie taucht ihren Pinsel in die Farben, die zur Erfüllung gehören. Alles Gute strebt nach Ihm, findet seine höhste Vollendung in Ihm, der allein das absolut Gute ist. Alles Böse strebt ebenso nach Centralisation, nach Vollendung in irgend einem kolossa= len Wesen der Sünde und Bosheit. Und es will scheinen, als ob der Geist Gottes in seinen Beschreibungen vom Lauf und Fortschritt des Bösen immer vorwärts blickt und auf seine end= liche Verkörperung in der letzten schrecklichsten Gestalt weist, welche der menschliche Abfall annimmt, nämlich auf den Antichrist. Und der ist der Gegenstand unsrer Betrach= tung, ein widerlicher, gewiß; aber einer, von dem das Wort Gottes in der ausführlichsten und ausdrücklichsten Weise redet.

Es braucht kaum bemerkt zu werden, daß über diesen Ge= genstand ein ganzer Strudel von Theorien, Mutmaßungen, Beweisen und Erklärungen aufgesprudelt ist. Hier sind die drei großen Schulen repräsentiert: diejenige, welche in die Vergangenheit; die, welche auf die Gegenwart; und die, welche in die Zukunft schaut. Denn die Frage über den Antichrist steht in Verbindung mit andern im Felde der Prophetie auftretenden Fragen: mit der Gemeinde, mit Israel, mit der Wiederkunft des Herrn und der Errichtung seines verheißenen Reiches. Nach einigen war der Antichrist identifiziert mit einer Person oder einem System, das längst vergangen ist. Nach andern ist er jetzt auf dem Plane und thätig und erwartet den Untergang, den seine Sünden und Verbrechen so reichlich verdient haben. Noch andre erwarten ihn erst noch. Er habe zwar seine Vorläufer schon gehabt und habe sie noch, die ihm den Weg bereiten; aber er selbst werde erst noch kommen. Es würde ein ziemlich großes Buch erfordern, wollte man nur die dahin bezüglichen Schriften verzeichnen.

In solch einem Wirrwarr und Labyrinth von Meinungen ziemt es dem Forscher des prophetischen Wortes, bedachtsam und umsichtig vorzugehen. Sein erstes und Hauptbestreben sollte sein, die Grundzüge der Weissagungen über diesen Feind zu finden, ohne sich auf Einzelheiten einzulassen. Er sollte seinen Blick zuerst fest auf die Gebirgsketten und höchsten Gipfel richten und einstweilen die Thäler und Schluchten unbeachtet lassen. Er sollte den ganzen Weltteil, sozusagen, überblicken, seine Lage, Gestaltung und Grenzen beachten, ohne sich einstweilen mit Lauf und Lage jedes Flusses und Sees im Innern des Landes zu beschäftigen. Er sollte zuerst das Fernrohr, nicht das Vergrößerungsglas, gebrauchen. Diese Weise befolgend, laßt uns

I. Die Bedeutung des Wortes feststellen.

Das Wort Antichrist, oder Widerchrist, ist ein biblisches. Es kommt viermal im Neuen Testamente vor (1 Joh. 2, 18—22; 4, 3; 2 Joh. 7). In einer allgemeinen Epistel, die nicht an eine besondere, sondern an einen ganzen Kreis von Gemeinden gerichtet ist, macht der Apostel die merkwürdige Ankündigung: „Kinder, es ist die letzte Stunde, und, wie ihr gehört habt, daß der Widerchrist kommen wird, so sind nun viele Widerchristen aufgestanden; woraus wir erkennen, daß die letzte Stunde ist." Aus dieser Stelle geht klar hervor, daß die Christen zu Johannes' Zeit vom Kommen des Antichrists wußten. Sie hatten davon „gehört". Es war ein Teil des gewöhnlich den Gläubigen erteilten Unterrichtes. Diese Lehre war klar und bestimmt und vorwiegend in den Schriften der Propheten ausgesprochen; ebenso in den Lehren Christi und derer, die in seinem Namen zu lehren und zu predigen gesandt waren. Paulus erinnert, indem er vom Antichrist redet, die Thessalonicher an seinen Unterricht bei seinem kurzen Besuch: „Erinnert ihr euch nicht, daß ich, da ich noch bei euch war, solches euch sagte?" Die Apostel waren in Hinsicht der letzten Zeiten nicht stumm. Die Lehre von den ‚letzten Dingen' nahm einen nicht geringen Platz in ihrer Botschaft ein. Mit dem seligen Evangelium von der Gnade Gottes, welches sie verkündigten, verbanden sie tiefernste Warnungen vor einem zukünftigen Abfall und der Erscheinung des Widersachers, der sein Urteil des Untergangs aus den Händen des Sohnes Gottes selbst empfangen werde. Diejenigen, welche der Erforschung dieser Dinge zu ihrer und andrer Belehrung obliegen, werden also durch apostolisches Vorbild und Autorität dazu ermutigt.

Das Wort Antichrist ist in etwa doppelsinnig; denn die Präposition „Anti", wenn mit einem Hauptwort verbunden, mag „anstatt" oder „wider" bedeuten. Manche verstehen deshalb unter dem Wort Antichrist nur einen falschen Christus. So faßt Herr Greswell es auf, dessen Gelehrsamkeit und Unparteilichkeit niemand bestreitet: „Antichrist", sagt er, „bezeichnet nichts mehr und nichts weniger als einen andern Christus, einen Für=Christus, einen Vice=Christus, einen veränderten Christus, einen, der sich dafür ausgiebt, sich den Namen beilegt; der unter allen Umständen persönlichen Unterschiedes, durch welchen der wahre Christus identifiziert werden kann, derselbe zu sein scheint und sich als das rechte Ebenbild des wahren ausgiebt." So sagt auch ein gegenwärtiger, viel ge=

lesener Schreiber: „Der Name selbst bedeutet, nicht wie manch= mal behauptet wird, einen ausgesprochenen Gegner Christi, sondern einen, der ein Vice=Christus zu sein vorgiebt, einen Neben=Christus; einen, der den Charakter annimmt, die Stelle vertritt und die Funktionen Christi vorgeblich ausübt."

Antichrist bezeichnet jedoch mehr als einen bloßen vorgeb= lichen Christus, oder Eindringling ins Messiasamt Es giebt im Griechischen ein andres Wort, das einen falschen Christus bezeichnet, nämlich Pseudo-christos, ein Wort, das unser Herr (Matth. 24, 24) gebraucht. Huthers Definition von Anti kombiniert ist richtig. Es bezeichnet etwas, Person oder Gegenstand, das etwas anderm von derselben Art widersteht. So ist antistrategos nicht nur ein Vice=General, sondern einer, der einem andern General widersteht; antiphilosophos ist ein Philosoph, der andern Philosophen entgegentritt, gleichwie ein Anti=Papst nicht nur ein Neben=Papst, sondern der Widersacher eines andern Papstes ist. In dem Wort Anti= christ liegt sowohl die Idee von Nachmachen, Verfälschen, als auch von Opponieren Christi, von Ihm Widerstehen. Luther hat daher auch richtig „Widerchrist" übersetzt. In diesem Sinne enthält es eine wichtige Wahrheit. Die Feindschaft ist wirklich schrecklich, bei der der Widersacher den Schein der charakteristischen Vorzüglichkeit bewahrt, gegen die er streitet. Was aber auch immer die Bedeutung des Wortes nach der Wortlehre sein mag, die Thatsache kann nicht ignoriert werden, daß der Antichrist in der Schrift als der entschlossene Feind des Heilandes dargestellt wird. Es stimmt wohl mit der Absicht Johannes' in seinen Episteln, den Antichrist als ein falsches Nachbild des Herrn darzustellen, denn er handelt da mehr von dem Geist und Grundsatz, als von Charakter und Persönlichkeit des Feindes. Aber in der Offenbarung stellt derselbe inspi= rierte Schreiber das Tier vor allem als den Feind Christi dar, dessen einziges Bestreben, Absicht und Hoffnung es ist, den Namen Christi auszutilgen und seine Person zu ver=

nichten. So beschreibt ihn auch Paulus, nennt ihn den antikeimenos, den Widersacher, Widerstreiter Gottes. Zwei Gedanken liegen also in dem Namen, den Gottes Wort diesem Feinde giebt: er ist ein verfälschter Christus, ein Lästerer, und er streitet gegen Christum, er ist eine feindselige Macht.

II. **Identität der Weissagungen Daniels, Paulus' und Johannes', die sich auf den Antichrist beziehen**, mit Bezugnahme auf Dan. 7, 2; 2 Thess. 2 und Offb. 13. Evangelische Ausleger stimmen fast alle darin überein, daß alle drei von der gleichen feindseligen Macht weissagen. Das schauerliche Bild ist ein und dasselbe, obgleich jede Darstellung ihre ihr eignen Züge und Formen hat. Hält man sie zusammen, so wird die Einheit in der Beschreibung und die Größe des Gegenstandes offenbar. Die Grundlagen für die Identifizierung dieser Weissagungen sind moralisch und historisch, ausreichend und schlußrichtig. Daniel und Johannes gebrauchen das gleiche Bild — ein Tier.

Ein gieriges wildes Tier ist's, das auf dem Felde des prophetischen Gesichts erscheint. Daniel sieht vier Tiere nach einander aus dem Meere aufsteigen; aber das vierte ist's, auf das Interesse und Aufmerksamkeit sich konzentrieren; das vierte, das in wilder Gefräßigkeit die andern übertrifft. Das von Johannes Geschaute, vereinigt in sich alle eigentümlichen Merkmale alles von Daniel Gesehenen. Es hat die Gestalt eines Pardels, die Füße eines Bären, und den Rachen eines Löwen. Bei beiden steigt das Tier aus dem Meere auf, und ist ein unbeschreibliches Ungetüm, ein gieriges Monstrum mit zehn Hörnern.

Man kann die Bedeutung des Bildes nicht mißverstehen. Es ist eine bildliche Darstellung der politischen Macht der Welt. So erklären es die Propheten selbst, das Tier ist ein „König" und ein „Königreich". Es hat Hörner und die sind Symbole von Macht; es trägt Diademe auf seinen Hörnern und

Diademe sind Abzeichen königlicher Herrschaft. Klar ist, daß die gegen Gott streitende Macht der Welt gemeint ist. Noch braucht man die Darstellung der Weltmacht unter dem Bilde eines Tieres als unschicklich und seltsam anzusehen. Die Mächte der Welt haben selbst das Exempel dazu gegeben. Der Löwe, der Bär, der Drache und der Adler glänzen auf den Wappen und sind auf die Münzen der heutigen Völker geprägt.

1. Die moralischen Charakterzüge des Feindes sind in allen drei Weissagungen dieselben. Alle drei legen ihm angemaßte, übergreifende Macht bei. Das „kleine Horn" in Daniel, welches das große Tier überwindet und zu seinem herrschenden und leitenden Geist wird, hat Augen wie Menschenaugen. Hervorragenden Verstand, glänzende Intelligenz, Menschenkenntnis und Geschick, Menschen zu beeinflussen, zeichnen es aus. So wird uns gesagt, er werde „frechen Angesichts und der Hinterlist kundig sein" und „stark wird seine Macht sein und wird sonderlich Verderben anrichten" (Dan. 8, 23—25). Das Tier der Offenbarung ist gerade so. Durch seinen Staatsminister, den falschen Propheten, thut es „große Zeichen und macht, daß Feuer vom Himmel fällt auf die Erde vor den Menschen, und verführt die Bewohner der Erde" (Offb. 13, 13. 14).

Der Mensch der Sünde (2 Thess. 2), kommt „mit allerlei mächtigen Thaten und Zeichen und Wundern der Lüge und mit allerlei Trug und Ruchlosigkeit." „Der König" in Daniel „hat einen Mund, der Vermessenes redete." „Und wird Reden ausstoßen gegen den Höchsten und die Heiligen des Allerhöchsten aufreiben." „Er wird sich auflehnen und erheben wider alle Gottheit und wider den Gott der Götter wird er Ungeheures reden, auch die Götter seiner Väter — — — noch irgend einen Gott wird er achten" (Dan. 7, 2—25; 8, 11—25; 11, 36. 37). Dem Tier in der Offenbarung wird zugeschrieben ein Mund, der große Dinge und Lästerungen redet, zu lästern Gott und seinen Namen und seine Wohnung und die im Himmel wohnen" (Offb. 13, 5. 6). „Der Mensch der Sünde (2 Theff. 2), lehnt sich auf und erhebt sich wider alles was Gott oder anbetungswürdig heißt, sodaß er sich selber als Gott in den Tempel Gottes setzt und sich ausweisen will, daß er Gott sei." Er ist unduldsam und ein Verfolger, der die Heiligen des Höchsten aufreibt, der etliche vom Heer und von den Sternen des Himmels herabreißt, der Zahlreiche und das Volk der Heiligen zu Grunde richten wird." „Der Mensch der Sünde ist der Sohn des Verderbens, der sich über alle göttliche und menschliche Autorität erhebt." Dem Tier der Offenbarung ist „Gewalt gegeben über alle Geschlechter und Völker und Zungen und Nationen"; „Macht, mit den Heiligen zu kriegen und sie zu überwinden", und es kann „machen, daß alle, die das Tier nicht anbeten, getötet werden" (Offb. 13, 7. 15).

2. Die Zeitbestimmungen sind in den drei Prophezeiungen gleich. Der Feind kommt mit dem Abfall. Nach Daniel erscheint „der König mit frechem Angesicht, wenn das Maß der Sünden voll ist" (8, 23). Nach (2 Theff. 2) kommt der Mensch der Sünde nachdem „der Abfall gekommen, und was ihn noch aufhält, hinweggethan ist." Nach der Offenbarung kommt er, nachdem die Menschen Gott abgesagt und das Tier anbeten. Daniels Tier herrscht eine Zeit und zwo Zeiten und eine halbe Zeit, 1260 Tage. Das Tier herrscht nach Johannes 42 Wochen, 1260 Tage. Daniels Gesicht wird am Ende der Tage erfüllt, und Paulus' Vorhersagung stimmt mit dem Tage des Herrn, der Zeit des Endes. Johannes batiert seine Weissagung nach der Stunde, dem Tage, dem Gericht des allmächtigen Gottes, der Zeit des Endes.

3. In Bezug auf den Untergang des Feindes stimmen alle drei Prophezeiungen überein. Nach Daniel wird „das Tier von einem wie eines Menschen Sohn überwunden, der mit den Wolken des Himmels kommt". Nach Paulus wird

„der Mensch der Sünde von dem Herrn Jesu durch den Hauch seines Mundes durch die herrliche Erscheinung seiner Zukunft vernichtet." Die Offenbarung zeigt, daß das Tier von dem herrlichen Sieger getötet wird, der vom Himmel herabkommt und „des Name Gottes Wort" ist. Nach Daniel wird das Tier den Feuerflammen übergeben; nach 2 Thess. wird „der Mensch der Sünde vom Hauche des Mundes des Herrn verzehrt" und nach der Offenbarung wird „das Tier und der falsche Prophet lebendig in den Feuersee geworfen."

Nach allen diesen übereinstimmenden Kennzeichen schließen wir, daß Daniels ‚eigensinniger König', Paulus' ‚Mensch der Sünde' und Johannes' ‚Tier' nicht drei, sondern **eins** sind, das dreifältige Bild des einen großen Feindes Gottes und alles Guten — des Antichrists!

III. **Sind die auf ihn bezüglichen Vorherverkündigungen erfüllt worden?** Ist eine Persönlichkeit oder ein System in der Geschichte aufgetreten, das den Beschreibungen entspricht? Zwei Schulen von Erklärern antworten: Ja; diejenige, welche in die Vergangenheit, und die, welche auf die Gegenwart schaut. Die Theorie der erstern gründet sich auf die scheinbar richtige Annahme, daß die Apostel die Erfüllung bei ihrem Leben, oder wenigstens zur Zeit der nächsten Generation erwarteten. Nun müßten entweder sie geirrt haben, oder wir müßten die Erfüllung in einer Persönlichkeit oder einem Ereignis ihrer Zeit oder bald nach derselben suchen. Und so muß denn der römische Kaiser Nero der Antichrist und die Zerstörung Jerusalems die Wiederkunft des Herrn Jesu sein! Und dies alles trotzdem daß Paulus den Thessalonichern, die den Tag des Herrn als schon vorhanden ansahen, durch den Heiligen Geist, ernstlich sagt, der Tag werde nicht kommen, ehe der Abfall komme, und ehe hinweggethan werde, was ihn noch aufhalte. Übergehen wir aber das.

Gegen die Annahme der neronischen-Theorie erheben sich unübersteigliche Schwierigkeiten. Nero starb als Selbstmörder im Palaste seines Befreiten Phaon, 4 Meilen außerhalb der Mauern Roms. Aber Daniel, Paulus und Johannes bezeugen, wie mit einem Munde, daß der Antichrist beim Kommen des Herrn vertilgt werden wird. Wie erfüllt Neros Selbstmord die Worte des Heiligen Geistes? Eine mangelhaftere Auslegung läßt sich nicht denken!

Daniel sagt uns, daß auf die Vernichtung des vierten Tieres und seines kleinen Horns, des Antichrists — „Königtum und Herrschaft und Gewalt aller Reiche unter dem ganzen Himmel „dem Volke der Heiligen des Höchsten gegeben", daß alle „Herrschaften ihm dienen und gehorchen werden" (Dan. 7, 27). Johannes verkündigt, daß wenn das Tier und der falsche Prophet in den Feuersee geworfen und Satan gebunden sei, daß dann die tausend Jahre segensreichen Regimentes anbrechen. Damit stimmen alle Zeugnisse der Propheten Joel, Jesaias, Sacharias und des Heilandes selbst. Die Ordnung, die Zeitfolge bei allem, ist diese: Der Feind und seine verwüstenden Armeen; die Zeit der großen Trübsal, wie solche nie gewesen, und dann das Gericht des Herrn, welches die Erde von seinen Feinden befreit, worauf dann Frieden und Segen folgt. — Was aber folgte dem Tode Neros und der Zerstörung Jerusalems? Das tausendjährige Reich? Nein, Jahrhunderte von Verfolgung, die Entwicklung des Papsttums, die Verpönung des Evangeliums, die Ankettung der Bibel, die Verfälschung des Christentums, die Inquisition, die Dragonaden, Krieg und Streit, Unwissenheit und Verbrechen haben die dahin rollenden Jahre bezeichnet. Wäre Nero der Antichrist und die Zerstörung Jerusalems die Erscheinung des Herrn gewesen, hätte das ewige Reich seitdem in den Händen der Heiligen gelegen und hätte es die unbestrittene und allgemeine Oberhand gehabt, so könnten wir nur sagen, die Pracht und Herrlichkeit der Verheißung und Weissagung ist in der Erfüllung untergegangen, und die heilige Schrift ist als bestimmtes Zeugnis für irgend etwas verwischt. Endlich ist ein außerordentlicher Zeitverstoß in der neronischen Theorie. Wenn wir den alten Zeugnissen glauben dürfen, so war Nero schon mehr als fünfundzwanzig Jahre tot und Jerusalem zerstört, als die Offenbarung geschrieben wurde. Irenäus, der 177 nach Christo als Bischof von Lyon verordnet wurde, sagt: „Denn vor nicht langer Zeit wurde die Offenbarung geschaut, fast in unsrer eignen Generation, am Ende der Regierung des Domitianus." Diese Angabe bestimmt die Abfassung des Buches auf das Jahr 95 oder 96 nach Christo; denn Domitian wurde im Jahre 96 ermordet. Nero starb 68; Jerusalem wurde im Jahre 70 zerstört. Man bedenke, daß Irenäus bald nach der apostolischen Zeit lebte; denn er kann nicht später als 130 nach Christo geboren worden sein; daß er der Schüler und Freund des geheiligten Polycarpus war, eines Zeitgenossen des Apostels Johannes. Er war auch der Freund und Nachfolger des Pothinus, dessen 90 Jahre uns zurückführen bis zu dem Geschlecht, das die letzten Apostel sah. Sein Zeugnis wird bestätigt durch Tertullian, durch Clemens von Alexandrien, Viktorinus, Eusebius und Hieronymus. Die Kraft und Gültigkeit seines Zeugnisses muß also anerkannt werden. Ehe durch tüchtige und bessere Autorität, als die des bekanntlich ungenauen Epiphanius, dieses Zeugnis verdrängt wird, können verständige Leute nicht glauben, daß Nero der Antichrist und die Zerstörung Jerusalems die verheißene Wiederkunft des Herrn sei.

Die gangbare, protestantische Auslegung ist, daß das Tier, der Gesetzlose, das Papsttum, in der Person des Papstes zusammengefaßt, sei, oder die päpstliche Hierarchie, deren Haupt der päpstliche Stuhl ist. Dies war, fast ohne Ausnahme, die Meinung der Reformatoren. Einige dachten schon so vor der Reformation. Und es ist nicht wenig Wahrscheinlichkeit in der Ansicht. Vieles im Papsttum stimmt ungemein mit der Weissagung, so genau, daß man kaum zweifeln kann. In seiner Entstehung und Geschichte, in seiner nahen Verwandtschaft mit dem alten römischen Reich, als dessen Erbe und Nachfolger; in seinem tiefen Abfall von der Wahrheit; in seiner Abgötterei, in seinem Verfolgungsgeist; in seiner frechen Anmaßung und seinem lästerlichen Dünkel, sieht es dem Antichrist sehr ähnlich. Aber ob die Ähnlichkeit auch wunderbar ist, und noch so genau nachgewiesen werden kann: so entspricht das Papsttum doch dem gewaltigen Bilde von dem großen Widersacher, welches der Heilige Geist im Worte der Wahrheit uns entworfen hat, noch lange nicht ganz und vollkommen. Beachten wir kurz einige Punkte, in denen Unterschiede die Übereinstimmung verhindern.

1. Der Antichrist ist durch und durch atheistisch. Dies ist der Hauptzug seines Charakters, der ihn kennzeichnet. Johannes sagt: „Dies ist der Widerchrist, der den Vater und den Sohn leugnet." „Und es wird der König sich auflehnen und erheben wider alle Gottheit, und wider den Gott der Götter, auch die Götter seiner Väter wird er nicht achten, noch irgend einen Gott" (Dan. 11, 36. 37). „Der Mensch der Sünde lehnt sich auf und erhebt sich wider alles, was Gott oder anbetungswürdig heißt, sobaß er sich selbst als Gott in den Tempel setzt und sich ausweisen will, daß er Gott sei" (2 Thess). So schlimm das Papsttum auch ist, dies hat es noch nie gethan. Als ein System pflanzt es sich selbst auf als Vermittler zwischen Himmel und Erde, der Priester steht zwischen dem Sünder und Gott, die Ohrenbeichte zwischen Menschen und dem Gnadenthron, Büßungen zwischen ihm und göttlicher Traurigkeit, die Messe zwischen ihm und der Gerechtigkeit Christ, der Ablaß zwischen ihm und einem ernsten, selbstverleugnenden Leben, die Überlieferung zwischen ihm und der heiligen Schrift, und das Fegfeuer zwischen ihm und der himmlischen Welt. Und doch hält der Papst an den drei allgemeinen Glaubensbekenntnissen; erkennt beide, den Vater und den Sohn, an und bekennt sich als Anbeter und Diener Gottes; Er segnet das Volk nicht in seinem eignen, sondern im Namen des Vaters, des Sohnes und des Heiligen Geistes. So ferne davon, als der offne Widersacher Gottes aufzutreten, wie der Antichrist thut, er-

klärt der Papst sich als ein demütiger Lehensmann des göttlichen Meisters und bekennt sich als mit Gottes Sache in der Welt verbunden. Kein Papst hat je sich selbst wirklich vergöttert, und sich an Gottes Stelle in seinem Tempel gesetzt. Gotteslästerliche Titel mögen ihm gegeben worden sein, er hat sie nicht selbst sich beigelegt. Die Verehrung bei seiner Einsetzung, wo die Kardinäle ihn in die Peterskirche tragen und auf den Hochaltar setzen, ist ein Stückchen Abgötterei von einem bloßen Menschen, aber es wird nur für Verehrung der Gegenwart und Macht Christi in ihm ausgegeben. Die ungeheure Macht, die er ausübt, erklärt er nicht für seine eigne, sondern für die ihm als Stellvertreter Christi auf Erden von Gott übertragene. In seinen höchsten und frechsten Anmaßungen, zeigt er sich doch nur als Gottes Vicekönig. Kein Papst hat noch je in seinem Atheismus Gott förmlich beiseite geschoben und sich offen an seine Stelle gesetzt. Wir wissen nicht, wozu sich das päpstliche System noch versteigen wird, soweit aber ist es noch nie gegangen. Der Antichrist ist etwas andres und schlimmeres. Er steht gegen jeden, sowohl wahren als falschen Gott und erhebt sich selbst darüber. Er will keinen Gott anerkennen, noch andre einen anerkennen lassen, außer sich selber. Es ist wahr, Daniel sagt, er werde den Gott, den seine Väter nicht gekannt haben, ehren mit Herrlichkeit. Dieser fremde Gott, den der König so ehren wird, ist nach meiner Meinung sein eignes Bild, dem der falsche Prophet Odem giebt, sodaß es redet und alle töten läßt, die es und das Tier anzubeten verweigern (Offb. 13, 15). Das Tier ist der einzige Gott und sein Bild bezeugt das durch unwidersprechliche Zeichen und durchs Wort. Dies alles beweist einen schauerlichen Atheismus, eine offne, boshafte und stolze Erhebung gegen Gott und gegen jeden Gegenstand göttlicher Verehrung, etwas unermeßlich Schlimmeres als das Papsttum!

2. Der Antichrist wird in der Schrift durchgängig, als mit der weltlichen Macht verbunden, dargestellt, in freiherrlicher

Oberherrschaft, deren gotteslästerliches Haupt er ist, und die er beherrscht und gebraucht zu seinen eignen teuflischen Zwecken. Er wird dargestellt, als der, welcher die politische Macht an sich reißt, ihr vorsteht und sie in feindselige Schlachtordnung bringt gegen Gott und seinen Christus. Das Papsttum hat noch nie solche Macht geübt. Sein weltliches Regiment ist immer nur ein kleinliches gewesen, und jetzt ist es auch von dieser weltlichen Macht entblößt und der Papst sitzt als Gefangener im Vatikan, wie er sagt. Der Antichrist steht bis zum Ende als Haupt einer empörten Welt.

3. Der Antichrist beansprucht eine unbestrittene und fast allgemeine Oberherrschaft. In der Offenbarung wird wiederholt erklärt, daß alle Welt sich über das Tier wundern, und daß alle, die auf Erden wohnen, es anbeten werden, alle, deren Namen nicht geschrieben sind im Buche des Lebens. Eine Hälfte der Christenheit steht außerhalb der päpstlichen Herrschaft und bestreitet deren Ansprüche, oder will jemand sagen, daß alle im Buche des Lebens verzeichnet sind, die zur griechischen und zur protestantischen Kirche gehören? Wir müssen entweder die großartigen Proportionen des inspirierten Gemäldes verkleinern oder wir müssen die Theorie, daß der Papst der Antichrist sei, fallen lassen.

4. Wenn der Antichrist da ist, dann wird den Menschen nur die Wahl zwischen zwei schrecklichen Dingen bleiben: Sie müssen entweder das Tier anbeten, oder sterben; oder sie müssen Gott anbeten, das teuflische Wesen des Tieres gänzlich verwerfen, oder mit Feuer und Schwefel für immer und ewig gepeinigt werden (Offb. 14, 9–11). Tod in dieser, oder Verdammnis in jener Welt; das wird die schreckliche Wahl der Menschen sein, wenn das Tier da ist. Will jemand sagen, daß beim Romanismus dies je erfüllt wurde, oder jetzt wird?

5. Alle evangelischen Ausleger halten Rom für die große Babylon, die abgefallene Kirche, und doch, so schlimm Babylon auch ist, enthält sie bis zum Ende noch etliche echte Gläubige.

Gerade ehe das schreckliche Gericht über sie hereinbricht, ruft eine Stimme vom Himmel: „Geht aus von ihr, mein Volk!" Aber unter den Anbetern des Tiers findet sich nicht ein einziger Heiliger. Seine Anhänger und Nachfolger sind einer und alle verloren. Babylon und das Tier sind zwei verschiedene Dinge.

6. Das Tier wird (Offb. 17) von der Hure unterschieden. Zwei bedeutsame Bilder werden uns gezeigt. Ein schlechtes Weib, die auf einem scharlachroten Tier sitzt. Das Tier ist identifiziert mit dem in Kap. 13 und Dan. 7, denn es hat die gleiche Zahl von Häuptern und die gleiche außerordentliche Geschichte. Wie aber mit dem Weib? Wer kann bezweifeln, daß sie die falsche abgefallene Kirche vorstellt? Der offenbarende Engel bezeichnet sie als die geheimnisvolle Babel, die Mutter der Huren." Überall in der Schrift ist ein unreines Weib das Bild eines Systems, das unter dem Vorwand der Gottangehörigkeit von Ihm abfällt in Götzendienst (Jes. 1, 21; Jer. 3, 1. 6. 7; Hes. 14; Hos. 2, 5; 3, 1. 6. 8), 2c. Babylon ist ein schamloser und verführerischer Einfluß, der auf den sieben Hügeln thront und auch auf dem Tier sitzt. Sie zwingt es, sie zu tragen und zu halten, sie regiert und gebraucht es zur Ausführung ihrer Absichten; aber es ist ihr letzter, ihr verderblicher Ritt, den der Prophet sieht, ein Ritt zum Tod und Verderben; „und die zehn Hörner, die du sahst, und das Tier, diese werden die Hure hassen, und sie wüste und bloß machen, und ihr Fleisch fressen, und sie verbrennen mit Feuer." Lex talionis! (Nach dem Gesetz: „Gleiches für Gleiches!") Die Hure hatte mit der Weltmacht intriguiert und geliebäugelt, hatte sie berauscht und erhitzt mit dem Weine ihrer Hurerei; dann hatte sie das ungeheure Tier bestiegen und mit Peitsche und Sporn geritten bis zu ihrer bösen Oberherrschaft. Gott giebt's ins Herz des Tiers und der zehn Könige, sie zu hassen und zu verderben, ihre Flitterlumpen vom abscheulichen Leibe zu reißen und ihr beflecktes Fleisch von ihren modernden Beinen!

Es ist ein gerechtes Gericht, das Babylon ereilt. Wenn Rom die Hure ist, dann ist's das Tier nicht! Wenn die Hure und das Tier das Papsttum sind, dann ist dieses sein eigner Henker. Widersprüche, absurde Widersprüche! Nein, nachdem Babylon zerstört ist, dann bleiben noch ungeheure Verbindungen von antichristlichen Mächten, die, von dem Tier angeführt, stolz in die Schlacht marschieren am großen Tage des allmächtigen Gottes und dann durch die persönliche Wiederkunft des Sohnes Gottes selbst für immer gestürzt werden!

Vor zwei großen Gestaltungen der Bosheit warnen die Propheten: Kirchliche Korruption und Abfall ist die eine; die andre ist offne Empörung der weltlichen Macht gegen Gott. Die erste erscheint und gipfelt in Babylon, der großen Hure. Die andre findet ihre schauerliche Vergötterung in dem Tier, dem Antichrist. Die erste ist schon vorhanden, obgleich sie zweifelsohne in noch tiefere Tiefen von Bosheit versinken wird. Die zweite ist noch nicht erschienen, ist noch der kommende Fürst — er kommt! — Da wir glauben, daß der von Gott eingegebene Bericht über den großen Feind noch nicht in irgend einer Person oder einem System, wie sie bisher im Felde der Geschichte erschienen sind, gehörig erfüllt ist, so wollen wir nach Entstehung und Charakter des Antichrists forschen:

1. Der Antichrist, oder Widerchrist, ist eine Person, ein persönlicher Mann, der Mann der Weissagung. Jede Beschaffenheit, Eigenschaft, Merkmal, oder Mahlzeichen, das Persönlichkeit andeuten kann, wird ihm mit einer Bestimmtheit und Genauigkeit der Sprache beigelegt, daß es sich nicht wegbuchstabieren läßt. Nach Daniel ist er der König, der drei andre Könige stürzt und die Übermacht über den vierten erlangt; der nach seinem eignen Willen thut, der alles Anbetungswürdige unterdrückt, sich selbst über alles setzt und erhebt, freche Reden gegen den Allerhöchsten führt, die Heiligen verfolgt, und Zeit und Gesetz ändert. Was nur in der menschlichen Sprache gebraucht wird, um Persönlichkeit und persön-

liches Handeln zu bezeichnen, das benutzt auch der Prophet, um einen Mann, ein einziges Individuum zu beschreiben. Nach Paulus ist er ‚der Mensch der Sünde, der Sohn des Verderbens', Bezeichnungen, die ihn zugleich als Person darstellen. ‚Der Mensch der Sünde,' er, dessen inneres Element und dessen äußerer Charakter Sünde und nichts als Sünde ist; dessen ganzes Wesen, Pläne und Thätigkeit in Sünde und nichts als Sünde besteht; der als die lebendige Verkörperung der Sünde bekannt und anerkannt ist, als der Mensch der Sünde. ‚Der Sohn des Verderbens,' er, auf den das Verderben als sein Anrecht und Erbteil fällt; den Johannes beschreibt als den, der aus dem Abgrund aufsteigt und ins Verderben stürzt „Die reine, bestimmte Sprache Paulus' schildert einen Mann, ein menschliches Wesen, so wahrhaftig und gewiß, wie der Ausdruck ‚das verlorne Kind', aus dem Munde des Herrn, das Schicksal Judas', des Verräters, bezeichnet."

Die so beschriebene Person ist ein Mann, anthropos — ein einzelner Mann und nicht eine Reihe oder Reihenfolge von Männern; nicht die Personifizierung böser Einflüsse, oder das Haupt einer menschlichen Organisation. Dieser Mann, aus Sünde gemacht, ist der persönliche Widersacher Christi, ist der falsche Christus. Beide sind individuelle Personen, beide erscheinen, werden offenbart; beide haben eine Gegenwart, (parousia). Dem einen ist Leben und Herrlichkeit, dem andern Untergang und Verderben bestimmt. Dieser Mensch der Sünde ist zu unterscheiden vom Abfall, ist aber doch dessen endlicher Gipfelpunkt. Der Abfall entwickelt und sammelt sich endlich in eine ungeheure Centralisation von Sünde und Bosheit, welche den bedeutsamen Namen ‚Mensch der Sünde' erhält. So erkennt ihn Irenäus als den, „der in sich selbst einen teuflischen Abfall summiert". Justin der Märtyrer nennt ihn den ‚Mann des Abfalls'. So bezeugt auch das merkwürdige Schriftstück, „Die Lehre der zwölf Apostel": „Denn in den letzten Tagen werden sich die falschen

Propheten und Verführer vermehren, die Schafe in Wölfe und
die Liebe in Haß verwandelt werden; denn, wenn die Unge=
rechtigkeit zunimmt, werden sie einander hassen und verfolgen
und ausliefern. Und dann wird der Welttäuscher und Betrü=
ger erscheinen als Sohn Gottes und wird Zeichen und Wun=
der thun und die Erde wird in seine Hände gegeben werden,
und er wird Bosheiten verüben, wie sie seit dem Anfang nicht
geschehen sind. Dann werden alle erschaffenen Menschen in
die Feuerprobe kommen und viele werden straucheln und um=
kommen." Dieses stimmt fast wörtlich mit 2 Thess. 2.
Zuerst Abfall, dann Ausbruch der Ungerechtigkeit und dann
die Gegenwart des Weltbetrügers als Sohn Gottes. Der
Abfall ist als Thatsache, oder als System, nicht zu ver=
wechseln mit dem Menschen der Sünde, denn er geht diesem
voraus und bedingt seine Erscheinung. Die Offenbarung ist
noch klarer und bestimmter. Im 21. Kap. wird das Tier un=
terschieden von den Königen, die sich mit ihm verbinden, und
von ihren Armeen. Es wird auch unterschieden von dem fal=
schen Propheten, der als sein großer Lieutenant handelt. Das
Tier und der falsche Prophet werden auch hinsichtlich ihres
Schicksals von ihren Armeen unterschieden, denn jene werden
lebendig in den Feuersee geworfen, ihre Armeen aber mit dem
Schwerte getötet. Wie Prof. Koch schreibt: „Das Tier ist so
wenig etwas bloß Gedachtes, wie der falsche Prophet. Beide
sind Personen. Dies geht klar aus Offb. 20, 10 hervor, wo
gesagt wird, daß der Teufel, der eine Person und nicht etwas
bloß Gedachtes ist, nach den tausend Jahren dahin geht, wo
das Tier und der falsche Prophet sind, wieder zwei Personen, die
ihm so treulich gedient haben, aber zu ihrem eignen Schaden!
Es wird auch gesagt, daß sie gequält werden Tag und Nacht, das
mit nichts bloß Gedachtem geschehen kann. So gewiß wie Sa=
tan eine Person ist, so gewiß das Tier und so gewiß der Anti=
christ." Die Kirchenväter haben einstimmig den Antichrist
als eine einzelne menschliche Person erachtet, und nicht als ein

System von herrschsüchtigem und boshaftem Einfluß. Ob sie die Lehre vom tausendjährigen Reich glaubten oder nicht, darin waren sie ganz einig, daß er ein einzelner Mann, und daß er in den letzten Tagen als wörtlicher Mensch thätig sein werde. Die reine Einfalt und unzweideutige Einheit der biblischen Beschreibungen von ihm führen sicherlich zu einem solchen Schluß. Auf den ersten Blick sieht man in den drei großen Weissagungen von Daniel, Paulus und Johannes, daß sie die Erscheinung e i n e s Feindes ankündigen, das Bild eines einzigen Widersachers zeichnen, dessen Charakter, Energie und Untergang einzig und unvergleichbar in der Geschichte der Menschheit dastehen.

2. Der Antichrist ist das oberste Haupt der Weltmacht in ihrer letzten teuflischen Gestalt. Dies geht deutlich aus der Zusammensetzung von Johannes' großem Bilde hervor. Daniels Tiere stellten Reiche vor, die aufeinander folgten, das babylonische, medo-persische, griechisch-macedonische und das römische; aber der Löwe, der Bär, der Leopard und das namenlose zehnhörnige Ungeheuer, alle gesondert bei Daniel, sind in Offb. 13 alle vereinigt. Auf die Gott bekämpfende Macht fällt Gottes Gericht. Das Tier wird ins Verderben gestürzt, und aller Welt Könige, Armeen und Obrigkeiten hören auf. Gerade dasselbe Schicksal trifft das ungeheure Bild Daniels; denn während der Schlag auf die Füße und Zehen der Statue fällt, stürzt doch das ganze Bild mit allen seinen Bestandteilen — Eisen, Thon, Messing, Silber, Gold — alles, in gänzliches Verderben. Es ist die Weltherrschaft, wie sie sich in den letzten Tagen darstellt und das Tier ist ihre Verkörperung und Vollendung.

Ferner, Johannes sah, daß eins der sieben Häupter tödlich verwundet, aber seiner Wunde heil geworden war. Derselbe Zug kommt in des Tiers Geschichte (Offb. 17, 8) vor, wo uns berichtet wird, daß „das Tier war und nicht ist und kommen wird", oder wie der Cod. Sin. es hat, „wird wieder gegenwärtig sein". Hier wird zweifelsohne das römische Reich beschrieben, aber in seiner letzten Form. Nach dem offenbarenden Engel hat es eine außergewöhnliche Geschichte, die in drei Stadien zerfällt. „Es war," in Johannes' Tagen bestand es in der Fülle seiner unwiderstehlichen Macht und die Welt lag hilflos zu seinen Füßen. Mit messingnem Schnabel und Stahlkrallen erfaßte und überwand der römische Adler die Menschheit, und die Erde erbebte, wenn er auf seinem Siebenhügelhorst mit seinem Flügelschlag donnerte. „Es war."

Dann kam das zweite Stadium: das „Nichtsein": es „ist nicht." Unter den töblichen Schwertstreichen der Barbaren sank das kaiserliche Rom und starb. „Es ist nicht." Von der Zeit an bis jetzt hat es keine allgemeine Herrschaft unter einem großen Kaiser mehr gegeben. Stolze Krieger haben wieder und wieder sich abgemüht, ein großes, zusammenhängendes Weltreich zu gründen, aber vergeblich. Karl der Große versuchte es; Napoleon desgleichen — umsonst! Noch gilt's: „Es ist nicht."

Das dritte Stadium tritt ein, und das Weltreich, der souveräne Koloß erscheint wieder. „Es ist wieder gegenwärtig." „Die töbliche Wunde ist heil geworden." Und als sein Haupt steht der unvergleichliche Mann, der vom Teufel inspirierte Mann, der Mann von militärischem Genie, Vollziehungstüchtigkeit, glänzender Intelligenz und wilder Grausamkeit. Er übertrifft Alexander von Macedonien, Julius Cäsar vom alten Rom, Antiochus von Syrien und Bonaparte von Frankreich. Es ist der „Mensch der Sünde", der Antichrist, der Widerchrist, von dem die gewaltige Massenverbindung Namen und Gesetz bekommt, vor dessen Willen sie sich beugt, dessen Macht sie sich gern unterwirft, das Tier! Das Ende naht, das Tier steigt nur aus dem Abgrund heraus, um ins Verderben zu gehen. Vor alters wurde gesagt, Rom werde bis zum Ende der Welt stehen. Seine Zeit hört auf, wenn das Tier da ist und der mächtige Sieger vom Himmel kommt und es in den Feuerpfuhl stürzt.

3. Der Ursprung des Antichrists ist geheimnisvoll, offenbar übernatürlich. Zweimal wird in der Offenbarung erklärt, daß er aus dem bodenlosen Abgrund kommt (Kap. 11, 7. und 17, 8). Kap. 13, 2 wird feierlich erklärt, daß der Teufel ihm seine Macht, und seinen Thron und große Gewalt giebt. In 2 Thess. 2 wird ihm eine Zukunft (parousia) zugeschrieben wie unserm Herrn, und seine Zukunft geschieht vermöge der Wirksamkeit des Satans, mit allerlei mächtigen Thaten und Zeichen und Wundern der Lüge." Viele der alten Väter glaubten, daß er ein fleischgewordener Teufel sei. Hippolyt nennt ihn „einen Sohn des Teufels, ein Gefäß Satans". Irenäus spricht von ihm, als der „alle Macht und Betrug des Teufels an sich nehme". Origenes beschreibt ihn, als „das Kind des Teufels und den Widerpart Christi". Lactantius meint, er werde „ein von einem bösen Geiste gezeugter König sein"; Theodoret glaubt, der Teufel werde im Antichrist eingefleischt erscheinen, und Theophylakt meint, er werde „ein Mann sein, der den Teufel in sich herumträgt". Augustinus sagt, er werde wie ein andrer Mensch geboren werden, aber der Teufel werde über seine Mutter kommen sie ganz erfüllen, umgeben, umfassen, und total innerlich und äußerlich einnehmen, und was von ihr geboren werde, das werde ganz und gar sündig und gänzlich verdammt sein. Einige meinten, er werde eine Wiedererscheinung des Antiochus Epiphanes sein. Viele glaubten, und manche in neurer Zeit stimmen ihnen bei, daß es Nero sein werde, der aus der Unterwelt wiederkehre. Gewiß ist etwas Bedeutsames in den Ausdrücken, er werde aus dem Abgrund kommen, seine Zukunft oder Erscheinung sei nach der „Wirkung des Satans". Darin ist etwas so ganz und gar Verschiedenes von der gewöhnlichen Weise, nach der Menschen in die Welt eintreten. Demnach können wir nicht glauben, daß es die Wiederkehr eines längst Gestorbenen, noch eine Einfleischung des Satans andeutet. Es bedeutet, so scheint es, daß der Satan, um seine abscheulichen Absichten

auszuführen, seinen Thron und seine Macht dem Antichrist übergeben und ihn vom Scheitel bis zur Zehe mit seiner furchtbaren und erschrecklichen Gewalt erfüllen wird. Und wie er in den Judas, ‚das verlorne Kind', hineinfuhr, so wird er Besitz vom ‚Menschen der Sünde' nehmen, ihn mit Macht ausrüsten, seine Bosheit verschärfen, ihn mit übermenschlicher List und Hochmut erfüllen, bis er sich selbst vergöttert!

Noch braucht man gerade zu glauben, daß der Widerchrist gleich vom Anfang seiner Laufbahn an sein teufliches Temperament zeigen, oder den Gott trotzenden Geist, der ihn beseelt, auslassen werde. Die Schrift deutet genau das Gegenteil an. Er ist als ein ausgebildeter Schmeichler, ein glänzender Diplomat, ein ausgezeichneter Stratege und als ein vollendeter Heuchler dargestellt. Er wird seine Absichten hinter scheinheiligen Vorspiegelungen verbergen, wird als Philantrop, als Menschenfreund auftreten, als Befreier der Unterdrückten, als der Bringer des goldnen Zeitalters. Nichts Geringeres als dies entspricht den Beschreibungen, die ihn kennzeichnen als ‚den Betrüger', den ‚Lügner', der die Menschen als mit kräftigen Irrtümern trunken macht, der die Welt in verderblicher Weise bezaubert und blendet mit seinen majestätischen Kräften, Zeichen und Lügenwundern, sodaß er verführen würde, wenn „es möglich wäre, auch die Auserwählten".

Sein Name deutet das an. Er ist der ‚Für-Christus', der sich für Ihn ausgiebt, der Nebenbuhler Christi. Er behauptet und glaubt Gott zu sein, zeigt sich als Gott und nimmt in gotteslästerlicher Weise dessen Namen und Platz ein durch unglaubliche Bezauberung mit seiner ungeheuren Macht. Wir sehen ähnliches in seinen Vorbildern und Vorläufern: an Antiochus, dem syrischen König, an Nero, dem blutigen Verfolger, an Napoleon dem Ersten, der seinen eisernen Despotismus unter gleißnerischen Vorspiegelungen versteckte, der sich dem Papst als Katholik, dem Türken als Muselmann vorstellte, und als den Mann der Zukunft für Europa. Aber die Krisis kommt; die Maske wird abgeworfen und der Antichrist steht da als der vollendete Widersacher, und Ausrotter alles Göttlichen, um das Seine zu errichten. Was diese Wendung in seinem Laufe verursacht, das ist, glaube ich, der Gegenstand von Offb. 12. Die Einwendungen, die gegen irgend welche Auslegung dieses schwierigsten Teils der Offenbarung gemacht werden, sind als groß anerkannt, vielleicht als unwiderlegbar: dennoch wage ich, eine Meinung darüber auszusprechen.

Kap. 11 und 12 greifen, glaube ich, beide vor. Während sie der Beschreibung des Tiers vorangehen, fallen die darin beschriebenen Handlungen doch in die Zeit des Tiers und in das Stadium, in dem es am schlimmsten auf Erden tobt. In Kap. 11 begegnen wir dem Tier zuerst im ganzen Buch: es bekämpft da die zwei Zeugen. Diese sind, wer sie auch sein mögen, verbunden mit Israel und Jerusalem, wie Vers 8 deutlich zeigt, und wie Daniel 7 und 11 offenbar beweisen. Ihr Zeugnis ist offenbar jüdisch, ihre Sendung und Dienst wie die Moses' und Elias. Aber das Tier überwindet sie und sie werden getötet. Babylon, die Hure, die abgefallene Kirche, ist schon zerstört; und nun sind auch die zwei Zeugen, die die Menschen durch ihre Gegenwart plagten und durch ihr Wort straften, aus dem Wege, und die Welt ist froh und freut sich. Dies ist, nach meiner Vermutung, der Zeitpunkt, an dem der Antichrist seinen Verrat gegen Gott wagt, wo seine schauerliche Lästerung darin gipfelt, daß er die Stellung und Anbetung des allmächtigen Gottes für sich beansprucht; daß er jetzt sich erhebt, sich Gottes Ehre anmaßt, und sich in den Tempel Gottes setzt und vorgiebt, er sei Gott. Aber ein Ereignis von weltweiter Bedeutung kommt, um seinen höllischen Triumph zu stören und zu bersten. Weil das im 12. Kap. Dargestellte eintritt, wird der große Drache, Satan, herabgestürzt auf die Erde, und wendet sich in seinem verzweifelten Zorn und Grimm und giebt seine Macht und seinen Thron dem Tier. Alles dem Tier, nun, nachdem das erhabene Ereignis, das in dem Kapitel angekündigt, sich vollzogen hat. Was ist dies Ereignis? Die Bekehrung Israels! Dieses, wovon so vieles andre abhängt, das den Grund für Satans Verklägerei zerstört, welches den Antichrist bekehrt, daß er aus einem hinterlistigen Nachäffer Christi ein wütender Verfolger wird, welches die große Trübsal, und endlich die Erscheinung des Herrn bringt, dies ist, glaube ich, der Hauptgedanke von Kapitel 12. Ich glaube, daß das mit der Sonne bekleidete Weib, die gebären soll, das Symbol von Israels Bekehrung in der Zeit des Endes ist. Die Worte andrer Propheten erklären und bestätigen das Bild. Micha verkündigt die erste Erscheinung des Erlösers, bezeugt, daß er in Bethlehem Juda geboren werden soll; dann weissagt er die Verwerfung Israels mit diesen Worten: „Dann wird Jehovah sie hingeben, bis daß eine Gebärerin geboren; dann kehrt seiner Brüder Rest zurück zu — mit — Israels Söhnen" (Kap. 5, 2—3). Jesaias, indem er von demselben gesegneten Ereignis spricht: „Ehe sie kreißt, hat sie geboren, ehe die Wehen ankommen, ist sie eines Knaben genesen. Wird ein Land geboren an einem Tage? oder ein Volk zur Welt gebracht auf einmal, daß gekreißt und schon geboren hat Zion ihre Kinder?" (Jes. 66, 7—8). Es ist die Beschreibung der Umkehr Israels zu Gott; die Zeit, wo Israel gerettet werden wird. Und wenn dies herrliche Ereignis eintritt, dann ist der Vorwand zum Verklagen dem Satan für immer vernichtet. Diese Nationalbeschreibung beschleunigt die Krisis, denn Israels Unglaube ist des Teufels vorteilhaftes Terrain auf dem Kampfgebiete. Sobald sie geschehen, tönt auch der Freudenruf durch den Himmel: „Nun ist das Heil und die Macht und das Reich unserm Gott, und die Gewalt seinem Gesalbten zugefallen, denn niedergeworfen ist der Ankläger unsrer Brüder" (Offb. 12, 10). Gegen das bekehrte Israel wendet der Antichrist seinen ganzen Zorn. Vor diesem, scheint es, ist er nur mit List und Trug vorangeschritten, hat die Welt mit lügenhaften Wundern getäuscht und nur wenig von seinem wahren Geist gezeigt. Nun bricht seine Wut gegen Gott los, gegen das Weib und ihren Samen, gegen alles das Gott genannt, oder das angebetet wird. Der Krieg ist erklärt, die Trompeten des Antichrists rufen seine Armeen zur Schlacht, und die Erde erbebt unter den Hufen seiner Schwadronen. Die ganze Atmosphäre scheint bevölkert mit hin- und herschwärmenden Heeren, die sich zur entscheidenden Schlacht sammeln, und die unsichtbaren Welten von Wesen pulsieren und erbeben sympathisierend mit den streitenden Armeen.

Die ‚große Trübsal', von der das prophetische Wort so viel zu sagen hat, tritt ihren schrecklichen Lauf an. Es ist die Zeit der Mühe Jakobs, Trübsal wie unsre Erde sie nie gesehen hat, noch wieder sehen wird; die Zeit, in der, wenn Gott sie nicht um der Auserwählten willen gnädiglich verkürzte, kein Fleisch gerettet werden könnte. Dann wird die Größe der Sünde und Verbrechen, der Bosheit und Lästerung, alles in der Geschichte überragend, ihren Höhepunkt erreichen. Und wenn Myriaden von Märtyrern ihr Leben als Zeugen Jesu ausgehaucht haben, und alle Hoffnung verloren scheint und schwarze Verzweiflung sich auf die, in ihrem Blute sich windende Welt lagert; wenn die höllische Dreiheit: der Drache, das Tier und der falsche Prophet, die arme Menschheit unter ihren höllischen Füßen haben, und Gott die Erde vergessen zu haben scheint: dann wird wie der Blitz herableuchtend aus dem geöffneten Himmel der hochgelobte Retter kommen, der Herr Jesus Christus, und der Antichrist wird mit seinen Schildknappen lebendig in den Feuerpfuhl geworfen werden! Und das Reich, das herrliche Reich, nach dem wir uns so lange gesehnt, geseufzt und verlangt haben, ist für immer aufgerichtet!

4. Wann wird der Antichrist kommen? Nicht bis ein gewisses Etwas, das „es noch aufhält, hinweggethan" sein wird. Schon zu Paulus' Zeit war das Geheimnis der Bosheit geschäftig. Schon waren die Keime weitverbreiteten Verderbens gepflanzt — Keime von stetigem, unbeachtetem Wachstum,

deren ungeheure Entwicklung die Offenbarung des Menschen der Sünde werden sollte. Der verderbliche Fortschritt, wie er vom Apostel bezeichnet wird, ist folgender: Das Geheimnis der Bosheit entwickelt sich zum Abfall; dieser gipfelt endlich im Antichrist. Aber eine unsichtbare Macht legt ihre Hand auf den Fortschritt. Eine Zeit ist zu seiner Offenbarung bestimmt, die weder abgekürzt noch verlängert werden kann. Die aufhaltende Macht, was sie auch sein möge, ist in Gottes Hand. Nicht ehe seine Zeit kommt, kann der boshafte Ausbruch der Gottlosigkeit die Welt überfallen. Denn der Apostel versichert uns, daß er zurückgehalten wird, „bis, der es aufhält, hinweggethan wird". Dieses ‚bis' ist mit schweren Folgen, mit unaussprechlichen Verhängnissen, verbunden. Das Geschlecht, das Jahrhundert, das Jahr, das in diesem ‚bis' verhüllt ist, verborgen ist's vor Menschenaugen. Der thessalonische Heilige wußte es, wir nicht; darum sollten wir bedächtig sein.

Auf die Frage: Worin besteht die aufhaltende Macht? werden zwei Antworten gegeben. Eine ist, daß es der Heilige Geist in der Gemeinde ist, welches wohl in der Schrift begründet, welches aber nicht in unsre gegenwärtige Besprechung gehört. Die andre Ansicht ist, daß es in dem Gewebe der menschlichen Staatskunst, der moralischen und bürgerlichen Ordnung der menschlichen Gesellschaft, der von Gott verordneten Obrigkeit besteht, kurz, im Staate. Diese Ansicht bestreitet die erste nicht, sondern ist ihr verwandt und ähnlich. Der dem Antichrist beigelegte Name scheint diese Meinung zu rechtfertigen. Er wird ‚der Mensch der Sünde,' der ‚Gesetzlose' genannt, von dem alles Gesetz verworfen, alle moralische Ordnung gestürzt wird. Luthardt sagt: „Wenn der ungesehene und doch zurückhaltende Einfluß der weltlichen Macht mit seiner moralischen und göttlichen Ordnung der Dinge machtlos sein wird, die wachsende Gesetzlosigkeit einzudämmen, dann ist das Ende nahe, dann ist's da!" Das ungeheure Reich des Antichrists wird auf den Ruinen zertrümmerter Staaten und Königreiche errichtet. Der empörerische Zustand der Gesellschaft, aus dem der Widerchrist und seine Herrschaft sich erhebt, wird klar angedeutet in Dan. 7, 2, wo gesagt wird, daß „die vier Winde des Himmels losbrachen auf das große Meer und daß die Tiere emporstiegen." Aus demselben erregten und ungestümen Element steigt das Tier der Offenbarung empor. Das von Stürmen gepeitschte Meer ist das treffende Bild von Völkern und Nationen, die in Revolutionen aufgeregt hin- und herwogen. Und dieser zerrissene Zustand der menschlichen Gesellschaft, deutet treffend an das „Hinwegthun dessen, das es noch aufhält", das Zerreißen des Dammes, welcher der antichristischen Flut widersteht. Die Geschichte zeigt uns wenigstens ein Beispiel von dem bösartigen Entwicklungsgang, welchen die Welt, nach dem Menschen der Sünde zu, durchgehen wird — in der französischen Revolution. Da gab's zuerst eine Vorbereitungszeit, in der weit verbreitete Angriffe auf Religion und bürgerliche Ordnung die Revolution anbahnten; in der Kirche und Staat, Gesellschaft und Religion, Königtum, Adel, Geistlichkeit, Gesetze, Gebräuche, — alles umgestürzt wurde. Darauf kam Napoleon und sein Kaiserreich mit den untergeordneten und verbundenen Königreichen von Westfalen, Neapel und Rom. Wir dürfen uns diesen aufgeregten Zustand nur über die ganze, von der Weissagung eingefaßte Erde, ausgebreitet denken, und wir haben ein genaues Bild von den Zeiten, in denen, „was es noch aufhält, hinweggenommen ist", und der Weg des Widerchrists ist gebahnt und der große ‚K a i s e r' kommt.

Soll denn der vielgerühmte Fortschritt und die Civilisation unsers neuern Zeitalters endlich nur darauf hinauslaufen? Sollen Wissenschaft, Entdeckungen, Erfindungen, Bildung, soll die Energie, Thätigkeit und die herrlichen Errungenschaften unsrer Zeit — soll alles das in allgemeiner, weltweit verbreiteter Gottlosigkeit und dem ‚Menschen der Sünde' gipfeln?

,Schwarzseherei' wird diese Ansicht, und ‚Schwarzseher' werden ihre Vertreter genannt. Einer, dessen Liebe zu uns unvergänglich, dessen Macht unvergleichbar ist, hat gesagt: „Gleichwie aber die Tage Noahs, also wird auch die Ankunft des Menschensohnes sein." Wie waren die Tage Noahs? Die ganze Welt war gegen Gott empört, und wahre Frömmigkeit war auf acht Seelen beschränkt. Dahin kann es in diesem erleuchteten Zeitalter unmöglich kommen, sagt man. Wir dürfen uns nur erinnern, daß vor weniger als hundert Jahren, in dem als das gebildetste und intelligenteste Volk Europas angesehenen Volke, in Frankreich, die gesellschaftlichen Zustände so zerrüttet, ein solches Chaos geworden, Gottesleugnung zu solch stolzer Bosheit gestiegen war, daß die Welt das freche Schauspiel sah, wie eine Hure auf den Hochaltar der Kirche Notre Dame gesetzt, da thronte und als die „Göttin der Vernunft" begrüßt und verehrt wurde.

Wir dürfen nur bedenken, daß eben jetzt in der Stadt Rom ein Mensch sitzt, den fast die halbe Namenchristenheit selbst ehrt und preist als den Stellvertreter Christi, als den Vicekönig Gottes, den Unfehlbaren, den alleinigen Besitzer der Schlüssel des Reiches Gottes; ein Mensch, der in feierlicher Prozession auf den Schultern geweihter Priester umhergetragen wird, während ‚heiliger' Weihrauch vor ihm aufsteigt und ‚geweihte Pfauenfedern' mit vielen Augen um seinen beweglichen Thron schwingen, und jeder Sterbliche in der Nähe das Haupt entblößt, auf die Knie fällt, und ihn still verehrt. Bedenken wir nur, daß es eben jetzt einen positivistischen Kalender giebt, in dem jeder Tag für die Verehrung irgend eines großen Mannes der Kunst, der Litteratur oder der Philosophie bestimmt ist.

Es sind jetzt in unsrer neuern menschlichen Gesellschaft Grundsätze wirksam, die, wenn nicht Einhalt geschieht, die Erscheinung des Antichrists nicht nur ermöglichen, sondern gewiß machen. Das gesetzlose Treiben, Vorläufer von Schlimmerem, ist schon da. Wer kann übersehen, daß die Mächte schon los sind in der Welt, die auf die Zerrüttung des ganzen gesellschaftlichen Gewebes zielen? Wer sieht nicht, daß die Axt bereits nach den Hauptreifen zielt, welche die Dauben der weltlichen Macht zusammenhalten? Socialismus, Nihilismus, Anarchismus, Naturalismus, Materialismus, Humanitarianismus, Spiritismus — Ruhelosigkeit und Unzufriedenheit überall — ist's zu verwundern, daß „die Menschen schon erstarren vor Furcht und Erwartung der Dinge, die über die Welt kommen sollen?" Wir dürfen nur annehmen, daß die drohenden Bewegungen unsrer Zeit wachsen und erstarken, bis „was es aufhält, weggenommen", der Damm zerrissen ist, und dann? Ja, was dann? Dann kommt der Antichrist, der Verderber der Welt! Der Herr helfe uns, zu wachen und nüchtern zu sein!